新时代的思想旗帜研究文库

北京市习近平新时代中国特色社会主义思想研究中心 / 组织编写

新时代首都发展的战略擘画

杨奎 等◎著

人民出版社

序　言

2019年6月24日，习近平总书记在中央政治局第十五次集体学习时指出："中国特色社会主义进入新时代，我们比历史上任何时期都更接近、更有信心和能力实现中华民族伟大复兴。……我们千万不能在一片喝彩声、赞扬声中丧失革命精神和斗志，逐渐陷入安于现状、不思进取、贪图享乐的状态，而是要牢记船到中流浪更急、人到半山路更陡，把不忘初心、牢记使命作为加强党的建设的永恒课题，作为全体党员、干部的终身课题。"①新中国成立以来特别是改革开放以来，首都经济社会发展日新月异，取得了举世瞩目的辉煌成就；但作为国家首都和超大型城市，北京面临人口膨胀、交通拥堵、环境污染等许多令人揪心的治理难题亟待解决。为此，习近平总书记对首都工作作出了一系列重要指示，深刻回答了"建设一个什么样的首都，怎样建设首都"这一重大时代课题，为推进首都治理体系和治理能力现代化，创造首都城市治理的"北京模式"，谱写新时代首都高质量发展新篇章提供了根本遵循。

一、以实现中华民族伟大复兴为行动纲领

习近平总书记指出，为中国人民谋幸福，为中华民族谋复兴，是中国共产党人的初心和使命，没有党中央的正确领导，就没有首都的发展稳定；没有中国特色社会主义的制度保障，就没有首都的改革开放；没有中华民族伟大复兴的召唤，就没有首都治理美好蓝图的精彩绘就。

1919年5月4日，面对巴黎和会上帝国主义列强强行把德国在中国

① 《习近平谈治国理政》第三卷，外文出版社2020年版，第531页。

山东的特权全部转让给日本，并逼迫北洋政府签字的强盗行径，北京大学等13所学校3000余名学生在天安门游行集会，他们宣读《北京学生界宣言》，高呼“外争主权、内除国贼”“废除二十一条”“还我青岛”等口号，号召全国各界团结起来，要求政府拒绝在“对德和约”上签字。五四运动，这场爆发于民族危难之际的青年学生爱国运动，迅速发展成为全国范围群众性彻底反帝反封建的爱国革命运动，汇聚成为中国人民拯救民族危亡、捍卫民族尊严、凝聚民族力量的革命洪流，并以磅礴之力鼓舞了中国人民和中华民族实现民族复兴的志向和信心。100多年中国共产党产生、发展、壮大的历史和70多年新中国建设史都充分证明：首都北京的命运始终与中华民族伟大复兴的命运紧密相连。以习近平同志为核心的党中央始终心系首都建设和发展，从治国理政的战略新高度，以全新的战略定位为首都发展谋篇布局，明确了北京“四个中心”①功能定位和“四个服务”②职责要求，提出了把北京建设成为国际一流的和谐宜居之都的战略目标。这一战略目标的定位，彰显了实现国家富强、民族振兴、人民幸福的丰富内涵，彰显了首都繁荣发展始终与中华民族同呼吸、共命运的历史逻辑。

北京制定的新一版城市总体规划，规划期到2035年，远期展望到2050年，这与实现“两个一百年”奋斗目标的历史进程相衔接、共始终。作为“四个中心”，北京担当着实现中华民族伟大复兴的“首都使命”。首都安全稳定、繁荣发展关系着国家安全稳定与民族复兴。这就要求我们在推进首都治理现代化的实践中牢记初心使命，切实发挥排头兵和领头羊的作用，发挥首善之区的示范引领作用。

北京市委书记蔡奇指出，北京作为首都，与党和国家的使命紧密联系在一起，要努力走在全国前列，以“无我”“赶考”状态，更好地履行首都职责。北京要与党和国家的复兴使命紧紧关联，从维护国家利益、展示国家形象、传播中华文化的战略高度，努力提升首都治理水平，努力形成优良

① “四个中心”，即全国政治中心、文化中心、国际交往中心和科技创新中心。

② “四个服务”，即为党、政、军首脑机关正常开展工作服务，为日益扩大的国际交往服务，为国家教育、科技和文化的发展服务，为市民的工作和生活服务。

政务和人居环境。推进首都治理工作，要从党和国家的历史使命出发谋篇布局，深刻把握北京千年古都的文化脉络，深刻把握首都人民群众追求美好生活的需求，以首善标准履行好新时代首都治理职责。面对首都发展的新形势新任务，主动担当作为、善作善成，切实处理好"都"与"城"的关系，紧紧围绕实现"都"的功能来谋划"城"的发展，以"城"的更高水平发展服务保障"都"的功能，以首善标准统筹做好首都改革发展稳定和首都治理各项工作。

二、以满足人民对美好生活的向往为出发点和落脚点

习近平总书记指出："人民对美好生活的向往，就是我们的奋斗目标。"①北京坚持人民城市为人民的治理理念，坚决落实习近平总书记视察北京工作的重要指示精神，创造性地提出紧扣"七有"②要求和"五性"③特点，扎实办好重要民生实事的工作总基调。联系北京实际，牢记初心使命，就是始终坚持以人民为中心，围绕"七有""五性"解决市民群众身边的事，以服务群众的实际成效践行共产党人的初心使命。北京市着力解决群众最忧最盼最急的问题，以人民需要、人民问题、人民难处为工作出发点，在了解民情、掌握实情、洞察民意中检视问题、分析原因、查找差距，深入群众知民意、精准对接解民忧，在服务群众中践行初心使命，提升了人民群众的获得感和幸福感。

民之所望，施政所向。牢记初心使命，就是要求在首都治理中自觉践行党的宗旨，转变政府职能，优化服务机制，提升服务水平。北京践行"民有所呼、我有所应"，以"街乡吹哨、部门报到"改革为抓手，建立党组织和在职党员"双报到"制度，打通为民服务"最后一公里"，以"下沉、赋权、增效"为突破口，推动治理力量和资源下沉，实现了基层权力给基层，基层事情基层办、基层事情有人办。不断强化以减量发展提升城市品质和为民服务品质，始终将保障和改善民生作为首都治理的重要内容，加强

---

① 《习近平谈治国理政》，外文出版社 2014 年版，第 3 页。

② "七有"，即幼有所育、学有所教、劳有所得、病有所医、老有所养、住有所居、弱有所扶。

③ "五性"，即便利性、宜居性、多样性、公正性、安全性。

疏解整治促提升，拆除违法建设，将更多的空间用于增加便民设施，大幅提升了城市治理质量。

习近平总书记指出，城市规划建设做得好不好，最终要用人民群众满意度来衡量。北京坚持以人民满意为标准，落实好12345市民服务热线“接诉即办”机制，快速响应，不断提高诉求解决率和市民满意率，着力解决群众身边的操心事、烦心事、揪心事。大兴区将“接诉即办”工作纳入区委党建领导小组联席会和区政府重点工作联席会，坚持“民有所呼、我有所应”，对于群众反映的问题，做到“闻风而动，接诉即办”，实现小事不出社区村、大事不出镇街、难题部门能报到，增强了人民群众的满意度。北京地铁公司健全快速响应机制，实现12345市民服务热线派单24小时内签收、3个工作日回复、7个自然日办结，不断提升工作的“响应率”、“解决率”和“满意率”。

协调推进首都城市治理，北京坚持以人民需求为导向、以人民满意为标准，以构建人民和谐宜居的美好生活为目标，积极践行“绿水青山就是金山银山”的发展理念，创造性地提出“留白增绿”提升城市环境承载力，探索出诸如城市森林、填空造林、见缝插绿、战略留白等一系列首都城市治理的新方法新举措。通过坚持“大尺度绿化”，推进环境整治和绿化建设，以“留白增绿”扩大生态空间，以更多的空间恢复生态，推进五级河长制加强治理污染河道，为人民群众提供更多更优质的生态产品。

三、以推进国家治理体系和治理能力现代化为目标要求

建设和管理好首都，是国家治理体系和治理能力现代化的重要内容。推进国家治理体系和治理能力现代化，就是要运用国家治理的最新理论和现代治理的科学制度、法治手段、技术工具，不断提高科学执政、民主执政、依法执政的能力与水平，实现党、国家、社会各项事务治理制度化、规范化、人本化。新的历史起点上，首都推进超大型城市治理和现代城市建设与发展，必须以实现国家治理体系和治理能力现代化为基本要求，从传统管理转向现代治理，从城市管制转向公共治理和公共服务，从城市发展转向首都发展，不断提升首都城市治理能力和水平。

北京实现超大城市治理体系和治理能力现代化，要深刻把握首都发展的根本要义，不断强化“四个中心”建设，提升“四个服务”水平，加快推进首都治理转型。北京要牢牢扭住疏解非首都功能这个“牛鼻子”，创造性地探索建设全国首个“减量发展”城市，从粗放扩张型增长转向集约减量型发展，从依赖资源聚集增长转向疏解功能的减量优质发展，以城市功能“量”的减法，形成发展势能“质”的提升，实现更高水平、更高质量、更高要求的首都创新发展。

党中央要求北京在经济、政治、文化及党的建设的各个领域，在改革发展稳定的各个方面努力走在全国的前列，打造首善之区。加快推进首都城市转型与治理改革创新，需要转变传统管理模式，树立现代化治理理念，通过减量发展、腾笼换鸟、现代治理，创新治理机制和模式，推动首都高质量发展。以首善标准提升首都治理能力，要求北京坚持以习近平新时代中国特色社会主义思想为指引，更加深入地宣传和培育精治共治法治思维，更加擅于运用现代治理理论和大数据、互联网等现代理念和科技手段，更加广泛地动员市民参与到首都治理中来，更加全面地弘扬首善精神、严格首善标准，在推进首都治理现代化实践中，形成“首都经验”，打造“北京模式”。

四、以加强党的政治建设为根本保障

习近平总书记指出：“我们党有8900多万名党员和450多万个基层党组织，保持和发展马克思主义政党的政治属性不是一件容易的事，不能指望泛泛抓一抓或者集中火力打几个战役就能彻底解决问题。党的政治建设是一个永恒课题，来不得半点松懈。”①首都北京担负着社会主义大国首都发展与治理的崇高使命，必须要把党的政治建设摆在首位，以党的政治建设统领首都治理各项工作。

严格按照“看北京首先要从政治上看”的总体要求，以首善标准扎实推进首都治理。坚持党的政治建设引领首都治理，需要不断坚定政治立

① 习近平：《增强推进党的政治建设的自觉性和坚定性》，《求是》2019年第14期。

场,提高政治站位,坚决做到“两个维护”。围绕首都城市战略定位,坚持问题导向,正视首都发展的短板和弱项,创新首都治理理念、方式和方法,将党建引领贯穿到首都治理现代化的全过程。一方面,要深入北京看,不仅要看长街、环路,还要深入胡同、背街小巷、大杂院、城乡接合部,深入不同收入群体的日常生活开展调查研究,了解群众困难、掌握群众诉求、改善民生福祉。另一方面,要跳出北京看,从国家发展战略、京津冀协同发展、支持河北雄安新区建设等跨区域的大空间尺度,强化解决领域和区域发展不平衡不充分方面的矛盾,以先进的理念高标准、高质量推进首都治理。

首都治理工作的主体是党员领导干部,依靠的主要力量是广大首都市民,党员干部的形象代表着党和政府形象,党员干部的作风是首都市民评价党风政风的晴雨表。坚持以党的政治建设为统领,切实转变工作作风是推进首都治理走向深入的重要切入点。要认真按照“守初心、担使命,找差距、抓落实”的总要求,不断增强党员干部服务意识和创新意识,培养忠诚干净担当的政治品格,亲民爱民、为民排忧解难,做好人民群众的思想政治工作。朝阳区三里屯曾是一条开墙打洞、占道经营、随意排污的著名“脏街”,朝阳区委和街道组织党员干部深入一线、包干社区、记录民情,先后7次召开居民议事会,3次修改整治改造方案,最终恢复了街道整洁的原貌。在报房胡同整治中,基层党员干部带头先从自家拆起,通过逐户联系、细心劝解,集中拆除了违建违规牌匾,通过绿化美化修复工作,胡同重新焕发出古朴宁静风韵,赢得了居民的广泛赞誉。

蔡奇指出,必须旗帜鲜明地把党的政治建设思想建设摆在首位抓紧抓好,在抓落实的“最后一公里”处检验和体现党组织的战斗力。以党建引领首都治理,需要持续加强党员干部的理想信念教育,不断增强为民服务、为民办实事的责任担当。一是采取大数据、网格化等现代技术手段提升精细化治理能力,像绣花一样精细化管理城市,推动城市管理向街巷胡同延伸。当前,北京创新“网格化”精细化管理模式,覆盖了全市16个区、299个街道(乡镇)、6045个社区(村)、567万个城市部件,形成了“一热线、三平台、四管理、一检查”的工作格局,提升了首都精细化治理水平，成为首都精细化治理的“好帮手”。二是提升城市共建共治共享水平。昌平区在推进“回天有我”社会服务活动中，动员社会力量参与，探索大型社区共建共治共享新模式。石景山区建立了“老街坊”议事厅，成立议事会和楼委会，鼓励居民参与社区治理，健全社区协商机制，推动邻里互帮互助。三是提升城市法治水平。党的十八大以来，北京健全了区、街道、社区党建工作协调委员会基层党建体系，完善了城市治理法制体系，依法开展城乡社区议事协商，以创新“共治法治”实现“精治”，有效缓解了小区停车、物业管理、环境整治等治理难题，大幅提升了精准治理的效能。

“大鹏之动，非一羽之轻也；骐骥之速，非一足之力也。”新时代新目标新要求需要首都治理在新的历史起点上有新形象新作为新担当，北京只有牢记初心使命，以服务民生凝聚起首都治理的磅礴力量，以治理体系和治理能力创新提升首都治理水平，以党建引领推进首都高质量发展，首都治理工作就一定能够开创共建共治共享国际一流和谐宜居之都的生动局面。

目　　录

总　论

党的十八大以来，习近平总书记始终关心和高度重视首都建设，多次发表重要讲话，围绕“建设一个什么样的首都，怎样建设首都”这一重大时代课题，提出了一系列的观点、论断和要求，逐步形成了习近平总书记关于新时代首都建设的重要论述。作为一个完整、科学的有关首都建设的思想体系，作为习近平新时代中国特色社会主义思想的重要组成部分，习近平总书记关于新时代首都建设的重要论述为首都建设指明了前进方向，提供了根本遵循和行动指南，是当前和今后指导首都建设的指导思想。

一、主要内容

作为首都，作为首善之区，北京的未来发展在全国具有举足轻重的地位，北京的建设具有引领、表率和示范的作用。习近平总书记从治国理政的高度上强调了首都建设和管理的重大意义。2014 年 2 月，他在北京考察结束时的讲话中指出：“建设和管理好首都，是国家治理体系和治理能力现代化的重要内容。北京要立足优势、深化改革、勇于开拓，以创新的思维、扎实的举措、深入的作风，进一步做好城市发展和管理工作，在建设首善之区上不断取得新的成绩。”[①]在党的十八大后，北京既面临重大发展机遇，又遇到了一系列挑战。“建设一个什么样的首都，怎样建设首都”成为新时期北京迫切需要回答和解决的重大时代课题，关系首都发

① 《立足优势 深化改革 勇于开拓 在建设首善之区上不断取得新成绩》，《人民日报》2014 年 2 月 27 日。

展的方向和全局。

习近平总书记关于新时代首都建设的重要论述，就是运用马克思主义立场、观点和方法围绕这一重大时代课题而提出的一系列的观点、论断和要求。它是习近平新时代中国特色社会主义思想在首都建设领域中的具体应用，具有鲜明的时代特色和深刻内涵。其主要内容包括如下八个方面。

（一）明确“四个中心”战略定位，围绕“和谐宜居之都”战略目标

习近平总书记在全面深刻分析北京的优势和劣势的基础上，准确把握国际国内两个大局，基于民族复兴的使命，放眼千年大计，明确了首都发展的“四个中心”战略定位——全国政治中心、文化中心、国际交往中心和科技创新中心。习近平总书记指出，“建设好首都，推动北京持续健康发展，需要付出长期艰苦的努力。北京地位高、体量大、实力强、变化快、素质好，是其主要特点和优势，同时不断发展的北京又面临令人揪心的很多问题。把各方面优势发挥出来，把各种问题治理好，要处理好国家战略要求和自身发展的关系，在服务国家大局中提高发展水平”，“要明确城市战略定位，坚持和强化首都全国政治中心、文化中心、国际交往中心、科技创新中心的核心功能”。[①] “四个中心”的战略定位深刻揭示出首都的核心功能所在，是破解首都发展难题、谋划首都未来发展的前提，为确立首都发展的战略目标、识别首都发展的战略重点、制定首都发展的战略举措等奠定了科学基础。

在明确战略定位后，习近平总书记坚持“人民城市为人民”的思想，坚持实事求是，立足“新时代历史方位”这一当代中国实际，根据变化发展的实际解答首都发展的时代课题，确立了建设“国际一流的和谐宜居之都”的战略目标，为首都建设指明了前进方向和光明前景。习近平总书记指出：“要坚持人民城市为人民，以北京市民最关心的问题为导向，以解决人口过多、交通拥堵、房价高涨、大气污染等问题为突破口，提出解

① 《立足优势 深化改革 勇于开拓 在建设首善之区上不断取得新成绩》，《人民日报》2014年2月27日。

决问题的综合方略。”①“深入实施人文北京、科技北京、绿色北京战略，努力把北京建设成为国际一流的和谐宜居之都。”②

（二）着力坚持和强化首都核心功能，积极稳妥有序疏解北京非首都功能

基于城市发展的客观规律，习近平总书记深刻揭示了首都发展问题产生的根源，明确了首都建设的两大战略重点，提出了推进首都建设的关键策略和措施。他深刻指出，首都发展问题产生的根源不在于人口过多，而在于北京集聚了过多的非首都功能，其空间结构不尽合理。在此基础上，他明确了首都建设的两大战略重点。一是坚持和强化首都核心功能。二是调整疏解非首都核心功能。他多次强调，后者是首都建设的“牛鼻子”。“疏解北京非首都功能是北京城市规划建设的‘牛鼻子’，在这个问题上要进一步统一思想，围绕迁得出去、落得下来，研究制定配套政策，形成有效的激励引导机制。要放眼长远、从长计议，稳扎稳打推进。”③

针对坚持和强化首都核心功能的战略重点，习近平总书记强调，要深入实施人文北京、科技北京和绿色北京的发展战略，要靠创新发展……腾笼换鸟，调整结构。④ 2019 年 1 月，他在京津冀考察后召开的京津冀协同发展座谈会上强调：“要立足北京‘四个中心’功能定位，不断优化提升首都核心功能。”⑤与此同时，要求北京要做好“四个服务”，“政治中心方面，要做好中央政务功能服务和安全保障工作。文化中心方面，要加强世界遗产和老城的整体保护，精心保护好这张中华文明的金名片……国际交往中心方面，要用好‘一带一路’国际合作高峰论坛服务保障成果，加

---

① 梁相斌等：《谱写首都发展新篇章——以习近平同志为核心的党中央关心推动首都发展纪实》，《人民日报》2017 年 10 月 15 日。

② 《立足优势 深化改革 勇于开拓 在建设首善之区上不断取得新成绩》，《人民日报》2014 年 2 月 27 日。

③ 《立足提高治理能力抓好城市规划建设 着眼精彩非凡卓越筹办好北京冬奥会》，《人民日报》2017 年 2 月 25 日。

④ 徐飞鹏、王皓：《传达学习贯彻习近平总书记对北京城市总体规划重要讲话精神》，《北京日报》2017 年 7 月 3 日。

⑤ 《稳扎稳打勇于担当敢于创新善作善成 推动京津冀协同发展取得新的更大进展》，《人民日报》2019 年 1 月 19 日。

强国际交往重要设施和能力建设。科技创新中心方面，要以建设具有全球影响力的全国科技创新中心为引领，重点抓好‘三城一区’，带动十六园发展，构筑北京发展新高地”。①

针对调整疏解非首都核心功能的战略重点，习近平总书记要求，要紧紧抓住这个“牛鼻子”，要放开视野，坚持京津冀协同发展、一体化发展的思路，“要更加讲究方式方法，坚持严控增量和疏解存量相结合，内部功能重组和向外疏解转移双向发力，稳妥有序推进实施。要发挥市场机制作用，采取市场化、法治化手段，制定有针对性的引导政策”②。

（三）坚持首善标准，立足提高治理能力抓好城市规划和建设

习近平总书记指出首都城市规划具有重要引领作用，要求高度重视首都城市规划，北京的城市规划和建设要坚持高起点、高标准、高水平，落实世界眼光、国际标准、中国特色、高点定位的要求，以人民满意为标准，以北京市民最关心的问题为导向，始终围绕“四个中心”城市战略定位，紧紧抓住疏解非首都核心功能这个“牛鼻子”，用新的理念做好城市规划，科学设计、精心施工，打造首都建设的精品力作，着力提升首都核心功能，不断提高民生保障和公共服务供给水平。

习近平总书记指出，“城市规划在城市发展中起着重要引领作用，考察一个城市首先看规划，规划科学是最大的效益，规划失误是最大的浪费，规划折腾是最大的忌讳”③。“首都规划务必坚持以人为本，坚持可持续发展，坚持一切从实际出发，贯通历史现状未来，统筹人口资源环境，让历史文化与自然生态永续利用、与现代化建设交相辉映。”④“提升城市建设特别是基础设施建设质量，形成适度超前、相互衔接、满足未来需求的

① 徐飞鹏、王皓：《传达学习贯彻习近平总书记对北京城市总体规划重要讲话精神》，《北京日报》2017年7月3日。

② 《稳扎稳打勇于担当敢于创新善作善成　推动京津冀协同发展取得新的更大进展》，《人民日报》2019年1月19日。

③ 《立足优势　深化改革　勇于开拓　在建设首善之区上不断取得新成绩》，《人民日报》2014年2月27日。

④ 《立足优势　深化改革　勇于开拓　在建设首善之区上不断取得新成绩》，《人民日报》2014年2月27日。

功能体系,遏制城市‘摊大饼’式发展,以创造历史、追求艺术的高度负责精神,打造首都建设的精品力作。”①

习近平总书记指出:“北京城市规划要深入思考‘建设一个什么样的首都,怎样建设首都’这个问题,把握好战略定位、空间格局、要素配置,坚持城乡统筹,落实‘多规合一’,形成一本规划、一张蓝图,着力提升首都核心功能,做到服务保障能力同城市战略定位相适应,人口资源环境同城市战略定位相协调,城市布局同城市战略定位相一致,不断朝着建设国际一流的和谐宜居之都的目标前进。总体规划经法定程序批准后就具有法定效力,要坚决维护规划的严肃性和权威性。”②“城市规划建设做得好不好,最终要用人民群众满意度来衡量。要坚持人民城市为人民,以北京市民最关心的问题为导向,以解决人口过多、交通拥堵、房价高涨、大气污染等问题为突破口,提出解决问题的综合方略。要健全制度、完善政策,不断提高民生保障和公共服务供给水平,增强人民群众获得感。”③“站在当前这个时间节点建设北京城市副中心,要有21世纪的眼光。规划、建设、管理都要坚持高起点、高标准、高水平,落实世界眼光、国际标准、中国特色、高点定位的要求。不但要搞好总体规划,还要加强主要功能区块、主要景观、主要建筑物的设计,体现城市精神、展现城市特色、提升城市魅力。”④“北京城市规划建设和北京冬奥会筹办工作是当前和今后一个时期北京市的两项重要任务,要认真贯彻党中央决策部署,坚持首善标准,解放思想、开阔思路,求真务实、攻坚克难,统筹生产、生活、生态,立足提高治理能力抓好城市规划建设,着眼精彩非凡卓越筹办好北京冬奥会,努

---

① 《立足优势 深化改革 勇于开拓 在建设首善之区上不断取得新成绩》,《人民日报》2014年2月27日。

② 《立足提高治理能力抓好城市规划建设 着眼精彩非凡卓越筹办好北京冬奥会》,《人民日报》2017年2月25日。

③ 《立足提高治理能力抓好城市规划建设 着眼精彩非凡卓越筹办好北京冬奥会》,《人民日报》2017年2月25日。

④ 《立足提高治理能力抓好城市规划建设 着眼精彩非凡卓越筹办好北京冬奥会》,《人民日报》2017年2月25日。

力开创首都发展更加美好的明天。”①

2017年6月，习近平总书记在中央政治局常委会会议审议《北京城市总体规划(2016年—2030年)》时发表的重要讲话中强调:“强调编制好北京城市总规对疏解非首都功能、治理‘大城市病’、提高城市发展水平与民生保障服务的重要性，强调北京城市总规最根本的是解决好‘建设一个什么样的首都，怎样建设首都’这个重大问题;把握好‘舍’和‘得’的辩证关系，紧紧抓住疏解北京非首都功能这个‘牛鼻子’，优化城市功能和空间结构布局;加强精细化管理，构建超大城市有效治理体系;坚决维护规划的严肃性和权威性，以钉钉子精神抓好贯彻落实。”②

2019年1月，习近平总书记在北京考察时强调,“建设北京城市副中心要坚持规划先行、质量第一。要把公共建筑与山水自然融为一体，科学布局生产、生活、生态空间，使工作、居住、休闲、交通、教育、医疗等有机衔接、便利快捷。要把规划执行好、落实好，把蓝图变为实景，使北京城市副中心成为这座千年古都又一张靓丽的城市名片”③。在考察后召开的京津冀协同发展座谈会上，他要求,“保持历史耐心和战略定力，高质量高标准推动雄安新区规划建设。要把设计成果充分吸收体现到控制性详细规划中，保持规划的严肃性和约束性，用法律法规确保一张蓝图干到底。要打造一批承接北京非首都功能疏解的标志性工程项目，新开工建设一批交通、水利、公共服务等重大基础配套设施，让社会各界和新区百姓看到变化……以北京市级机关搬迁为契机，高质量推动北京城市副中心规划建设。要充分考虑搬迁过程中可能遇到的各种情况，研究出台具有针对性和可操作性的政策举措，解决干部职工的后顾之忧。要加快重大基础设施建设，配置教育、医疗、文化等公共服务功能，提高副中心的承载力

① 《立足提高治理能力抓好城市规划建设 着眼精彩非凡卓越筹办好北京冬奥会》,《人民日报》2017年2月25日。

② 徐飞鹏、王皓:《传达学习贯彻习近平总书记对北京城市总体规划重要讲话精神》,《北京日报》2017年7月3日。

③ 《稳扎稳打勇于担当敢于创新善作善成 推动京津冀协同发展取得新的更大进展》,《人民日报》2019年1月19日。

和吸引力。要推进北京中心城区‘老城重组’，优化北京空间布局和经济结构，提升北京市行政管理效率和为中央政务服务的职能。”①

（四）实现减量发展，以科技创新为引领构建首都现代化经济体系

习近平总书记运用新发展理念，明确了首都经济发展的新定位，对首都经济发展提出了新要求。

北京的经济发展必须更好服务于城市战略定位，要放弃发展“大而全”的经济体系，实现减量发展，立足“质”的提高，不纠结“量”的扩张，以内涵集约的新方式“瘦身健体”。要优化三次产业结构，加快培育高精尖产业，提升生活性服务业品质，发展都市型现代农业，突出高端化、服务化、集聚化、低碳化，推动首都经济结构升级转型，以新经济结构打造北京经济发展新高地。习近平总书记指出，“要调整疏解非首都核心功能，优化三次产业结构，优化产业特别是工业项目选择，突出高端化、服务化、集聚化、融合化、低碳化，有效控制人口规模，增强区域人口均衡分布，促进区域均衡发展”②。“北京的发展要着眼于可持续，在转变动力、创新模式、提升水平上下功夫，发挥科技和人才优势，努力打造发展新高地。”③

实现创新驱动，以国家战略需求引导科技创新方向，以科技创新引领高精尖产业发展，以新动力打造现代经济体系新引擎，形成高端引领、创新驱动、绿色低碳的产业发展模式。2013 年 9 月 30 日，中央政治局集体学习走出中南海，把“课堂”搬到了中关村，习近平总书记对中关村寄予殷切期望：“面向未来，中关村要加大实施创新驱动发展战略力度，加快向具有全球影响力的科技创新中心进军，为在全国实施创新驱动发展战略更好发挥示范引领作用。”④“要积极开展重大科技项目研发合作，支持

① 《稳扎稳打勇于担当敢于创新善作善成　推动京津冀协同发展取得新的更大进展》，《人民日报》2019 年 1 月 19 日。

② 《立足优势 深化改革 勇于开拓 在建设首善之区上不断取得新成绩》，《人民日报》2014 年 2 月 27 日。

③ 《立足提高治理能力抓好城市规划建设 着眼精彩非凡卓越筹办好北京冬奥会》，《人民日报》2017 年 2 月 25 日。

④ 梁相斌等：《谱写首都发展新篇章——以习近平同志为核心的党中央关心推动首都发展纪实》，《人民日报》2017 年 10 月 15 日。

企业同高等院校、科研院所跨区域共建一批产学研创新实体，共同打造创新发展战略高地。”①2019 年 1 月，他在京津冀考察后召开的京津冀协同发展座谈会上强调：“要集聚和利用高端创新资源，积极开展重大科技项目研发合作，打造我国自主创新的重要源头和原始创新的主要策源地。”②

在管理上，要处理好政府和市场的关系，全面深化改革，放手使市场在资源配置中起决定性作用，加快形成市场主导的土地、资金、人才、技术等资源要素价格形成机制和配置机制。在 2013 年 12 月召开的中央城镇化工作会议上，习近平总书记强调：“既坚持使市场在资源配置中起决定性作用，又要更好发挥政府在创造制度环境、编制发展规划、建设基础设施、提供公共服务、加强社会治理等方面的职能。”③

（五）在政治上率先示范，发挥好全国政治中心功能

习近平总书记指出：“看北京首先要从政治上看。”④作为全国政治中心，北京要在思想上政治上行动上同党中央保持高度一致，贯彻党中央决策部署坚决、抓落实坚决。作为首都，北京必须要处理好国家战略发展要求和自身发展的关系，在服务国家大局中提高发展水平。“建设好首都，推动北京持续健康发展，需要付出长期艰苦的努力。北京地位高、体量大、实力强、变化快、素质好，是其主要特点和优势，同时不断发展的北京又面临令人揪心的很多问题。把各方面优势发挥出来，把各种问题治理好，要处理好国家战略要求和自身发展的关系，在服务国家大局中提高发展水平。”⑤作为首善之区，北京要率先示范，立标杆，树旗帜。

---

① 中共中央文献研究室编：《习近平关于科技创新论述摘编》，中央文献出版社 2016 年版，第 60 页。

② 《稳扎稳打勇于担当敢于创新善作善成　推动京津冀协同发展取得新的更大进展》，《人民日报》2019 年 1 月 19 日。

③ 中共中央文献研究室编：《十八大以来重要文献选编》上，中央文献出版社 2014 年版，第 589—607 页。

④ 郭金龙：《要在讲政治上有更高标准更严要求》，《北京日报》2017 年 2 月 19 日。

⑤ 《立足优势 深化改革 勇于开拓 在建设首善之区上不断取得新成绩》，《人民日报》2014 年 2 月 27 日。

（六）强化城市特色，精心保护好中华民族的金名片

习近平总书记从坚定文化自信的高度，提出要打造具有“首都风范、古都风韵、时代风貌”的城市特色，活化利用历史文化资源，以体现时代精神、首都水准、北京特色的文化精品，增强人民群众精神力量，丰富人民群众精神世界，充实人民群众精神生活，不断提升人民群众的文化获得感，为首都民生问题解决提供了重要的价值遵循和方向引领。他强调：“北京历史文化是中华文明源远流长的伟大见证，要更加精心保护好，凸显北京历史文化的整体价值，强化‘首都风范、古都风韵、时代风貌’的城市特色。”①

习近平总书记指出，历史文化是城市的灵魂。经过多年的建设，北京成为一个保有古都风貌的现代化大城市。作为世界著名古都，北京的历史文化是中华文明源远流长的伟大见证，丰富的历史文化遗产是一张金名片。传承保护好这份宝贵的历史文化遗产是首都的职责，要本着对历史负责、对人民负责的精神，处理好城市改造开发和历史文化遗产保护利用的关系，切实做到在保护中发展、在发展中保护。要把老城区改造提升同保护历史遗迹、保存历史文脉统一起来，既要改善人居环境，又要保护历史文化底蕴，让历史文化和现代生活融为一体。“历史文化是城市的灵魂，要像爱惜自己的生命一样保护好城市历史文化遗产。北京是世界著名古都，丰富的历史文化遗产是一张金名片，传承保护好这份宝贵的历史文化遗产是首都的职责，要本着对历史负责、对人民负责的精神，传承历史文脉，处理好城市改造开发和历史文化遗产保护利用的关系，切实做到在保护中发展、在发展中保护。”②在 2015 年 12 月召开的中央城市工作会议上，习近平总书记指出：“要保护好前人留下的文化遗产，包括文物古迹，历史文化名城、名镇、名村，历史街区、历史建筑、工业遗产，以及非物质文化遗产，不能搞‘拆真古迹、建假古董’那样的蠢事。既要保护

① 《立足提高治理能力抓好城市规划建设 着眼精彩非凡卓越筹办好北京冬奥会》，《人民日报》2017 年 2 月 25 日。

② 《立足优势 深化改革 勇于开拓 在建设首善之区上不断取得新成绩》，《人民日报》2014 年 2 月 27 日。

古代建筑，也要保护近代建筑；既要保护单体建筑，也要保护街巷街区、城镇格局；既要保护精品建筑，也要保护具有浓厚乡土气息的民居及地方特色的民俗。”[①]2017 年 2 月，他在北京考察时指出：“北京城市副中心建设要高度重视绿化、美化，增强吸引力。通州有不少历史文化遗产，要古为今用，深入挖掘以大运河为核心的历史文化资源。保护大运河是运河沿线所有地区的共同责任，北京要积极发挥示范作用。”[②]

（七）实施精治、共治和法治，全力维护首都安全稳定

习近平总书记要求，要加快形成与世界城市相匹配的城市管理能力，城市管理目标、方法、模式都要现代化。城市管理要像绣花一样精细。要靠精治，背街小巷最能体现精细化管理水平，城市管理要向街巷胡同延伸，落实好街巷长制。要靠共治，推广“朝阳群众”“西城大妈”等经验。要靠法治，坚持依法治理。北京作为首都，更要作出表率。违法建设、开墙打洞等城市乱象，必须坚持依法治理。要健全城市管理体制，充分运用现代信息技术，坚持重心下移，完善社会治理模式，积极推进网格化服务管理体系建设。

习近平总书记强调，“要健全城市管理体制，提高城市管理水平，尤其要加强市政设施运行管理、交通管理、环境管理、应急管理，推进城市管理目标、方法、模式现代化”，“北京如何解决好海量人口的出行问题是个大难题。要把解决交通拥堵问题放在城市发展的重要位置，加快形成安全、便捷、高效、绿色、经济的综合交通体系。轨道交通特别是地铁，安全保障制度一定要严密，安全检查措施一定要严格，安全运行工作一定要严谨”。[③] “对大气污染、交通拥堵等突出问题，要系统分析、综合施策。”[④]

---

① 中共中央文献研究室编：《习近平关于社会主义文化建设论述摘编》，中央文献出版社 2017 年版，第 189—190 页。

② 《立足提高治理能力抓好城市规划建设 着眼精彩非凡卓越筹办好北京冬奥会》，《人民日报》2017 年 2 月 25 日。

③ 《立足优势 深化改革 勇于开拓 在建设首善之区上不断取得新成绩》，《人民日报》2014 年 2 月 27 日。

④ 《立足提高治理能力抓好城市规划建设 着眼精彩非凡卓越筹办好北京冬奥会》，《人民日报》2017 年 2 月 25 日。

首都的安全稳定在全国社会稳定大局中具有特殊重要意义，维护好首都城市的安全稳定是首都社会管理的重中之重。一定要全面做好维护稳定工作，全力维护首都安全稳定。要着力提高化解社会矛盾能力，深入开展矛盾排查工作，从源头上预防和减少矛盾纠纷。要坚持下先手棋、打主动仗，坚决把问题预见于未发之时、解决在萌芽之中，做到万无一失。

（八）紧抓环境治理，创造优良人居环境

习近平总书记指出，环境治理是一个系统工程，必须作为重大民生实事紧紧抓在手上。要坚持标本兼治和专项治理并重、常态治理和应急减排协调、本地治污和区域协调相互促进，多策并举，多地联动，全社会共同行动。要建立大气环境承载能力监测预警机制。要严格指标考核，加强环境执法监管，认真进行责任追究。在冬奥会建设中，要突出科技、智慧、绿色、节俭特色，注重运用先进科技手段，严格落实节能环保要求，保护生态环境和文物古迹，展示中国风格。

习近平总书记强调，“要加大大气污染治理力度，应对雾霾污染、改善空气质量的首要任务是控制 PM2.5，要从压减燃煤、严格控车、调整产业、强化管理、联防联控、依法治理等方面采取重大举措，聚焦重点领域，严格指标考核，加强环境执法监管，认真进行责任追究”，“像北京这样的特大城市，环境治理是一个系统工程，必须作为重大民生实事紧紧抓在手上。大气污染防治是北京发展面临的一个最突出的问题。要坚持标本兼治和专项治理并重、常态治理和应急减排协调、本地治污和区域协调相互促进，多策并举，多地联动，全社会共同行动。要深入开展节水型城市建设，使节约用水成为每个单位、每个家庭、每个人的自觉行动”。①

坚持绿水青山就是金山银山的理念，强化生态环境联建联防联治。要增加清洁能源供应，调整能源消费结构，持之以恒推进京津冀地区生态建设，加快形成节约资源和保护环境的空间格局、产业结构、生产方式、生活方式。首都工作“要把创造优良人居环境作为中心目标”，寻求建立首

① 《立足优势 深化改革 勇于开拓 在建设首善之区上不断取得新成绩》，《人民日报》2014 年 2 月 27 日。

都城市最优规模，以资源环境为硬约束，划定人口总量上限、生态控制线、城市开发边界“三条红线”，要把握好生产空间、生活空间、生态空间的内在联系，实现生产空间集约高效、生活空间宜居适度、生态空间山清水秀，满足人民群众对生活质量的新要求。习近平总书记强调：“城市发展不仅要追求经济目标，还要追求生态目标、人与自然和谐的目标，树立‘绿水青山也是金山银山’的意识，强化尊重自然、传承历史、绿色低碳等理念，将环境容量和城市综合承载能力作为确定城市定位和规模的基本依据。”①“要以资源环境承载力为硬约束，确定人口总量上限，划定生态红线和城市开发边界。”②“坚持绿水青山就是金山银山的理念，强化生态环境联建联防联治。要增加清洁能源供应，调整能源消费结构，持之以恒推进京津冀地区生态建设，加快形成节约资源和保护环境的空间格局、产业结构、生产方式、生活方式。”③

习近平总书记关于新时代首都建设的重要论述既有高屋建瓴的顶层设计和宏观指导，又有针对具体问题的指示要求，在外延上非常广泛。它既涉及首都的城市规划和建设、政治建设、经济建设、文化建设、社会建设、生态文明建设、创新体系建设、国际化大都市建设、党的建设等诸多方面的内容，也涉及北京新机场建设、筹办 2022 年冬奥会、城市副中心建设、京津冀协同发展、历史名城和文物保护等首都建设的全局性、战略性问题。

二、时代背景

北京既是中国共产党中央委员会、中央人民政府和全国人民代表大会常务委员会等中央国家机构的办公所在地，又是我国四大直辖市之一、特大城市、世界著名古都、现代化国际城市。它在我国具有非常重要的地

① 中共中央文献研究室编：《习近平关于社会主义生态文明建设论述摘编》，中央文献出版社 2017 年版，第 32 页。

② 《立足提高治理能力抓好城市规划建设 着眼精彩非凡卓越筹办好北京冬奥会》，《人民日报》2017 年 2 月 25 日。

③ 《稳扎稳打勇于担当敢于创新善作善成 推动京津冀协同发展取得新的更大进展》，《人民日报》2019 年 1 月 19 日。

位。正如习近平总书记指出的,“北京作为首都,是我们伟大祖国的象征和形象,是全国各族人民向往的地方,是向全世界展示中国的首要窗口”①,一直备受国内外高度关注。

在进入21世纪后,面对错综复杂的外部环境,北京大力实施“新北京、新奥运”战略,积极应对国际金融危机冲击,不断优化经济结构,切实转变经济发展方式,大力加强社会建设,逐步启动“大城市病”治理,综合经济实力、科技创新能力、国际影响力不断提升,城乡面貌发生巨大变化,人民得到越来越多的实惠。然而,不断发展的北京也面临不少突出问题。在进入新时代后,为了满足首都人民日益增长的美好生活需要,首都发展面临着新使命,首都的各项建设工作也面临着新的任务,首都发展进入了新阶段。

(一)经济发展需要深度转变

国际方面,新一轮科技和产业革命正孕育兴起,国际分工体系加速演变,全球价值链深度重塑。国内方面,经济进入“新常态”,经济由高速增长阶段转向高质量发展阶段,处在转变发展方式、优化经济结构、转换增长动力的攻关期,建设现代化经济体系成为我国发展的战略目标。北京经济在服务业主导格局总体确立、消费拉动作用日益突出之后,需要坚持创新、协调、绿色、开放、共享的发展理念,从深层次转变经济发展方式,深度调整和升级产业结构,培育增长新动力和新的增长极,将资源环境压力转化为科技创新的强大动力,更加注重高端引领、创新驱动、绿色发展,走技术含量高、经济效益好、资源消耗低、环境污染少、人力资源优势得到充分发挥的科学发展道路。

(二)城市布局和形态需要着力完善

要顺从特大型城市在建设、发展、布局、管理上的规律,调整完善北京的城市布局和形态。与此同时,城市布局和形态要充分考虑区域发展的需要,适应城市群发展的需要。国家区域协调发展战略正在深入实施,城

① 梁相斌等:《谱写首都发展新篇章——以习近平同志为核心的党中央关心推动首都发展纪实》,《人民日报》2017年10月15日。

市群加快形成,对核心城市发展提出了更高要求。京津冀协同发展是以解决北京“大城市病”为基本出发点,调整优化城市布局和空间结构,打造新的首都经济圈,建设京津冀世界级城市群。作为京津冀城市群的核心,北京需要对原有的城市布局和形态进行调整完善,立足更大空间范围塑造城市,促进区域均衡协调发展,增强对区域的辐射带动。

(三)深化改革需要攻坚突破

我国已经进入改革攻坚突破的新阶段。经济社会发展阶段和环境已经发生了深刻变化,深化改革成为更为迫切的需求。深化改革需要更大决心和勇气,需要更加重视顶层设计和总体规划,更加重视制度创新和策略选择。在首都建设的各个领域,深化改革都需要大力推进。在尊重城市发展规律的同时,城市的规划、建设和管理也需要深化改革。城市规划、建设和管理机构需要改革,城市规划、建设和管理工作体制机制需要创新。

(四)城市治理需要现代化

人口资源环境矛盾突出,出现了人口过度膨胀、交通拥堵、房价高涨、环境污染严重等“大城市病”。人多是北京发展比较突出的问题。2001年,北京常住人口为1383.2万人,而2013年,达到2114.8万人。人口过多,给资源环境带来了较大压力,增加了城市运行成本,带来了日益突出的社会安全隐患,加重了公共服务和社会治理任务,容易导致经济社会各要素失衡,使“大城市病”愈发严重。严重的环境污染也是比较突出的问题。其中,大气污染严重,污染范围大,雾霾成为影响北京空气质量的主要因素。此外,河水断流、地下水严重超采、地面沉降等也比较严重。北京在发展中逐步认识到“大城市病”的危害,采取了多种措施进行治理,取得了不少成效,但还需从治本上下功夫,破解“大城市病”治理的难题,推进超大城市治理现代化。

三、重大意义

习近平总书记关于新时代首都建设的重要论述,立意高远,内涵深刻,逻辑严密,对于我们深刻认识“建设一个什么样的首都,怎样建设首都”这个重大时代课题，在新时代奋力推进首都建设，实现首都发展的深刻转型，具有十分重要的指导意义。

（一）为首都建设指明了前进方向

习近平总书记在明确首都发展的战略定位的基础上，把“国际一流的和谐宜居之都”确立为首都发展的战略目标，集中体现了其“坚持以人民为中心”的思想。在2015年12月召开的中央城市工作会议上，他明确指出：“城市工作是一个系统工程。做好城市工作，要顺应城市工作新形势、改革发展新要求、人民群众新期待，坚持以人民为中心的发展思想，坚持人民城市为人民。这是我们做好城市工作的出发点和落脚点。”①建设国际一流的和谐宜居之都，也是以习近平同志为核心的党中央，统揽发展全局、把握时代潮流，对首都发展提出的新要求、寄予的新期望，更是北京这座伟大城市新的历史使命，是全市人民热切期盼的美好明天。北京的各项建设工作都要着眼于这一目标，为实现这一目标而展开。

（二）为首都建设提供了根本遵循

习近平总书记一方面强调了首都建设要尊重、顺应城市发展规律，另一方面创新性地提出一条中国特色“大城市病”治理的模式与策略。他基于城市发展规律，深刻揭示了首都发展问题产生的根源——北京集聚了过多的非首都功能，其空间结构不尽合理，是造成“大城市病”的深层次原因。功能过多，大量人口流入，北京的功能、人口数量与资源环境承载能力的矛盾日益尖锐。针对此根源，他指出了首都发展的两大战略重点。一是坚持和强化首都核心功能。二是调整疏解非首都核心功能。针对这两大战略重点，他提出了首都发展的基本策略。对于坚持和强化首都核心功能，要深入实施人文北京、科技北京和绿色北京战略。对于调整疏解非首都核心功能，要坚持京津冀协同发展、一体化发展的思路，坚持严控增量和疏解存量相结合，内部功能重组和向外疏解转移双向发力，要发挥市场机制作用，采取市场化、法治化手段，制定有针对性的引导政策。

---

① 中共中央文献研究室编：《习近平关于社会主义经济建设论述摘编》，中央文献出版社2017年版，第194页。

（三）为首都建设提供了行动指南

对于首都建设的诸多方面，习近平总书记都作出了重要指示，提出了具体要求。首都建设涉及城市规划和建设、政治建设、经济建设、文化建设、社会建设、生态文明建设、创新体系建设、党的建设等诸多方面。习近平总书记也非常重视这些方面的推进情况，多次指出这些方面的建设需要着力的重点，强调了在推进中需要注意的问题，针对某些方面存在的短板提出了克服的具体举措，对北京新机场建设、筹办2022年冬奥会、城市副中心建设等重大项目的推进作出了明确指示。这些指示和要求为首都建设各项工作的开展提供了行动指南。

第一章　新时代首都发展战略

在习近平总书记关于新时代首都建设的重要论述中，有关首都发展战略的内容占有非常重要的地位。城市发展战略是指在较长时期内，从影响城市发展的各种因素、条件和可能变化的趋势出发，对城市未来发展所做的重大的、全局性的、长期性的、相对稳定的、决定全局的谋划，涉及城市发展的目标以及实现该目标的方针、政策、途径、措施和步骤等内容。它是城市建设和管理中具有全局性、方向性的根本大计，对城市发展具有方向性、长远性、总体性的指导作用，是城市各项工作的指南和纲领。习近平总书记高度重视首都发展战略，在视察和讲话中多次强调首都发展战略的重要性，提出了许多科学的观点、论断和要求。这些观点、论断和要求涉及首都发展的战略定位、目标、重点、布局和举措等方面的内容。

第一节　战略定位

城市发展的战略定位就是确定一个城市在国家和一定地域范围内承担的主要任务和发挥的主要作用，是城市发展战略的重要组成部分，能够正确指导政府活动、引导企业或居民活动、吸引外部资源和要素。不同的城市，其地位和作用是不同的。只有对一个城市进行准确定位，明确其职能，才能充分发挥其优势和特色。在首都的发展战略中，战略定位亦是如此。

习近平总书记高度重视首都发展的战略定位问题，多次强调首都发展战略定位的重要性。2014 年 2 月，他在北京考察时就明确指出，城市战略定位决定着城市产业布局和发展模式，北京发展，首先必须有一个科学合理的战略定位，北京产业布局和发展必须与城市战略定位相适应、相一致、相协调，这是北京产业发展的大原则。2017 年 2 月，在北京城市规划建设和北京冬奥会筹办工作座谈会上，习近平总书记再次强调，要把握好首都发展的战略定位，要求首都建设，“做到服务保障能力同城市战略定位相适应，人口资源环境同城市战略定位相协调，城市布局同城市战略定位相一致”①。

他在全面深刻分析北京的优势和劣势的基础上，明确了新形势新时期首都发展的战略定位：全国政治中心、文化中心、国际交往中心、科技创新中心。“四个中心”的战略定位深刻揭示出首都的核心功能所在。2017 年 6 月，习近平总书记在专题听取北京城市总体规划编制工作汇报的中央政治局常委会上指出，“政治中心方面，要做好中央政务功能服务和安全保障工作。文化中心方面，要加强世界遗产和老城的整体保护，精心保护好这张中华文明的金名片……国际交往中心方面，要用好‘一带一路’国际合作高峰论坛服务保障成果，加强国际交往重要设施和能力建设。科技创新中心方面……重点抓好‘三城一区’……构筑北京发展新高地”②。2019 年 1 月，他在京津冀考察后召开的京津冀协同发展座谈会上强调，“要立足北京‘四个中心’功能定位，不断优化提升首都核心功能”③。它为确立首都发展的战略目标、识别首都发展的战略重点、制定首都发展的战略举措等奠定了科学基础。

第二节　战略目标

城市发展的战略目标，是指在一个较长的时期内城市经济和社会发展要达到的总体目标，是城市发展战略的首要问题。城市发展战略的其

---

① 中共中央文献研究室编：《习近平关于社会主义生态文明建设论述摘编》，中央文献出版社 2017 年版，第 75 页。

② 徐飞鹏、王皓：《传达学习贯彻习近平总书记对北京城市总体规划重要讲话精神》，《北京日报》2017 年 7 月 3 日。

③ 《稳扎稳打勇于担当敢于创新善作善成　推动京津冀协同发展取得新的更大进展》，《人民日报》2019 年 1 月 19 日。

他大部分内容都是为了制定和实现城市发展的战略目标。习近平总书记在 2014 年 2 月考察北京时确立了首都发展的战略目标。他在明确了首都发展的战略定位后，明确提出，要注意把建设和谐宜居城市贯穿其中，借鉴国外城市建设有益经验，完善相关政策，提供生活性服务业品质，努力把北京建设成为国际一流的和谐宜居之都。这个战略目标的确立为首都建设指明了方向。在 2015 年 12 月召开的中央城市工作会议上，他也明确指出，“统筹生产、生活、生态三大布局，提高城市发展的宜居性。我国古人说：‘城，所以盛民也。’城市发展要把握好生产空间、生活空间、生态空间的内在联系，实现生产空间集约高效、生活空间宜居适度、生态空间山清水秀”①。

第三节　战略重点

城市发展的战略重点是指城市发展中的主要矛盾或矛盾的主要方面。一般而言，它可能是城市发展的主导产业，也可能是城市发展中的关键问题或薄弱环节。它可以是一个，也可以是相互关联的多个。确定城市发展的战略重点，能够为城市发展战略举措的制定提供重点指向。对于首都发展的战略重点，习近平总书记多次强调，疏解北京非首都功能是首都建设的“牛鼻子”。

2017 年 2 月，他在北京考察时强调，疏解北京非首都功能是北京城市规划建设的“牛鼻子”。② 2017 年 6 月，他在在专题听取北京城市总体规划编制工作汇报的中央政治局常委会上强调：“把握好‘舍’和‘得’的辩证关系，紧紧抓住疏解北京非首都功能这个‘牛鼻子’，进一步优化城市功能和空间结构布局。”③2019 年 1 月，他在考察河北雄安新区、天津市

① 中共中央文献研究室编：《习近平关于社会主义生态文明建设论述摘编》，中央文献出版社 2017 年版，第 66 页。

② 《立足提高治理能力抓好城市规划建设 着眼精彩非凡卓越筹办好北京冬奥会》，《人民日报》2017 年 2 月 25 日。

③ 徐飞鹏、王皓：《传达学习贯彻习近平总书记对北京城市总体规划重要讲话精神》，《北京日报》2017 年 7 月 3 日。

和北京城市副中心后召开的京津冀协同发展座谈会上再次强调,“紧紧抓住‘牛鼻子’不放松,积极稳妥有序疏解北京非首都功能”①。

第四节　战略布局

城市发展的战略布局是城市自身体系结构的优化问题。合理安排城市发展的战略布局对于推进城市的发展,实现城市发展的战略目标具有重要作用。进入21世纪后,首都逐步确立了自己发展的战略布局框架。然而,随着首都乃至全国的经济社会形势的不断变化,该框架存在着一些与新时代社会主义事业发展不相适应之处。在此情形下,习近平总书记以大视野、大格局为首都建设谋篇布局,从京津冀协同发展的战略视角上创新性地提出了“一核两翼”的宏大战略布局。

2013年8月,他在北戴河研究河北发展问题时,首次提出要推动京津冀协同发展。2014年2月,在北京考察结束时的讲话中强调,对于北京城市发展面临的问题,一方面,要控制中心城区特别是中心地区建设规模和部分功能,结合功能疏解,集中力量打造城市副中心;另一方面,解决好北京发展问题,需要跳出北京来看;根本的出路就是京津冀协同发展、一体化发展。他说:“北京、天津、河北人口加起来有一亿多,土地面积有二十一万六千平方公里,京津冀同属京畿重地,地缘相接、人缘相亲,地域一体、文化一脉,历史渊源深厚、交往半径相宜,完全能够相互融合、协同发展。实现京津冀协同发展、创新驱动,是面向未来打造新的首都经济圈、推进区域发展体制机制创新的需要,是探索完善城市群布局和形态、为优化开发区域发展提供示范和样板的需要,是探索生态文明建设有效路径、促进人口经济资源环境相协调的需要,是实现京津冀优势互补、促进环渤海经济区发展、带动北方腹地发展的需要。”②

---

① 《稳扎稳打勇于担当敢于创新善作善成　推动京津冀协同发展取得新的更大进展》,《人民日报》2019年1月19日。

② 中共中央文献研究室编:《习近平关于社会主义经济建设论述摘编》,中央文献出版社2017年版,第247页。

在京津冀协同发展的大视野、大格局之下，习近平总书记提出了“一核两翼”的首都发展战略布局。“一核”是指包括首都功能核心区在内的北京中心城区，而“两翼”是指北京城市副中心、河北雄安新区。2016 年 5 月，他在听取关于规划建设北京城市副中心和研究设立河北雄安新区有关情况的汇报的中央政治局会议上指出：“建设北京城市副中心和雄安新区两个新城，形成北京新的‘两翼’。这是我们城市发展的一种新选择。”①他特别强调了“两翼”建设的重大意义：“在新的历史阶段，集中建设这两个新城，形成北京发展新的骨架，是千年大计、国家大事。”②

“一核两翼”的宏大战略布局优化了京津冀区域城市体系结构，也优化了首都自身的体系结构，为首都建设提供了新的蓝图。

第五节　战略举措

城市发展的战略举措是指实现城市发展战略目标的策略和措施等。只有通过合理、可行的城市发展战略举措，才能实现城市发展的战略目标。习近平总书记也非常重视首都发展的战略举措，多次对首都发展战略举措的制定作出指示，提出要求。

针对坚持和强化首都核心功能的战略重点，他强调，要深入实施人文北京、科技北京和绿色北京的发展战略。③“要立足北京‘四个中心’功能定位，不断优化提升首都核心功能。”④

针对调整疏解非首都核心功能的战略重点，他在 2015 年 2 月召开的

---

① 霍小光等：《千年大计、国家大事——以习近平同志为核心的党中央决策河北雄安新区规划建设纪实》，《人民日报》2017 年 4 月 14 日。

② 霍小光等：《千年大计、国家大事——以习近平同志为核心的党中央决策河北雄安新区规划建设纪实》，《人民日报》2017 年 4 月 14 日。

③ 《立足优势 深化改革 勇于开拓 在建设首善之区上不断取得新成绩》，《人民日报》2014 年 2 月 27 日。

④ 《稳扎稳打勇于担当敢于创新善作善成　推动京津冀协同发展取得新的更大进展》，《人民日报》2019 年 1 月 19 日。

中央财经领导小组第九次会议上指出："疏解北京非首都功能、推进京津冀协同发展，是一个巨大的系统工程。目标要明确，通过疏解北京非首都功能，调整经济结构和空间结构，走出一条内涵集约发展的新路子，探索出一种人口经济密集地区优化开发的模式，促进区域协调发展，形成新增长极。思路要明确，坚持改革先行，有序配套推出改革举措。方法要明确，放眼长远、从长计议，稳扎稳打、步步为营，锲而不舍、久久为功。"① 2017 年 6 月，他在专题听取北京城市总体规划编制工作汇报的中央政治局常委会上要求，"要加强对疏解的引导，切实为北京减重减负……认清城市副中心与雄安新区都是疏解非首都功能的重要环节。要高水平建设城市副中心，带动中心城区功能与人口疏解，并发挥对周边区域的带动作用，同时又要以实际行动支持雄安新区建设"②。2019 年 1 月，他在京津冀考察后召开的京津冀协同发展座谈会上要求："要更加讲究方式方法，坚持严控增量和疏解存量相结合，内部功能重组和向外疏解转移双向发力，稳妥有序推进实施。要发挥市场机制作用，采取市场化、法治化手段，制定有针对性的引导政策，同雄安新区、北京城市副中心形成合力。"③

此外，他对首都的城市规划和建设、生态文明等方面战略举措的制定也提出了要求。在城市规划和建设方面，北京城市建设应该向国际一流标准看齐，要按照新的理念，搞好北京城市规划，遏制城市"摊大饼"式发展。在生态文明方面，大气污染防治是北京发展面临的一个最突出问题，对该问题，要坚持标本兼治和专项整治并重、常态治理和应急减排协调、本地治污和区域协作相互促进原则，多策并举，多地联动，全社会共同行动。习近平总书记关于首都发展战略举措的指示和要求，为首都发展战略举措的制定提供了根本遵循，具有非常重要的指导意义。

---

① 中共中央文献研究室编：《习近平关于社会主义经济建设论述摘编》，中央文献出版社 2017 年版，第 261 页。

② 徐飞鹏、王皓：《传达学习贯彻习近平总书记对北京城市总体规划重要讲话精神》，《北京日报》2017 年 7 月 3 日。

③ 《稳扎稳打勇于担当敢于创新善作善成　推动京津冀协同发展取得新的更大进展》，《人民日报》2019 年 1 月 19 日。

小　结

习近平总书记就首都发展战略提出了许多科学的观点、论断和要求，涉及首都发展战略定位、目标、重点、布局和举措等方面的内容。在首都发展战略定位方面，强调首都发展战略定位的重要性，明确了新形势新时期首都发展的战略定位：全国政治中心、文化中心、国际交往中心、科技创新中心。在首都发展战略目标方面，提出要努力把北京建设成为国际一流的和谐宜居之都。在首都发展战略重点方面，指出首都发展的两大战略重点，一是坚持和强化首都核心功能，二是调整疏解非首都核心功能。在首都发展战略布局方面，提出了"一核两翼"的宏大战略布局。在首都发展战略举措方面，要深入实施人文北京、科技北京和绿色北京的发展战略，要靠创新发展，舍弃"白菜帮子"，精选"菜心"，腾笼换鸟，调整结构，不断优化提升首都核心功能。针对调整疏解非首都核心功能的战略重点，要更加讲究方式方法，坚持严控增量和疏解存量相结合、内部功能重组和向外疏解转移双向发力，稳妥有序推进实施。要发挥市场机制作用，采取市场化、法治化手段，制定有针对性的引导政策，同雄安新区、北京城市副中心形成合力。

第二章　做好首都发展的科学规划

习近平总书记对城市工作非常熟悉和关心，对北京的城市工作尤为关心，对北京深怀感情。他说：我出生在北京，多年在北京学习和生活，目睹了北京从新中国成立初期一个陈旧的古都发展成现代化国际大都市的全过程。近年来习近平总书记在中央一系列重要会议上以及视察地方的讲话中，对城市工作提出了一系列重要的观点和指示，逐渐形成了一套系统完善的城市发展观点。

第一节　首都规划建设规律认识的逐渐形成

2009 年国庆节后，时任北京市委书记刘淇、市长郭金龙相继率北京市代表团赴长三角地区、闽粤地区进行学习考察。11 月 25 日，在学习考察总结会上刘淇指出，要着眼于中国的国情和历史，探索首都科学发展的规律，以国际眼光，把北京建设成世界城市。2009 年年底，北京市党代会正式确立了北京建设世界城市的奋斗目标。

2010 年 8 月，时任国家副主席习近平提出北京首先应该立足首都职能，全力做好“四个服务”，即为党、政、军首脑机关正常开展工作服务，为日益扩大的国际交往服务，为国家教育、科技和文化的发展服务，为市民的工作和生活服务。可以看出这一时期他已经有了关于“首都功能”的思想。再者，他提出北京建设世界城市应发挥自身优势、突出中国特色。“中国特色”的提法也暗含北京建设的是特色型的世界城市而非一定是顶级的世界城市。最后，他提出了打造“五个之都”的战略目标，即国际活动聚集之都、世界高端企业总部聚集之都、世界高端人才聚集之都、中国特色社会主义先进文化之都、和谐宜居之都。“五个之都”蕴含了习近平总书记对北京城市功能新定位的雏形。

改革开放以来，除1997年外，北京市的常住人口一直处于持续增长当中，直到2017年才再次出现下降。城市人口是城市发展水平和阶段的综合反映。城市人口增长本身并不是问题，但过快无序的增长却会对城市发展产生不利的影响。在1978—2017年不到40年的时间里，北京的常住人口膨胀了3倍多，从改革开放初的不足900万人增长至近2200万人。特别是2000—2010年，在常住外来人口快速增加的拉动下，北京市常住人口经历了一个高速增长期，从1363.6万人增加到1961.9万人。

在一定的时期内，城市所拥有的资源环境、基础设施和公共服务等条件所能支持的人口规模是有一定限度的。对于北京这座城市来说，水资源和土地资源的短缺尤其构成了对城市发展的刚性约束。北京人均水资源不足100立方米，仅为全国平均水平的1/20。北京市山区面积占62%，平原面积只占38%，而且目前建设用地面积已经占到20%，可开发土地存量已十分有限。据有关研究，到2020年，受主要资源的制约，北京市在理想状况下可以承载的人口仅为1335万—1480万人，在尚可接受的情况下可以承载的人口也仅为1480万—1750万人。①

人口、资源、环境之间的巨大矛盾使北京患上了日趋严重的“大城市病”。对此每一个北京市民都深有感受，严重的空气污染、交通拥堵……“大城市病”不仅影响普通居民的生活，更是对北京发挥首都功能产生了严重的负面影响。每当北京举行重要的国事、政务活动时，往往要实行严格的交通管制，给百姓出行带来很大不便，但不如此的话又无法保障国事、政务活动的顺畅举行。每到节假日和黄金周，每天聚集在天安门以及故宫周边的人流达到40万人，如何让首都功能核心区“静下来”成为一个亟待解决的问题。

2014年2月，习近平总书记视察北京，把脉北京日趋严重的“大城市

① 童玉芬、刘广俊：《基于可能—满意度方法的城市人口承载力研究——以北京为例》，《吉林大学社会科学学报》2011年第1期。

病”问题,指出北京的问题从表面上看是人口过多带来的,其深层次上是功能太多带来的。[①] 习近平总书记敏锐地意识到北京的发展日益步入一种城市功能与城市承载力之间的“紧平衡”状态。所谓“紧平衡”状态,是指整个城市的运转像绷紧的发条,虽然表面上尚可正常运转,但各种矛盾的张力已经到了一个危险的临界点。那么如何破解北京城市发展中这种“紧平衡”状态呢?习近平总书记提出,一方面,要明确城市战略定位,调整疏解非首都(核心)功能,从城市功能的角度为北京减负;另一方面,则是大力提升北京城市的承载力,打造国际一流的和谐宜居之都,包括解决人口膨胀、交通拥堵和大气污染等突出的“大城市病”,以及通过提升北京的城市建设和管理的水平和能力来强化对首都功能的支撑作用等。通过功能减负和承载力提升两个方面的努力,打造首都发展新的平衡态——一种可持续发展的“松平衡”状态。

2017年2月,习近平总书记第二次到北京视察工作,在随后的讲话中他要求结合最新版的规划编制,深入思考“建设一个什么样的首都,怎样建设首都”的问题。“建设一个什么样的首都”的问题就是北京城市功能定位问题。习近平总书记指出北京要坚持“政治中心、文化中心、国际交往中心、科技创新中心”的战略定位,坚持把建设国际一流的和谐宜居之都作为战略目标,有所为、有所不为,着力提升首都核心功能,有效疏解非首都功能,做到服务保障能力与城市战略定位相适应,人口资源环境与城市战略定位相协调,城市布局与城市战略定位相一致。在这一过程中,还必须处理好“都”与“城”、“舍”与“得”的关系。对于前者,北京要增强首都意识,坚持首都城市战略定位,做到首都的规划建设始终围绕“四个中心”城市战略定位来开展,首都的发展自觉围绕“四个中心”城市战略定位来推进;对于后者,必须紧紧抓住疏解非首都功能这个“牛鼻子”来提升首都功能和发展水平。[②]

---

① 中共中央文献研究室编:《习近平关于社会主义经济建设论述摘编》,中央文献出版社2017年版,第247—254页。

② 《立足提高治理能力抓好城市规划建设 着眼精彩非凡卓越筹办好北京冬奥会》,《人民日报》2017年2月25日。

第二节　首都规划科学编制的主要内容

党的十八大以来,习近平总书记不仅对如何制定好城市规划提出了许多重要论断,还对制定城市规划的根本依据、规划的实施、监督和评价等一系列问题进行了论述。他指出,考察一个城市首先看规划,规划科学是最大的效益,规划失误是最大的浪费,规划折腾是最大的忌讳。他强调编制好北京城市总体规划对疏解非首都功能、治理“大城市病”,提高城市发展水平与民生保障服务具有重要意义。做好城市工作,首先要认识、尊重、顺应城市发展规律,端正城市发展指导思想。只有科学地编制城市规划,才能实现规划的战略引领和刚性控制。在制定城市规划方面,他提出了大量具体要求,为科学制定城市规划提供了重要遵循。

一、城市功能定位是做好规划的根本依据

城市功能是指城市所承担的任务和所发挥的作用,城市功能定位是城市规划的灵魂和指南。习近平总书记高度重视功能定位对城市发展的决定作用。他要求北京要立足首都功能定位,着眼提高“四个服务”水平,打造“五个之都”,明确提出了北京的城市战略定位,努力把北京建设成为国际一流的和谐宜居之都。对北京的这一定位也写入了《京津冀协同发展规划纲要》,正式成为今后一段时期北京城市功能的定位。他要求北京的规划建设必须始终围绕首都功能定位来开展和推进。

二、坚持以人民为中心的价值立场

“以人民为中心”是习近平新时代中国特色社会主义思想的鲜明特征,体现了我们党全心全意为人民服务的根本宗旨。习近平总书记指出:“城市工作做得好不好,老百姓满意不满意,生活方便不方便,城市管理和服务状况是重要评判标准。”①习近平总书记还提出:“城市规划建设做

---

① 中共中央文献研究室编:《习近平关于社会主义社会建设论述摘编》,中央文献出版社2017年版,第131页。

得好不好,最终要用人民群众满意度来衡量。要坚持人民城市为人民,以北京市民最关心的问题为导向……提出解决问题的综合方略。要健全制度、完善政策,不断提高民生保障和公共服务供给水平,增强人民群众获得感。”①

三、优化城市空间布局

优化城市空间结构布局,是城市规划的主要内容之一。习近平总书记主张要降低城市开发强度,统筹生产、生活、生态三大布局,改变城市单中心、“摊大饼”式的发展模式。他强调,今后城镇建设用地特别是优化开发的三大城市群地区,要以盘活存量为主,不能再无节制扩大建设用地,不是每个城镇都要长成巨人,腰围都要不断扩大。他指出,要根据区域自然条件,科学设置开发强度,尽快划定每个城市特别是特大城市开发边界,把城市放在大自然中,把绿水青山保留给城市居民。大城市在发展上不要贪大求多,搞得虚胖,最后患上“大城市病”,要逐步形成横向错位发展、纵向分工协作的城市发展格局。② 他提出,要优化城市空间结构布局,做好不同功能用地加减法,把握职住用地比例,适当“留白增绿”;要坚持人口与建设规模双控,补充完善群众生活必须的公共服务设施,增强群众的获得感。③ 为了破解北京单中心发展的弊端,以习近平同志为核心的党中央果断作出了规划建设北京城市副中心和河北雄安新区的重大战略部署。“一核两翼”的城市空间新格局为北京未来的城市发展提供了广阔的舞台。2019 年伊始,《河北雄安新区总体规划(2018—2035 年)》和《北京城市副中心控制性详细规划(街区层面)(2016 年—2035 年)》获中央批复,在 1 月 16 日至 18 日召开的京津冀协同发展座谈会上,习近平总书记强调要保持历史耐心和战略定力,高质量高标准推动雄安新区规划建设;以

① 中共中央文献研究室编:《习近平关于社会主义社会建设论述摘编》,中央文献出版社 2017 年版,第 136 页。

② 中共中央文献研究室编:《十八大以来重要文献选编》(上),中央文献出版社 2014 年版,第 589、597、599—602 页。

③ 徐飞鹏、王皓:《传达学习贯彻习近平总书记对北京城市总体规划重要讲话精神》,《北京日报》2017 年 7 月 3 日。

北京市级机关搬迁为契机，高质量推动北京城市副中心规划建设。①

四、打造城市建设精品力作

习近平总书记要求北京提升城市建设特别是基础设施建设质量，以创造历史、追求艺术的高度负责精神，打造首都建设的精品力作。② 高标准建设城市的思想特别鲜明地体现在习近平总书记对城市副中心和雄安新区的要求上。他强调，北京城市副中心和雄安新区的规划建设，要能够经得起千年历史检验，这是我们这一代中国共产党人留给子孙后代的历史遗产。在城市副中心考察时，习近平总书记指出，站在当前这个时间节点建设北京城市副中心，要有21世纪的眼光，规划、建设、管理都要坚持高起点、高标准、高水平，落实世界眼光、国际标准、中国特色、高点定位的要求。不但要搞好总体规划，还要加强主要功能区块、主要景观、主要建筑物的设计，体现城市精神、展现城市特色、提升城市魅力。③ 2017年2月23日，习近平总书记到河北雄安新区考察并主持召开座谈会。他指出，建设雄安新区是一项历史性工程，一定要保持历史耐心，有“功成不必在我”的精神境界。④ 2018年2月22日，习近平总书记主持召开中共中央政治局常委会会议时强调，建设雄安新区是千年大计、国家大事，要保持历史耐心，稳扎稳打，一茬接着一茬干，努力建设高水平的社会主义现代化城市。⑤

五、统筹城市规划、建设与管理

与城市规划和建设同样重要的还有城市的管理和治理。习近平总书

---

① 徐飞鹏、王皓：《传达学习贯彻习近平总书记对北京城市总体规划重要讲话精神》，《北京日报》2017年7月3日。

② 中共中央文献研究室编：《习近平关于社会主义经济建设论述摘编》，中央文献出版社2017年版，第247—254页。

③ 《立足提高治理能力抓好城市规划建设 着眼精彩非凡卓越筹办好北京冬奥会》，《人民日报》2017年2月25日。

④ 徐飞鹏、王皓：《传达学习贯彻习近平总书记对北京城市总体规划重要讲话精神》，《北京日报》2017年7月3日。

⑤ 《奋进新时代　建设雄安城——以习近平同志为核心的党中央谋划指导〈河北雄安新区规划纲要〉编制纪实》，《人民日报》2018年4月27日。

记要求北京健全城市管理体制，提高城市管理水平，尤其要加强市政设施运行管理、交通管理、环境管理、应急管理。他强调，城市管理是一门科学，需要精心打理，打理好了还有很多可以扩展的空间。要求北京加快形成与世界城市相匹配的城市管理能力，城市管理目标、方法、模式都要现代化。[①] 2017 年，在审议北京城市总体规划时，他提出北京加强城市精细化管理要走“精治、共治和法治”的路子，“精治”就要将城市管理的触角向街巷胡同延伸，靠“共治”就要广泛吸收群众主体参与社会治理，靠“法治”就要坚持依法治理。[②]

六、重视城市生态环境保护

习近平总书记强调，“城市规划建设的每个细节都要考虑对自然的影响”，要求“建设自然积存、自然渗透、自然净化的‘海绵城市’”。[③] 他指出，大气污染防治是北京发展面临的突出问题，并对控制 PM2.5 提出明确要求。[④] 2017 年，习近平总书记以大气污染和交通拥堵来举例，指出造成问题的因素很多，解决问题也必然是多途径的，需要一个过程，要科学分析、综合施策。[⑤]

七、保护历史文化遗产

习近平总书记一贯重视城市历史文化遗产的保护工作，这一点在他在地方工作时就有所体现。例如，在正定工作时，他推动了当地古建筑“大佛寺”的修缮工作；在福州工作时，他为福州市知名文物学者、曾任福

---

① 中共中央文献研究室编：《习近平关于社会主义经济建设论述摘编》，中央文献出版社 2017 年版，第 247—254 页。

② 徐飞鹏、王皓：《传达学习贯彻习近平总书记对北京城市总体规划重要讲话精神》，《北京日报》2017 年 7 月 3 日。

③ 中共中央文献研究室编：《十八大以来重要文献选编》（上），中央文献出版社 2014 年版，第 603 页。

④ 中共中央文献研究室编：《习近平关于社会主义经济建设论述摘编》，中央文献出版社 2017 年版，第 247—254 页。

⑤ 《立足提高治理能力抓好城市规划建设 着眼精彩非凡卓越筹办好北京冬奥会》，《人民日报》2017 年 2 月 25 日。

州市文物局局长的曾意丹所著《福州古厝》一书作序等。习近平总书记于2014年、2017年两次视察北京，分别对北京的历史文化保护问题作出指示，他指出，北京是中华文明的一张金名片，传承保护好这份宝贵的历史文化遗产，是首都的职责。要本着对历史负责、对人民负责的精神，传承城市历史文脉；要构建涵盖旧城、中心城区、市域和京津冀的历史文化名城保护体系，更加精心保护好世界遗产，加强对“三山五园”、名村名镇、传统村落的保护和发展，加强对文物、优秀近现代建筑、工业遗产、非物质文化遗产的保护，凸显北京历史文化的整体价值，突出“首都风范、古都风韵、时代风貌”的城市特色。在谈到通州城市副中心建设时，他强调，通州有不少历史文化遗产，在建设过程中要严加保护。

八、注重区域协同发展

当今的城市发展更加强调城市之间的协同发展、联动发展，习近平总书记很早就认识到这一城市发展规律。他于2014年指出，要解决北京遇到的突出问题，必须要把北京纳入到京津冀和环渤海经济区的战略空间中加以考量。① 他要求各城市群借鉴京津冀协同发展的有效做法，打破在自家“一亩三分”地上转圈圈的思维定式，结合城市定位和功能，有序疏解特大城市非核心功能。要强化大城市对中小城市的辐射和带动作用，逐步形成横向错位发展、纵向分工协作的发展格局。要建立跨地区利益分享机制、创新合作机制。② 他指出，“京津冀如同一朵花上的花瓣，瓣瓣不同，却瓣瓣同心”“我相信京津冀的未来一片光明”。③

九、实行“多规合一”

2013年12月，习近平总书记在中央城镇化工作会议上发表的重要

---

① 中共中央文献研究室编：《习近平关于社会主义经济建设论述摘编》，中央文献出版社2017年版，第247—254页。

② 中共中央文献研究室编：《习近平关于社会主义经济建设论述摘编》，中央文献出版社2017年版，第196页。

③ 徐飞鹏、王皓：《传达学习贯彻习近平总书记对北京城市总体规划重要讲话精神》，《北京日报》2017年7月3日。

讲话中提出,“建立空间规划体系”“城市规划要由扩张性规划逐步转向限定城市边界、优化空间结构的规划”和“切实保护耕地、园地、菜地等农业空间,划定生态红线”“要一张蓝图干到底”①等城镇化工作任务,将建立空间规划体系、形成一张蓝图、限定城市发展边界、划定生态红线等工作提到国家政策高度,为“三规合一”工作的开展指明了方向。2017 年他再次指示,在规划方式上,要坚持城乡统筹、落实“多规合一”,整合各种空间规划和相关专项规划,形成一本规划、一张蓝图,做到底图叠合、指标统合、政策整合。新版北京城市总体规划围绕上述意见提出了一系列政策举措。②

十、维护规划的严肃性和权威性

好的蓝图更需要好的执行。近几年,随着我国城镇化的急剧发展,“一任领导一任规划”等尴尬问题不断凸显,如何更好地、更有力地执行城市规划成为一大难题。对此,习近平总书记反复强调保证规划的严肃性和权威性非常重要。实现这一目标的重要途径之一就是立法。2015 年 12 月,中央城市工作会议在北京举行,会议提出要全面贯彻依法治国方针,依法规划、建设、治理城市,促进城市治理体系和治理能力现代化。要健全依法决策的体制机制,把公众参与、专家论证、风险评估等确定为城市重大决策的法定程序。要深入推进城市管理和执法体制改革,确保严格规范公正文明执法。2017 年,习近平总书记强调,总体规划经法定程序批准后就具有法定效力,要坚决维护规划的严肃性和权威性。③ 规划一经确定就具有法律效力,不允许任何部门和个人随意修改、违规变更。要以钉钉子精神抓好规划落实。一旦发现违法违规

---

① 中共中央文献研究室编:《十八大以来重要文献选编》(上),中央文献出版社 2014 年版,第 541、607、597、600 页。

② 《立足提高治理能力抓好城市规划建设 着眼精彩非凡卓越筹办好北京冬奥会》,《人民日报》2017 年 2 月 25 日。

③ 《立足提高治理能力抓好城市规划建设 着眼精彩非凡卓越筹办好北京冬奥会》,《人民日报》2017 年 2 月 25 日。

行为，严肃查处，绝不姑息。[①]

第三节　做好北京城市规划建设工作的对策建议

未来北京的规划建设，必须以习近平总书记对北京工作的重要指示为遵循，坚持新发展理念，全面增强城市的核心功能，不断提升北京在全球城市网络中的地位，不断增强北京的核心竞争力和影响力。

一、优化首都城市功能

城市功能是指城市对城市自身（非基本功能）以及对城市以外地区（基本功能）所起的政治、经济和文化方面的作用。它是由城市的各种结构性因素决定的城市机能或能力。城市的功能是分层次的，能级越高、辐射范围越广的功能越是城市的核心功能。各大主要国际城市普遍重视强化自身的核心功能，不断提升自己的核心竞争力和能级。例如，中共上海市委发布《关于面向全球面向未来提升上海城市能级和核心竞争力的意见》，把提升城市能级和核心竞争力作为实现新时代上海发展战略目标的集中体现，提出经过 5 年的努力，使上海“五个中心”的核心功能显著增强，城市能级和核心竞争力大幅提升，城市吸引力、创造力、竞争力全面增强。东京则集聚了大量的生产服务业和具有全球性功能的产业，增强了东京对全球其他城市和地区的辐射能力。在强化核心功能的同时，各大国际城市普遍重视疏解一些非核心功能。如日本东京在三四十公里范围内建设“首都圈”和 7 个副中心。

传统的城市发展的手段与途径主要是通过基于资源驱动型战略的发展来提升城市的地位，因而把注意力集中在城市资本存量增大、物质财富积累、城市环境改善等方面。而当前的城市发展则更多地把注意力放在了城市的网络地位、软实力、核心竞争力的提高上，城市发展已经由存量

---

① 徐飞鹏、王皓：《传达学习贯彻习近平总书记对北京城市总体规划重要讲话精神》，《北京日报》2017 年 7 月 3 日。

扩大型向内涵提升型的高质量发展阶段转移。

拥有世界级的影响力是国际大都市的核心特征之一。国际交往中心是北京“四个中心”定位之一,必须强化北京对国际事务的影响力。城市只是一个地域单位,城市与城市之间的联系实际上是通过个人、群体及其活动实现的,因此国际人流、国际机构以及国际活动的汇聚显示了一个城市对外联系的广度和深度,从而反映出一个城市的国际影响力大小。北京可以通过积极主办或参与国际活动及事件、吸引国际组织与机构落户以及提高国际人流汇集程度等手段不断扩大自己的国际影响力。

北京还应不断提升对全球价值链的掌控力。全球化时代的城市产业结构正在经历着从产业间分工向产业内分工甚至产品内分工发展。在这种产业分工不断深化的背景下,城市价值生产从部门专业化转向产品价值链功能专业化生产,全球价值链、国家价值链、地方(城市区域)价值链成为世界城市网络、国家城市网络、地方城市网络经济联系的主要形式。城市作为不同尺度地理单元组织的重要节点,承担着全球价值链功能分工的空间载体,一个以全球价值链为连接方式包含不同价值链功能的多元化世界城市网络体系正在形成。在全球化时代,跨国公司成为全球价值链的主要塑造者,领导性跨国公司价值链的空间布局决定着参与到全球价值链中其他企业的价值生产区位。而且跨国公司主导下的全球价值链价值生产空间呈现出多维尺度的地理空间体系,跨国公司价值链价值生产区段的空间布局决定了城市网络中各个城市的产业“组织生境”。在这种价值生产的空间结构中,跨国公司主导的全球、国家及地方价值链成为城市网络价值生产的联系管道,而城市网络成为价值链价值生产的空间载体。

增强北京的文化引领力是强化北京城市功能的重要方面。在全球城市的传统研究中,经济、科技和政治影响力一直是关注的重点,但近 20 年来,这些历史进程背后的社会文化条件越来越受到重视。纵观和比较全球城市生长历史,其影响因子排第一位的是“文化吸引力”。能够成为一线全球城市的无不是具有全球文化认同价值的城市,也是文化软实力能级最强的城市。北京需要继续打造城市核心精神和特色文化、加强文化基础资源建设、强大文化创业产业实力和增强文化活力，不断提升北京的文化引领力。

二、提升经济综合实力

虽然北京的定位不是经济中心，但城市的发展毕竟离不开必要的物质支持，所以北京仍应以高质量发展为引领，不断提升经济实力。应不断构建“高精尖”的经济结构，推动高端服务业的更大发展。应依托北京在金融领域已有的优势，不断推动国际金融中心的建设。东京等全球城市在城市空间规模扩展的同时，并未推进城市的“全服务业化”，而是仍然保留了先进制造业以及创新型产业的发展空间，从而使城市的经济结构具有多样性，在城市竞争中具有更大的弹性。北京也应该持续推进先进制造业的发展。以产业发展推动城市更新，以城市更新后更优质的人居环境吸引和促进新兴产业的发展，最终促进产业和城市的相辅相成协调发展。

三、增强综合承载能力

北京未来发展的关键之一是提升城市的综合承载力，避免重走“大城市病”的老路，探索和构建新型的城市功能与城市承载力相匹配的发展道路。城市综合承载力是指城市在不产生任何破坏时所能承受的最大负荷。从宏观角度上看，它既包括物质层面的自然环境资源承载力，也包括非物质层面的城市功能承载力；从微观角度上看，它是指城市的资源禀赋、生态环境、基础设施和公共服务对城市人口及经济社会活动的承载能力。城市综合承载力是资源承载力、环境承载力、经济承载力和社会承载力的有机结合体。应借鉴各国际大都市在提升综合承载力的最新成果、科学规律，找出北京在提升基础设施、公共服务、生态环境等承载力方面的努力方向。

四、优化空间结构

城市空间是城市发展的物质载体，也是城市发展的重要基础和条件。

城市规划是引导和控制城市建设活动的基本依据和手段,是保障城市空间资源合理利用和城市建设合理进行的前提和基础。各世界城市普遍突出城市规划的作用,加强规划的战略性、均衡性,加快老城区城市更新和农村地区改造,加快多中心建设,实现城市社会和经济的可持续发展。

五、推动创新发展

伴随着以信息技术为标志的第三次科技革命与知识经济时代的来临,全球范围内的城市发展已逐渐从过去的资源、资本驱动转向知识、创新驱动,城市在国际竞争格局、创新体系以及产业链中的地位与作用日益得到提升,城市核心观念也更多地融入科学人文、节能减排、生态环保、社会和谐等元素,世界各地对创新型城市的探索产生浓厚的兴趣。而在当前国际城市发展面临经济危机趋缓但复苏乏力的形势下,对于城市发展的探索需要从短期的抗危机、反周期举措中走出,转而以更宽广的时空观来重新思索国际城市发展的理想模式,寻求走出谷底、开辟新上升通道之策。在这样的背景下,创新成为国际城市共同的选择,建设创新型城市,成为世界城市发展的重大命题。从城市发展驱动要素角度来看,可以将城市发展的历程归纳为初级要素驱动型、投资驱动型和创新驱动型三个阶段。城市发展是动态演进的过程,不同时点的同一城市发展的驱动因素组合呈现不同的状态,创新驱动是城市发展到较高级阶段的特征。

六、汇聚国际化人才

主要全球城市的实践和规划表明,人才的培育集聚是贯穿城市吸引力、创造力、竞争力的关键举措。尽管由于城市发展特性不同,纽约、伦敦与东京在吸引、服务人才方面的侧重点不同,但这些城市均采取多层次的政策与服务手段,吸引国际人才,培育本土人才,集聚高端人才,从而不断优化城市的人才结构。北京应从发展环境塑造、技术指导、交流机会、技能培训、教育提升等多层面入手,建构出具有全球引领性的人才培育集聚方式,从而在全球化跨国人员流动速度不断加快的情况下,仍成为吸引人才的"磁极"节点。

七、完善城市治理

习近平总书记要求北京推动城市管理向城市治理转变,推进城市治理体系和治理能力现代化。只有切实实现从城市管理向城市治理的转型,才能动员起全社会的力量,使首都的城市管理水平有质的飞跃。现代城市管理是个高度复杂的系统,然而透过纷繁庞杂的表象可以看到,治理体系和治理能力是其中"牵一发而动全身"的核心和骨架,抓住这两者就找到了提升城市管理水平的根本途径。治理体系和治理能力现代化两方面是相互促进的有机整体。治理体系现代化是治理能力现代化的基础,治理体系现代化的构建和完善为治理能力现代化提供保障和框架;治理能力现代化是治理体系现代化的具体体现,治理能力现代化的运用和实现是对治理体系现代化的丰富和拓展。

八、推动区域发展

城市群崛起是高质量发展的重要标志,世界级城市群对创新资源与全球市场的有效整合,使之成为最具经济活力的地区。戈特曼依据人口规模和人口密度划型,认为世界上有六大城市群,即以英国伦敦为中心的城市群、以巴黎为中心的欧洲西北部城市群、以东京为主导的日本太平洋沿岸城市群、以上海为中心的长江三角洲城市群、由芝加哥和纽约主导的北美五大湖城市群和美国东北部大西洋沿岸城市群。由此可见,各主要国际城市与相关联的城市群之间存在着千丝万缕的关系,国际城市的发展离不开城市群的支撑和放大作用,各城市群在协调发展模式,特别是在管理体制和运行机制方面积累了丰富的实际经验,值得北京借鉴。

九、优化政务、营商和人居环境

未来北京要打造三种优良环境——政务环境、营商环境和人居环境。保障安全优良的政务环境是首都功能赋予北京市的重要职责,要求北京市全力做好"四个服务",保障中央党政军领导机关高效开展工作。优良的营商环境是一个城市经济软实力的重要体现,是一个城市提高综合竞争力的重要方面。创建一流的人居环境则充分体现了习近平总书记“以人民为中心”的城市发展理念,同时也为优良的政务环境和营商环境奠定了重要的基础。三种环境既各有侧重,又有相互重叠的部分,共同构成了优良的城市发展大环境。

十、打造开放包容的城市人文环境

城市不仅是经济和社会的载体,同时也是文化和精神的载体。城市的人文环境是城市的内涵所在,是滋养城市发展的无形力量和展示城市魅力的名片。建设开放包容的城市人文环境,是提升城市品质和宜居性的重要手段。建设开放包容的城市人文环境的核心是统筹经济和社会的均衡发展,注重公平与效率的良性互动,创造权利共享、机会均等和公平竞争的制度环境,努力缩小收入差距,使每个人都能分享城市经济发展成果,充分实现个体成长。

小　　结

习近平总书记高度重视城市规划工作,认为考察一个城市首先看规划,规划科学是最大的效益,规划失误是最大的浪费,规划折腾是最大的忌讳。习近平总书记在规划的各个层次、各个阶段上形成了一套完整的思想,他高度重视功能定位对城市发展的决定作用,以此作为规划制定的根本依据。就如何科学制定城市规划,从优化城市空间布局、高标准建设城市、统筹城市规划建设与管理、城市生态环境保护、保护历史文化遗产、区域协同发展等方面提出了一系列重要观点。在转变规划方式、确保规划落实方面,习近平总书记也提出了“多规合一”、维护规划的严肃性和权威性、以人民满意作为衡量规划好坏的标准等要求。

第三章　提升首都政治建设水平

党的十八大以来，习近平总书记多次视察北京并发表了重要讲话。他从国家发展大局出发，立足首都发展实际，着眼首都长远发展，深刻地回答了一系列首都建设与发展的重大问题，为推进首都政治建设提供了科学指南。在讲话精神的指引下，北京市的非首都功能不断疏解、首都政治功能大为增强，全国政治中心建设取得了显著成绩。

第一节　首都政治建设的时代脉络

习近平总书记以强烈的政治担当，聚焦首都核心功能，在确立首都城市战略定位、指导制定北京新版总规、推动京津冀协同发展的基础上，形成了推进全国政治中心建设、强化首都政治功能、发挥北京在全国的引领示范作用等重要论述。这些重要论述脉络清晰、内涵丰富，是指导首都政治建设的纲领性文献。

一、确立新时代首都城市战略定位，将政治中心建设放在首位

首都是国家政治中心和中央政府所在地，是象征国家主权的城市。首都作为“首善之区”，是能够在全国发挥表率作用的城市，也是具有全球影响力、掌握国际话语权的城市。北京有 800 多年的建都史，作为新中国的首都有 70 多年的历史。新中国成立后，北京的建设与发展取得了辉煌的成就，城市经济社会面貌发生了翻天覆地的变化，城市人民的物质文化生活水平大幅提高，为首都政治建设奠定了坚实基础。但是也应看到，在长期的发展中北京积累了诸多非首都功能，影响了首都政治功能的更

好发挥。

习近平总书记针对北京建设中存在的问题和未来的长远发展,指导北京确立了"四个中心"的首都城市战略定位,并围绕城市战略定位,展开了关于首都建设的重要论述。这些重要论述,涵盖了京津冀协同发展、有序疏解非首都功能、实现减量集约发展、历史文化名城保护、文化建设、城市精细化管理、多元治理、公共安全、民生保障与公共服务、环境保护等方面的要求,为将北京建设成为政务环境优良、空间布局优化、非首都功能疏解、人居环境一流的发展目标指明了方向。

"看北京首先从政治上看,这是习近平总书记对北京工作的基本要求,也是他关于北京工作辩证法的大逻辑和出发点。"[①]首先从政治上看北京,就是要将推进全国政治中心建设放在落实首都城市战略定位的首位,将强化首都政治功能作为北京建设的首要任务。这是把北京建设成为国际一流和谐宜居之都的关键所在。抓住这个关键,才能在思想上政治上行动上同党中央保持高度一致,并将其贯穿于北京工作的各个方面,同时发挥在全国的示范引领作用,进而落实首都城市战略定位。

二、指导制定北京新版总规,强化政治功能促进首都高质量发展

习近平总书记亲自指导《北京城市总体规划(2016年—2030年)》的制定,作出了许多重要指示。贯彻落实习近平总书记指示精神,北京新版总规围绕建设国际一流的和谐宜居之都这个发展总目标,就提高首都发展质量确立了三个阶段性目标,即2020年、2035年、2050年发展目标。它们立足"四个中心"城市战略定位,涵盖了政治、经济、科技、文化、民生、城建、生态、城市治理以及国际化等方面,贯穿着提高首都发展质量这条主线。三个阶段的政治建设目标,即中央政务、国际交往环境及配套服务水平得到全面提升,成为拥有优质政务保障能力和国际交往环境的大

① 袁吉富:《习近平总书记关于北京工作系列重要指示是指导北京工作的辩证法总纲》,《前线》2017年第10期。

国首都,成为具有广泛和重要国际影响力的全球中心城市,不仅在字面上而且在内涵上与提高首都发展质量高度契合。

从三个阶段的政治建设目标可以看出,习近平总书记要求首都政治功能不断强化。习近平总书记关于北京城市功能科学定位的思想,“着眼的不是泛泛而谈的发展,而是北京的可持续发展和长远发展,即北京要发展而且要发展得更好;着眼的不是外延式的摊大饼式发展,而是内涵集约式发展;着眼的不是忽略北京作为一个城市的基本功能,而是要把四大功能作为重点定位,其他功能要围绕和保障四大功能来展开;着眼的不是为治病而治病,而是在治理大城市病的同时为首都核心功能的发展提供更为优越的环境和发展空间;着眼的不是把非首都功能疏解了事,而是要为它们找到更为广阔、优越的发展空间,并与北京发展形成互补与协作关系”①。因此,强化首都政治功能与提高首都发展质量是紧密联系、相辅相成的。只有强化首都政治功能,才能保证首都发展质量的提高;只有提高首都发展质量,才能为强化首都政治功能、履行“四个服务”基本职责提供有力支撑。

政治功能是首都最核心的功能,是推进首都建设的引擎。强化首都政治功能需要大力加强政治建设,只有把政治建设搞好了,才能在思想上政治上行动上与党中央保持高度一致,才能充分发挥社会主义制度的优越性,焕发广大人民群众建设中国特色社会主义的积极性和创造性,汇聚社会各方面的力量,实施好北京新版总规,推进发展质量变革,推动首都发展迈上新台阶。

三、推动京津冀协同发展,发挥首都的引领示范作用

习近平总书记多次深入北京、天津、河北考察,谋划、部署、推动京津冀协同发展战略。京津冀协同发展不仅仅是解决北京发展面临的矛盾和问题的需要,也不仅仅是解决天津、河北发展面临的矛盾和问题的需要,而且

---

① 袁吉富:《习近平总书记关于北京工作系列重要指示是指导北京工作的辩证法总纲》,《前线》2017 年第 10 期。

是优化国家发展区域布局、优化社会生产力空间结构、打造新的经济增长极、形成新的经济发展方式的需要，是一个重大国家战略。因此，要站在政治高度看待京津冀协同发展，从关乎国家发展大局的高度看待京津冀协同发展。北京在京津冀协同发展中的表现是检验其政治建设成效的重要标准。

为了推动京津冀协同发展，习近平总书记强调，不要简单以国内生产总值增长率作为唯一考核标准，政绩最后看综合指标和总体要求实现的程度。他明确提出推进京津冀协同发展要立足合作共赢理念，并要求大家自觉打破“一亩三分地”的思维定式，由过去的都要求对方为自己做什么，变成大家抱团朝着顶层设计的目标一起做。这种大局观为京津冀协同发展提供了价值观引领。

全国发展看首都，首都的地位和功能，决定了北京在我国改革开放和现代化建设的历史进程中处于领跑位置，决定了其在京津冀协同发展中的引领示范作用。以更高的标准促进各项工作走在全国的前列、努力发挥表率作用，是北京应有的政治担当。只有强化首都政治功能，直面存在的困难和问题，集中各方面的智慧，凝聚全社会的力量，迎难而上，开拓创新，破解难题，在提高首都发展质量上出思路、出举措、出实效，形成具有首都特色的城市发展模式，创造一流的工作业绩，立标杆，树旗帜，才能肩负起北京的政治担当。

第二节　首都政治建设的丰富内涵

习近平总书记关于首都政治建设的重要论述融会贯通于其重要讲话中，并按照首都政治功能、首都城市功能结构、首都发展与国家战略的逻辑层层推进，明确了新时代首都政治建设的历史方位、主要目标和基本路径，形成了推进全国政治中心建设的指导方针，是习近平新时代中国特色社会主义思想的重要组成部分。

一、坚持和强化首都全国政治中心的核心功能

习近平总书记指出：“要明确城市战略定位，坚持和强化首都全国政

治中心、文化中心、国际交往中心、科技创新中心的核心功能，深入实施人文北京、科技北京、绿色北京战略，努力把北京建设成为国际一流的和谐宜居之都。”①深刻理解习近平总书记的这一论断，需要全面学习、深刻理解习近平新时代中国特色社会主义思想，特别是他关于首都建设的重要论述，正确把握首都政治功能的核心要义，明确推进全国政治中心建设的目标及其基本原则。

（一）把握首都政治功能的核心要义

中国特色社会主义进入了新时代，我国社会的主要矛盾已经转化为人民日益增长的美好生活需要和不平衡不充分的发展之间的矛盾。解决这一主要矛盾对首都建设与发展提出了更高的要求，要求首都突出核心功能，疏解非首都功能，全面提高发展质量，满足人民对美好生活的新期待。新时代，政治功能作为首都的核心功能需要进一步提升，只有提升政治功能才能带动其他功能的提升，从而全面履行首都的职责，让党中央放心，让人民满意。在全球发展面临百年未有之变局、我国发展面临新旧动能转换、首都发展面临减量集约和提质增效的大背景下，首都正确处理改革发展稳定的关系，构建新的发展模式，以首善标准推进新发展，保持社会稳定，进而引领全国的发展，是重大政治任务。只有强化首都政治功能，以高度的政治自觉创造一流的发展业绩，才能圆满完成重大政治任务，发挥好北京全国政治中心的作用。

在此背景下，深刻理解首都政治功能的核心要义，要根据党的十九大精神把握三个要点：一是首都要在思想上政治上行动上与党中央保持高度一致。要以习近平新时代中国特色社会主义思想为指南，在贯彻落实党的路线方针政策上起表率作用，模范遵守党的政治纪律。二是首都要在落实“五位一体”总体布局、“四个全面”战略布局中起示范带动作用。要坚定道路自信、理论自信、制度自信、文化自信，高举中国特色社会主义旗帜，在各项建设中走在全国的前列，引领我国改革开放和现代化建设取

① 《立足优势 深化改革 勇于开拓 在建设首善之区上不断取得新成绩》，《人民日报》2014年2月27日。

得更大成就。三是首都要加强全国政治中心建设。要为中央党政军领导机关提供优质服务,全面维护首都政治安全,保障国家政务活动安全、高效、有序运行。这三个要点,逻辑严密,指向清晰,明确了新时代首都政治功能定位,是首都政治功能的核心要义。把握这三个要点,就从理论上把握了加强全国政治中心建设与党和国家大政方针的内在联系,从实践路径上把握了加强全国政治中心建设的正确方向。

(二)明确推进全国政治中心建设的目标

习近平总书记关于首都政治建设的重要论述不是孤立的,而是与其他方面建设的论述有机结合的,具有目标鲜明、系统性强的显著特征。强化首都政治功能必须把握这些特征,大力推进全国政治中心建设,以全国政治中心建设为平台,突出政治功能建设,抓好其他功能建设,形成核心功能与基础功能的完美结合。

政治功能提升,为中央党政军领导机关工作提供服务保障的水平大幅提高。首都是国家政治中心、国际交往中心,是展示国家形象的重要窗口区。这是首都的政治功能定位。要求在全国政治中心建设中疏解非首都功能,增强首都核心功能,严格控制建筑物高度,增加国事活动场所,创造安全、优良的政务环境,提供优质、高效的政务服务,切实承担起国家政治中心、国际交往中心的重任。

文化功能增强,保护古都风貌、传承历史文脉、彰显文化魅力的力度不断加大。首都又是国家文化中心,是历史文化名城。这是首都的文化功能定位。加强全国政治中心建设,要与加强全国文化中心建设紧密结合,在建设中推动老城整体保护与复兴,建设承载中华优秀传统文化代表地区,打造文化魅力场所、文化精品路线、文化精华地区相结合的文化景观网络系统,使老城成为具有一流文明风尚的世界级文化典范地区,切实承担起国家政治中心与文化中心相辅相成、相得益彰的重任。

经济功能优化,高端引领、创新驱动、高效集约的产业发展模式有效形成。全国政治中心建设需要以高水平的经济发展为支撑,首都应当成为科技创新、文化创新的策源地和发展高端、高效、高辐射产业的重要地区。这是首都的经济功能所在。要求在经济建设中发展高端化、服务化、集聚化、融合化、低碳化产业,特别是发展高品质的特色文化产业,疏解腾退区域性商品交易市场,调整优化传统商业区,提升生活性服务业品质,构建“高精尖”的经济结构,使经济发展与全国政治中心的功能定位相适应。

社会功能完善,文明有序、安全稳定、整洁便捷的工作生活环境全面建成。全国政治中心建设需要以高度和谐的社会为依托,首都应当成为具有一流人居环境的地区和社会和谐的首善之区。这是首都的社会功能所在。要求在社会建设中降低人口密度,加强房屋管理,改善背街小巷公共空间面貌,完善社区公共服务设施、交通市政基础设施、城市安全设施,规范环境秩序,整顿交通秩序,优化安全秩序,提高社会保障和公共服务水平,增加人民群众的获得感,使社会发展与全国政治中心的功能定位相适应。

生态功能修复,有碧水蓝天、青草鲜花、绿荫鸟鸣的公共空间得以重构。全国政治中心建设需要以高品质的生态环境为基础,首都应当成为具有一流人居环境的绿色低碳循环发展示范区。这是首都的生态功能所在。要求在生态文明建设中开展美化绿化建设,修复历史上存在的水系和湿地,完善公共绿地设施和森林植被体系,增设城市森林公园和社区花坛、绿色步道,大幅度增加绿色生态空间,总体上提高生态环境质量,使生态环境与全国政治中心的功能定位相适应。

(三)坚持推进全国政治中心建设的基本原则

习近平总书记关于首都政治建设的重要论述,是其治国理政思想的重要体现,也是我们党的路线方针政策的重要体现。推进全国政治中心建设,要坚持以习近平新时代中国特色社会主义思想为指导,贯彻落实新发展理念,全面加强首都政治建设,不断提高首都发展质量,增强首都人民的政治觉悟,促进首都“四个服务”的水平大幅提升。

坚持党的集中统一领导。增强政治意识、大局意识、核心意识、看齐意识,坚决维护习近平同志党中央的核心全党的核心地位,坚决维护党中央权威和集中统一领导。坚决贯彻落实党的路线方针政策,在全国起表率作用;坚决贯彻落实习近平总书记关于首都建设的重要指示,首都建设与发展走在全国前列;坚决执行市委市政府各项工作部署,以高质量发展的标准建设首善之区。

坚持以人民为中心。人民共建共享是实现城市高质量发展的最高目标、根本路径和行动准则,关乎首都社会的公平正义和长治久安,为提升发展品质提供坚实的社会基础。要保障人民群众平等参与发展的权利,从人民群众最关心的问题、最迫切的需求入手,切实提高社会保障、公共服务水平,实现基本公共服务均等化,增强人民群众的获得感,以共享引领共建、以共建推动共享,实现发展目标与发展路径的有机统一,实现党的领导与人民当家作主的有机统一。

坚持改革开放。改革开放是解决制约发展的体制机制问题以及发展动力、发展的内外联动性等问题的关键所在,关乎首都的发展思路、发展方向和发展模式,为提升发展品质提供强劲动力。要落实首都城市战略定位,加快发展动力转变的步伐,通过深化改革、扩大开放,率先在全市实现制度创新、文化创新、科技创新以及其他方面的创新,以一流的创新成果增强发展动力,以广泛的国际交流与合作提升发展的国际化水平。

坚持统筹协调。统筹协调是解决发展不平衡不充分问题的必要措施,关乎首都城市空间布局、功能结构的优化和发展关系的理顺,为提升发展品质提供整体性统筹。要统筹兼顾城市功能建设,正确处理"都"与"城"、"一核"与"两翼"、"减量"与"提质"等重大关系,大力疏解非首都功能,优化城市功能结构,切实维护大局,提高发展的系统性,在协同上发力,提高发展的协调性,从补短板做起,提高发展的均衡性。

坚持生态优先。加强生态文明建设是转变发展方式的必由之路,关乎首都的城市美丽、民生福祉和可持续发展,为提升发展品质奠定最根本的物质基础。要立下生态优先的规矩,把生态文明建设融入政治建设、文化建设、经济建设、社会建设中,让绿色发展理念贯穿于人们的价值取向、思维方式、生产生活方式中,倒逼产业转型升级、城市发展模式创新,实现高质量的集约发展。

二、形成适度超前、相互衔接、满足未来需求的功能体系

习近平总书记指出:“要提升城市建设特别是基础设施建设质量,形成适度超前、相互衔接、满足未来需求的功能体系,遏制城市‘摊大饼’式发展,以创造历史、追求艺术的高度负责精神,打造首都建设的精品力作。”①这对围绕首都政治功能建设、优化首都城市功能结构提出了明确要求。深刻理解习近平总书记的这一论断,需要明确城市功能结构是由城市战略定位所确定的主要功能与次要功能的配置框架系统,一个城市的战略定位如何、主要功能是什么、次要功能有哪些,形成了特定的城市功能结构,决定着这个城市的发展方向和资源配置的重心。首都城市既是“都”又是“城”,在突出政治功能的同时,应夯实其他必要的功能,形成合理的城市功能结构,为强化政治功能奠定坚实可靠的基础。

(一)深刻认识首都城市功能结构失衡

北京作为新中国的首都,建设与发展取得了举世瞩目的成绩,也出现了“大城市病”等问题,人口资源环境的矛盾越来越突出,制约着健康发展。解决这些发展中存在的问题,需要正确处理“都”与“城”的关系,优化首都城市功能结构。

首都城市功能结构失衡主要是指“城”的功能过多,与城市的承载能力不相匹配,影响了“都”的功能发挥。北京有作为首都的政治中心、文化中心的功能,又有经济中心、金融中心、科研中心、教育中心、医疗中心等诸多功能。非首都功能过多,大量的企业总部乃至生产环节和国家级的金融机构、科研单位、大专院校、医院等在北京,必然吸纳大量人口。在经济领域,北京既有不少高技术产业,也有许多一般性产业,特别是有一些高消耗、高污染、高安全风险的劳动密集型产业,有不少区域性物流基地、区域性专业市场等,加剧了人口膨胀。“大城市病”的一个突出特征

---

① 《立足优势 深化改革 勇于开拓 在建设首善之区上不断取得新成绩》,《人民日报》2014年2月27日。

是城市聚集的人口大量增加，已经超出了城市基础设施和资源、环境所能承载的限度，从而引发了一系列“病症”，给市政服务与管理带来困难，给人民群众的生产、生活造成不便，甚至影响到社会的稳定和“都”的功能发挥。

首都城市功能结构失衡是城市战略定位不明确或虽然明确但不落实造成的。北京作为首都，是否要成为全国的经济中心，一直是存在争议的问题，过去的《北京城市总体规划》未对此作出明确回答。过去一些不适合在首都发展的产业在北京发展了，一些不属于首都的功能也在北京产生了，导致首都功能与非首都功能的结构失衡，即“都”与“城”的结构失衡。

（二）正确把握“都”与“城”的关系

解决首都城市功能结构失衡的问题需要正确把握“都”与“城”的关系。“都”与“城”是相对的概念，从功能上讲“都”中有“城”、“城”中有“都”，二者既有区别，但又不能截然分开。因此，需要从功能内容划分和功能空间布局两个方面来正确把握“都”与“城”的关系。

1. 从首都城市的功能内容划分看“都”与“城”

按功能内容划分，当今世界上的首都城市大致可分为两种类型：一类是综合功能型首都城市，另一类是单一功能型首都城市。日本东京、英国伦敦属于综合功能型首都城市，美国华盛顿、澳大利亚堪培拉则属于单一功能型首都城市。综合功能型首都城市既是国家的政治中心——中央政府、国会和国家司法机构所在地，又是国家的经济中心——国家乃至全球的金融、贸易、信息中心，还是国家的文化中心——聚集了国家级的文化设施、全国性的文化团体和重要的文化活动。此类城市人口规模较大，功能较多，但是都将城市的国家政治中心功能放在十分重要的地位，在最好的区域以最佳的资源加强“中央政务区”建设，即“都”的建设，从而为中央提供最优质的服务。在这个前提下，再考虑城市其他方面的建设与发展，提升与“都”功能相协调的“城”功能。

单一功能型首都城市只是国家的政治中心，如美国的华盛顿是美国国会、联邦政府机关与各国驻美国大使馆的所在地，聚集了世界银行、国际货币基金组织、美洲国家组织等重要国际组织总部。其主要产业是为国会、政府、国际机构等服务的第三产业。此类城市人口规模较小，地区生产总值占国民生产总值的比例也较小，功能围绕政治中心即“都”来展开，“城”的功能满足“都”的需要即可。

2. 从首都城市的功能空间布局看“都”与“城”

按功能空间布局，当今世界上的首都城市也大致可分为两种类型：一类是多层次功能空间布局首都城市，另一类是单层次功能空间布局首都城市。日本东京、英国伦敦属于多层次功能空间布局首都城市，美国华盛顿、澳大利亚堪培拉则属于单层次功能空间布局首都城市。

东京在功能空间布局上可以划分为东京都、东京都区部、东京核心区三个层次。东京都是由 23 个特别行政区和 26 个市、5 个町、8 个村所组成的自治体，23 个特别行政区也称东京都区部，区部内又将千代田区、中央区、港区归为核心区。其中千代田区是日本皇宫、国会、首相官邸、政府各部门、最高裁判所与自民党本部、民主党本部等所在地，主要承担“都”的功能；中央区、港区是金融、贸易、信息中心，它们和其他地区主要承担“城”的功能。

伦敦在空间布局上可以划分为大伦敦市和城市中心区两个层次。大伦敦市包括 32 个市区和伦敦城，城市中心区是指威斯敏斯特市和伦敦城。威斯敏斯特市是英国王宫、议会、首相官邸和政府各部门所在地，主要承担“都”的功能；伦敦城是金融、贸易、信息中心，它们和其他地区主要承担“城”的功能。华盛顿的城市空间布局比较简单，主要是自国会大厦建设一条通向波托马克河滨的主轴线，以国会和白宫两点向四面八方布置放射形道路，连接各个广场、纪念碑、纪念堂等重要公共建筑物。堪培拉的情况与华盛顿相似，也是以服务国家政治中心为主的城市，主要承担“都”的功能，城市空间布局以环形及放射状道路将行政、商业、住宅区分开。

上述表明，在首都城市功能空间布局上，“都”处于核心位置，“城”在“都”的周围展开，通过便捷、顺畅的交通与“都”紧密联系，为“都”提供服务，从而使得整个城市格局错落有致、主次分明、井然有序。

（三）切实优化首都城市功能结构

无论从功能内容划分还是从功能空间布局看，突出"都"的功能、提升"城"的功能是优化首都城市功能结构的必然路径。每个首都城市都有自己的特点，如何突出"都"的功能、提升"城"的功能，需要按照城市本身发展实际和国家发展要求进行。

1. 通过疏解、整治促进首都核心功能提升

习近平总书记指出："要调整疏解非首都核心功能，优化三次产业结构，优化产业特别是工业项目选择，突出高端化、服务化、集聚化、融合化、低碳化，有效控制人口规模，增强区域人口均衡分布，促进区域均衡发展。"①他从长远的、全局的战略高度要求疏解北京非首都功能，提出了许多科学论断，不仅有着首都经济健康发展的考量，更有着首都政治安全和社会稳定的考量。强化首都政治功能，首先要疏解非首都功能。

非首都功能是指不应在首都城市配置的功能，不符合首都城市战略定位"四个中心"要求的功能。它们吸纳了大量的生产要素，占据着大量城市空间，是社会矛盾生存和激化的温床。只有将非首都功能疏解出去，才能腾出空间强化首都政治功能，从源头上预防和减少矛盾纠纷，保障城市长远发展和安全稳定，从而突出"都"的功能、提升"城"的功能。一些在历史上形成的城市功能，随着形势的发展退出该城市，是城市发展规律使然。疏解非首都功能是在"都"与"城"之间进行功能结构调整和优化，符合城市发展规律，有利于整个城市的长远发展。疏解非首都功能并不意味着能解决城市发展中的一切问题，诸如违法建设、"开墙打洞"、占道经营、背街小巷环境脏乱等突出问题则要依靠整治来解决，疏解整治相结合才能提升城市功能，使"都"与"城"的面貌焕然一新。

优化首都城市功能结构，要把人民群众的根本利益放在首位，坚持"人民城市人民建"的原则，统一思想、化解矛盾，充分发挥政府、社会和市民的积极性，形成各方合力，有计划、按步骤进行，保持社会和谐稳定。

---

① 《立足优势 深化改革 勇于开拓 在建设首善之区上不断取得新成绩》，《人民日报》2014年2月27日。

2. 落实首都城市战略定位

推进全国政治中心建设，北京要搞好“四个服务”，即为党、政、军首脑机关正常开展工作服务，为日益扩大的国际交往服务，为国家教育、科技和文化的发展服务，为市民的工作和生活服务。这就为北京突出“都”的功能、提升“城”的功能提供了基本遵循。

北京是综合功能型、多层次功能空间布局的首都城市，落实首都城市战略定位，应把“四个中心”与“四个服务”有机结合起来，把为中央服务与为人民群众服务有机结合起来，把局部、眼前利益与全局、长远利益有机结合起来，突出首都功能核心区的作用、加强中心城区和城市副中心的功能建设，提升中轴线及其延长线、长安街及其延长线的服务保障功能，提升平原地区新城的产城融合、职住平衡功能，提升生态涵养区的生态屏障和资源保障功能。

三、处理好国家战略要求和自身发展的关系

习近平总书记指出：“建设好首都，推动北京持续健康发展，需要付出长期艰苦的努力。……把各方面优势发挥出来，把各种问题治理好，要处理好国家战略要求和自身发展的关系，在服务国家大局中提高发展水平。”①深刻理解习近平总书记的这一论断，需要明确北京的发展离不开国家的发展，北京发展中存在的主要问题，仅靠自身的力量是无法解决的，需要纳入国家战略来统筹解决，同时北京的建设要服从并服务于国家的发展，这是党的政治纪律的要求，是首都政治建设的题中应有之义。

（一）在实施国家战略中推进全国政治中心建设

习近平总书记从国家发展大局出发，将北京城市发展中遇到的突出问题纳入京津冀战略空间来考量，通过打通发展的大动脉，更有力彰显北京优势，更广泛激发北京要素资源来解决，为推进全国政治中心建设开辟了新道路。按照习近平总书记的要求，京津冀协同发展，要围绕首都构建

① 《立足优势 深化改革 勇于开拓 在建设首善之区上不断取得新成绩》，《人民日报》2014年2月27日。

核心区功能优化、辐射区协同发展、梯度层次合理的大首都城市群体系，形成大中小城市和小城镇协调发展的格局。中央作出了建设北京城市副中心和河北雄安新区的战略部署，形成了“一核两翼”的区域功能空间布局。北京市按照中央的要求，在京津冀协同发展中起表率作用，不折不扣地落实“一核一主一副、两轴多点一区”的本市城市功能空间布局，在突出“都”的功能的同时，促进“城”的功能提升。

（二）将新发展理念落实到全国政治中心建设中

创新、协调、绿色、开放、共享的新发展理念是新时代指导我国发展的核心理念，习近平总书记关于首都建设的重要论述内含了新发展理念。推进全国政治中心建设要贯彻落实新发展理念，增强聚焦首都核心功能的创新发展动力，创新城市治理模式，改善政务环境，提高政务服务水平；增强科技创新、文化创新的驱动力，推进创新型智慧城市建设；完善强化首都核心功能的协调发展格局，优化以主体功能为核心的空间布局，理顺功能重组中的主次关系，增强不同区域的发展协调性；优化具有首都特色的“高精尖”经济结构，加强区域产业联动；提升符合“一流人居环境”要求的绿色发展品质，加强生态文明建设，提高绿地率和人均公园绿地面积、垃圾分类处理和废物重新利用率、污水处理和循环利用率，精准治理大气污染；加快与首都核心功能相适应的开放发展步伐，提升城市发展的国际化水平和对外开放水平，加强为国事活动服务的基础设施建设和国际社区建设以及专业化、职业化、国际化的服务人才队伍建设，不断增强发展的国际影响力、竞争力；提高符合首都核心功能要求的共享发展水平，加强和谐宜居首善之区建设，深入推进社区治理、社会治安防控、公共服务供给等领域的改革，夯实共建共享的社会基础，为人民群众提供优质的公共服务和安全稳定的社会环境。

第三节　首都政治建设的生动实践

贯彻落实习近平总书记关于首都政治建设的重要论述，要大力推进全国政治中心建设。在中共北京市委和北京市人民政府的坚强领导下，全国政治中心建设取得了显著成绩，政治中心建设与文化中心、国际交往中心、科技创新中心建设统筹推进，首都发展质量大幅提高、政治功能不断强化。

一、正视推进全国政治中心建设中存在的主要问题

对照习近平总书记关于首都政治建设的重要论述，推进全国政治中心建设还存在发展不平衡不充分的问题，主要体现为政治、文化功能的主体地位不突出，经济、社会、生态功能与政治、文化功能不协调，制约着首都高质量发展。

（一）聚焦首都核心功能建设的创新发展动力需要增强

聚焦政治中心、文化中心、国际交往中心、科技创新中心的城市治理模式有待建立，疏解整治促提升需要深入推进，政务环境需要改善，政务服务水平需要提高；丰富的文化资源未能得到充分开发利用，文化产业与其他产业融合发展程度不高，公共文化服务效能有待全面提升；科技创新、文化创新的双驱动力需要增强，创新型智慧城市建设需要推进。

（二）围绕政治中心功能定位的协调发展格局需要完善

围绕主体功能的空间布局需要优化，功能重组中的主次关系需要理顺，不同区域的发展协调性需要增强；具有政治中心特色的“高精尖”经济结构有待优化，区域产业联动、跨区域产业联动需要加强；南北城区发展均衡性需要提升，平房区、老旧小区改造整治还存在亟待解决的问题；各级各类文化资源统筹保护利用需要加强，各城区在老城保护、文物腾退等方面需要更加协调；市级单位与中央单位的协调机制以及与河北雄安新区等地的合作机制有待完善，政治中心在京津冀协同发展中的引领示范作用需要进一步增强。

（三）符合“一流人居环境”要求的绿色发展品质需要提升

生态文明建设与“一流人居环境”的要求还有差距，绿地率和人均公园绿地面积偏低，绿地空间分布不均衡，部分地区绿化责任主体不明晰、绿化管护工作机制不完善；垃圾分类处理和废物重新利用率不高，污水处理和循环利用率不高，“海绵城市”亟待建成；精准治污能力亟待提升，多

元共防共治格局有待巩固。

（四）与国际交往中心相适应的开放发展步伐需要加快

发展的国际化水平与建设国际交往中心的要求还有差距，对外开放的广度与深度需要提升；举办国事活动和各种不同层次国际活动的基础设施建设需要加快，国际社区建设需要加速，专业化、职业化、国际化的社区服务人才队伍建设需要加强；大型跨国公司总部、国际组织总部及其分支机构和大型国际会议、国际会展、国际活动数量较为有限，发展的国际影响力、竞争力需要增强。

（五）面向国际一流和谐宜居之都建设的共享发展水平需要提高

社会建设水平与和谐宜居首善之区建设的要求还有差距，共建共享的社会基础需要夯实；在社区治理、社会治安防控、公共服务供给等领域，企事业单位、社会组织、居民等多元化社会力量的参与还存在法制不健全、体制约束、要素统筹难等障碍；优质公共服务资源还不能满足人民群众的需要，教育资源分布不均衡，幼儿园、小学的学位供给不足，基础教育的引领示范作用需要加强；基本公共卫生服务体系有待完善，服务品质亟须提升；社会养老资源不足，医养融合不够，社区适老化改造仍需推进，养老服务监管体系需要完善。

二、全面推进全国政治中心建设

针对存在的问题，全市坚定不移地贯彻落实习近平总书记关于首都政治建设的重要论述，以新发展理念为引领，解放思想、开阔思路、求真务实、攻坚克难，通过不懈的努力，破解发展中存在的主要问题，促进各项工作迈上新台阶，创造了推进全国政治中心建设的新局面。

（一）在创新向度上，以城市治理、文化、科技创新增强发展动力

以释放要素活力为导向，加快制度创新，提升城市治理效能、激发文化创新活力、增强科技创新动能，推动高质量发展。

1. 加大城市治理创新力度

深入推进非首都功能疏解，全面实施“规模控制”“功能减负”“空间紧缩”。创新城市治理模式，以城市功能结构的优化作为城市治理考核

的核心内容,以解决疏解腾退、保护利用、安全稳定问题为突破口,完善老城区整体保护与复兴的长效机制,以建立健全“街乡吹哨、部门报到”机制改善政务环境,以“精治、共治、法治”完善城市管理标准体系,提升城市管理效能和治理水平。

2. 激发文化创新活力

创新历史文化资源保护模式,完善历史文化街区保护与复兴的长效机制,推进非物质文化遗产“活态传承”。借鉴新技术,创新历史文化展览展示形式,促进历史文化资源融入经济社会发展中、融入人民群众的生产生活中。深化文化与经济的融合,实施“文化+”产业融合行动,促进文化与科技、金融、旅游、商业等产业融合创新,形成以文化为核心的现代产业体系。强化公共文化有效供给,整合利用区内各种公共文化资源,推动公共文化服务体制机制创新,完善要素配置,提升公共文化服务效能。

3. 增强科技创新能力

做强创新载体,高定位建设中关村科技园,培育大型创新企业,发展低成本、便利化、全要素、开放式的众创空间,形成“苗圃—孵化器—加速器”创新培育链。完善创新机制,形成政府投入为引导、企业投入为主体的科技投入机制,完善知识产权保护和技术成果推广机制。建设创新型智慧城市,运用移动互联网、物联网、云计算、大数据、人工智能提升城市智能化运行水平,带动城市治理创新和文化创新、科技创新。

(二)在协调向度上,以加强主体功能建设带动基础功能建设迈上新台阶

以增强发展的整体性为着眼点,推动城市功能和空间布局同步优化、建设和管理水平协同提升,文化软实力和经济硬实力相得益彰。

1. 高位统筹政治功能建设

统筹政治功能与其他功能建设,将优化功能结构与“四个服务”有机结合起来,把为中央服务与为人民群众服务有机结合起来,全面提高服务保障水平。统筹用好中央单位的资源,建立市政府与中央单位的协调机制。统筹安排与津冀的合作,形成交流合作长效机制,统一相关政策和行动步伐。统筹建立安全防控体系,强化各层面有关部门的协同,织密社会

治安防控网络。

2. 协调推进文化功能建设

加强历史文化资源保护与开发利用的协调,实现城市有机更新与老城保护相结合、文化传承与文化创新相结合、对内服务与对外交流相结合。协调各级文化主体,整合空间、设施、人才等多方资源,保障公共文化空间与资源利用效率,提升公共文化服务品质。加强公共文化服务与融合,加强文化创意产业与文化事业的协调,促进各类文化资源在产业与事业间有效流动、文化供给与文化消费有效对接。实施文艺精品创新工程与文化品牌战略,协调文化与旅游的管理体制机制改革。

3. 合理兼顾经济功能建设

联系核心功能优化经济功能,聚焦服务保障和文化发展,在发展现代服务业和文化创意产业上发力,提升服务经济、文化经济的发展水平,形成“高精尖”经济结构。联系京津冀协同发展,提高产业联动发展水平,着眼在“一核两翼”中发挥辐射核作用,提升文化创意产业,做强信息服务业,壮大金融服务业,增强经济辐射力。推进中关村东城园建设,加强国家文化和科技融合发展示范基地等功能性平台建设。

4. 扎实推进京津冀协同发展

京津冀地区“一核、双城、三轴、四区、多节点”的城市群空间结构得到确立,以北京中心城区为核心、按照“千年大计”和国际一流标准建设北京城市副中心和河北雄安新区的“一核两翼”战略规划进入了实质性的实施阶段,全国政治中心即“一核”的建设在国家发展战略中大幅推进。

(三)在绿色向度上,以完善绿色低碳循环模式优化核心区人居环境

以人与自然和谐为价值取向,树立生态观念、完善生态制度、维护生态安全、优化生态环境,形成节约资源和保护环境的空间格局和发展方式。

1. 加强绿化美化建设

构建绿色生态空间,落实“留白增绿”责任,充分利用疏解腾退后的土地资源,实施规划建绿、立体拓绿、拆违还绿、身边增绿和精细管绿工

程,对大尺度公园绿地、道路绿地改造提升、小微绿地建设等重点项目落点落图。健全绿化美化工作机制,建立绿化美化的多元投入机制,完善绿化美化管理第三方监理机制,促进绿化美化工作的标准化、社会化、专业化、信息化。

2. 增强污染防治能力

加强指标约束管理,合理控制能源消费、水资源消耗,确保这两项指标达到国际标准,同时量化考核责任主体的污染防控工作,确保精准治污责任落实。持续加大对扬尘污染、餐饮油烟污染的治理力度,加强对空气重污染的应对力度以及清洁能源的替代力度,通过面源污染治理、生态治理、入河排水污染防治、水资源调度和综合执法等措施,加强水污染源监管,加快污水收集管网建设。

3. 推进资源循环利用

实行垃圾分类制度,建立垃圾回收处理责任制,鼓励社会力量进入垃圾回收处理领域,加大对资源再利用企业的扶持力度。通过治污、集雨、节水三大举措,加大水质监测分析和污水排放企业监管力度,推广透水式道路、下沉式绿地、植草式边沟,推动渗、蓄、排有序管理,实现水资源综合治理与统筹利用。

(四)在开放向度上,以提升发展的国际化水平形成国际竞争优势

以合作共赢为原则,提升发展的国际化水平,打造国际交往新环境,建设展示国家首都形象的重要窗口,展现良好的对外开放形象。

1. 提升发展的国际化水平

聚焦核心功能建设,提升城市国际化程度,以更加开放的胸怀、视野、姿态面向世界、走向世界、融入世界。以加快与国际接轨为尺准全方位提高市民的国际交往素质与能力,增强国际交往服务保障能力。促进总部经济、跨国公司、国际机构、外国民间组织落户,吸引国际会议、国际会展、国际活动的举办,显著提升在这些领域的国际排名,增强国际竞争力。

2. 打造国际交往新环境

增设国事外交活动场所,对具有鲜明民族特色和京味文化符号的空

间主体加以整合利用，加快推进具有国际交往承载能力的重点项目建设，完善国际化的综合服务体系。加强国际社区建设，建立专业化、职业化、国际化的社区人才队伍，按照国际标准完善社区配套硬件设施，打造适合国际人才发展的“类海外”环境。

（五）在共享向度上，以增强人民群众的获得感和幸福感促进核心区社会和谐稳定

以推进社会公平正义为前提，为社会提供高水平的公共服务和民生保障，同时加强社会组织建设，实现发展的人人参与、人人尽力、人人享有，增强人民群众的获得感和幸福感，促进社会和谐稳定。

1. 提升公共服务水平

深化教育制度改革，均衡配置教育资源，增加儿童基础教育设施，加强基础教育师资队伍建设，充分发挥基础教育的引领示范作用。针对不同的养老需求，整合各种资源，建立覆盖各类老年群体的多元服务体系。将提升公共医疗卫生服务水平的重心放到基层，统筹社区、街道和区、市级医疗卫生资源为居民提供优质服务，引导居民合理使用各级各类医疗卫生资源。

2. 加强民生保障工作

加强对低收入居民的精准帮扶，以民生兜底为原则建立健全长效帮扶机制，把切实提高收入水平与促进本地化就业、提升社会保障水平相衔接，综合运用财政补贴、税收优惠、费用减免、购买公益岗位等政策，实现救助资源的优化配置，为贫困家庭成员提供均等的受教育机会，消除参与发展的差距。

3. 促进社会组织建设

强化各级社会组织的职能作用，完善社会组织指导服务中心的工作机制，建立街道社会组织联合会和专业化社会组织合作机制，加强街道对社区工作的指导、扶持。坚持“政府主导、社会协同”的协同治理之路，形成具有核心区特色的社会组织融入城市治理新模式，引导人民群众积极参与核心区建设。

小　结

在新的时代背景下,习近平总书记关于首都政治建设的重要论述,坚持马克思主义的立场、观点、方法,紧密联系首都建设的实际,深刻阐明了推进全国政治中心建设、强化首都政治功能、发挥北京在全国的引领示范作用等重大政治问题,为深化对首都政治功能内涵、首都城市功能结构优化、首都发展与国家战略的关系等的认识指明了方向;同时,从宏观和微观两个层面对落实首都城市战略定位、推进全国政治中心建设提出了明确要求,指导着首都政治建设乃至其他各项建设取得了前所未有的成就。实践证明,深刻理解、贯彻落实好习近平总书记关于首都政治建设的重要论述,要以全面的、联系的辩证唯物主义观点将其纳入习近平总书记关于首都建设的完整论述中,将其作为习近平新时代中国特色社会主义思想的重要组成部分来学习和运用,进而在推进全国政治中心建设中推动其他各项建设取得新成就,以其他各项建设的新成就促进全国政治中心建设迈上新台阶。

第四章　构建首都高精尖经济结构

习近平总书记关于首都经济建设发展目标、转变经济发展方式、优化经济结构、调整产业和城市空间布局、破解人口资源环境矛盾、治理"大城市病"、推进京津冀区域协调发展等一系列重大理论和现实问题的重要论述，是习近平总书记着眼于21世纪社会主义强国首都建设的长远目标和时代特点而作出的重要判断，是马克思主义政治经济学基本原理与首都改革开放伟大实践相结合而产生的重要理论成果，深化了我们党对首都经济发展规律、超大型城市建设规律的认识，开拓了中国特色社会主义政治经济学新境界，有力地指导和推动了首都经济建设发展实践，为建设伟大社会主义祖国首都指明了方向。习近平总书记关于首都经济建设的重要论述是习近平新时代中国特色社会主义经济思想的重要组成部分，是指导首都经济建设和超大型城市持续发展的根本遵循。

第一节　首都经济发展方式面临深刻转变

习近平总书记关于首都经济建设的重要论述是建立在对时代特征的科学判断、科技变革趋势的深刻洞见、经济发展规律的深刻把握以及首都超大型城市发展战略的科学定位的基础上，着眼于新时代、新使命、新定位，阐明了首都经济建设的战略重点、发展方式和实施路径等，深刻地阐述了新时代首都经济建设的科学含义和重点任务，具有深厚的时代背景和深远的历史意义。

一、新发展理念对首都经济建设提出了新要求

（一）经济发展进入新常态，首都经济建设发展战略需要及时进行调整

习近平总书记指出："'十三五'时期，我国经济发展的显著特征就是进入新常态。新常态既是挑战，也是机遇，关键看怎样认识和把握，认识到位、把握得好、工作得力，就能把挑战变成机遇。"①"要把适应新常态、把握新常态、引领新常态作为贯穿发展全局和全过程的大逻辑。"②长期以来，北京经济增长过程、增长速度与全国经济增长轨迹基本相同。1999—2010 年，北京经济持续保持两位数的高速增长，"十一五"时期年均增长 11.4%。从 2011 年开始，北京经济增速放缓。"十二五"时期，全市地区生产总值年均增长 7.5%。2020 年，北京实现地区生产总值 36102.6 亿元，同比增长 1.2%，增速继续下滑。北京经济增速下滑是趋势性的，反映了潜在增长动力机制发生了变化，单纯依赖资本投入和需求刺激的方式难以从根本上解决经济持续增长动力问题。研究表明，1978—2011 年，北京全要素生产率对经济增长的贡献率仅为 13%，资本积累对经济增长的贡献率高达 76%，资本存量增长对经济增长的贡献超过了劳动和全要素生产率贡献之和，是北京经济长期增长的决定性因素。③ 但是这种单纯资本要素投入增长方式是不可持续的，导致经济增长缺乏创新驱动力。因此，经济发展进入新常态后，北京经济增长和发展方式必须适时从需求管理转向供给侧结构性改革，从外延式增长转向内涵式发展，从资本要素驱动型向创新驱动型转变。

（二）新发展理念要求全面提升首都经济发展的协调性和可持续性

党的十八届五中全会提出了创新、协调、绿色、开放、共享的新发展理

---

① 中共中央文献研究室编：《十八大以来重要文献选编》（下），中央文献出版社 2018 年版，第 249 页。

② 中共中央宣传部：《习近平总书记系列重要讲话读本（2016 年版）》，学习出版社、人民出版社 2016 年版，第 141 页。

③ 杨松主编：《北京经济发展报告（2013—2014）》，社会科学文献出版社 2014 年版，第 16—17 页。

念。新发展理念符合我国国情,顺应时代要求,是管全局、管根本、管长远的导向,具有战略性、纲领性和引领性,是我国经济社会发展必须长期坚持的理念。过去很长一段时期,首都经济发展充分发挥首都资源优势和区位优势,保持了经济快速持续增长。但"十三五"以来,首都经济发展中深层次矛盾日益显现,主要表现为发展方式比较粗放,经济增长主要依赖投资驱动,全要素增长贡献和科技创新驱动作用发挥不够;投入产出效率不高,人均地均产出不高;单位 GDP 增长中资源能源消耗比例较高;经济、社会、环境发展不相协调;等等。因此,首都经济建设必须以新发展理念为指引,从根本上转变经济发展方式,处理好"都"与"城"、"舍"与"得"、首都功能与非首都功能的关系,从聚集资源求发展转变为创新驱动谋发展,从聚集功能求发展转变为疏解功能谋发展,从单纯增量发展转变为减量集约发展。

(三)创新驱动发展战略要求首都经济更加突出创新驱动引领作用

党的十八大作出了实施创新驱动发展战略的重大部署,强调科技创新是提高社会生产力和综合国力的战略支撑,必须摆在国家发展全局的核心位置。2013 年 10 月,习近平总书记在北京中关村主持中央政治局第九次集体学习时指出:"创新驱动是大势所趋……我们必须增强忧患意识,紧紧抓住和用好新一轮科技革命和产业变革的机遇,不能等待、不能观望、不能懈怠。"[①]2019 年,习近平总书记再次强调:"创新是当今时代的重大命题。世界正在经历百年未有之大变局,新一轮科技革命和产业变革迅猛发展。"[②]因此,首都经济建设必须坚定走创新驱动发展之路,坚持以创新驱动作为引领经济发展的第一动力。

二、首都经济发展方式面临根本转变

(一)我国正处于转变经济发展方式的关键时期

习近平总书记指出,北京"要靠创新发展,舍弃'白菜帮子',精选'菜

① 《敏锐把握世界科技创新发展趋势　切实把创新驱动发展战略实施好》,《人民日报》2013 年 10 月 2 日。

② 《习近平会见出席 2019 年"创新经济论坛"外方代表》,人民网,见 http://m.people.cn/n4/2019/1122/c190-13428455.html。

心',腾笼换鸟、调整结构"①。2014 年以来,北京市委、市政府深入贯彻和落实习近平总书记视察北京的重要讲话精神,不断优化经济发展方式,坚持走内涵式发展、减量集约发展的道路,探索在减量刚性约束下城市实现更高质量发展的新模式,推动经济发展方式向减量集约转变,成为国内第一个提出减量发展的城市。

（二）人口资源环境矛盾约束要求首都经济建设必须走出一条资源环境人口协调发展之路

北京经济发展面临人口资源环境矛盾和要素供给短缺的严峻情况。北京市人口总量接近城市环境容量的"天花板",北京市人口总量、市域人口密度、中心城区人口密度等都远超世界城市。北京中心城区人口密度之高堪称世界之首,越靠近核心区,人口密度越高。2015 年北京市统计局的调查数据显示,北京城市核心区人口密度分别是城市功能拓展区、城市发展新区和生态涵养发展区的 2.9 倍、22 倍和 109.9 倍。北京的水资源严重匮乏,人均可利用水资源总量大大低于世界城市水平,而对水资源开发利用强度又远高于世界城市。加之雾霾等空气重污染频发,表明北京的资源环境容量和承载力达到峰值。人口资源环境的突出矛盾和要素供给短缺成为北京扩大供给的要素瓶颈,也倒逼供给侧结构性改革必须加紧推进,必须从根本上转变以牺牲环境为代价的经济增长方式,着力弥补资源供给和生态环境建设短板。

（三）世界经济增长放缓和国内经济下行压力增大的外部发展环境要求首都经济建设着力练好内功、打牢基础、提质增效

2016 年以来,世界经济发展和全球贸易进入一个非常复杂的阶段,欧美发达国家经济陷入低迷,增速步入下降通道。特别是突如其来的新冠肺炎疫情,对全球主要经济体产生严重冲击,导致发达经济体面临更严重的衰退。因此,我们必须对国内外经济发展形势严峻性和复杂性保持清醒的认识,增强忧患意识。突出科技创新的引领作用,着力增强首都经济的核心竞争能力,做强做优首都经济;在疏解非首都功能进程中,加强

① 《要靠创新发展,舍弃白菜帮子,精选菜心》,《北京日报》2017 年 10 月 16 日。

产业转型升级和新产业替代，缓解经济下行压力；在减量集约发展模式下，努力提升投入产出效率，推动首都经济提质增效。

三、首都城市发展战略面临深刻转型

首都城市战略定位和城市发展战略的深刻转变，要求首都经济建设必须服务于国家大局、强化首都城市核心功能和坚持以人民为中心的发展理念。

（一）首都经济建设必须坚持围绕和服务于国家大局

提升服务国家大局能力、强化首都核心功能和增强人民群众的获得感是首都经济建设的重要发展目标。习近平总书记指出："建设好首都，推动北京持续健康发展，需要付出长期艰苦的努力。北京地位高、体量大、实力强、变化快、素质好，是其主要优点和优势，同时不断发展的北京又面临各种令人揪心的很多问题。把各方面优势发挥出来，把各种问题治理好，要处理好国家战略要求和自身发展的关系，在服务国家大局中提高发展水平。"[①]北京作为全国政治中心，要在思想上政治上行动上同党中央保持高度一致，这是首都应该肩负的重大政治责任。北京经济建设必须坚持"四个服务"的定位方向，为中央党政军服务、为日益扩大的国际交往服务、为国家教育科技文化卫生事业服务、为市民的工作和生活服务，在服务国家大局中不断提高经济建设发展水平。

（二）首都经济建设必须立足于强化首都核心功能

"四个中心"是首都城市战略定位，北京经济建设发展要按照习近平总书记的要求，紧紧围绕落实城市战略定位和增强首都核心功能发力，在经济发展过程中提升首都核心功能，更好地服务国家发展战略。为此，要构建与首都核心功能相匹配的现代化经济体系，大力发展与首都核心功能相适应的服务经济、知识经济、绿色经济，支持在京创新型企业总部发展，加快培育金融、科技、信息、文化创意、商务服务等现代服务业，构建高

① 《立足优势　深化改革　勇于开拓　在建设首善之区上不断取得新成绩》，《人民日报》2014 年 2 月 27 日。

精尖经济结构，形成首都经济发展的强大合力。

（三）首都经济建设必须坚持以人民为中心的发展理念

首都经济建设要坚持以人民为中心的发展理念，坚持经济发展成果为全体人民所共享，突出经济发展的普惠特征。要紧扣“七有”要求和“五性”需求，提供个性化、专业化、多样化的高品质产品和公共服务，满足市民美好生活需要，努力实现人民群众对美好生活的向往。

四、中心城市的要素承载功能和引领辐射作用需要增强

（一）打造世界级城市群和增长极，要求进一步发挥首都中心城市的要素承载功能和引领辐射作用

在现代区域经济发展格局中，中心城市和城市群集聚能力强，空间效率高，规模效应明显，是经济发展最活跃的增长极和动力源。首都经济要在京津冀协同发展战略格局和建设以首都为核心的世界级城市群中发挥龙头和核心作用。2014 年，习近平总书记就指出：“京津冀同属京畿重地，地缘相接、人缘相亲，地域一体、文化一脉，历史渊源深厚、交往半径相宜，完全能够相互融合、协同发展。实现京津冀协同发展、创新驱动，是面向未来打造新的首都经济圈、推进区域发展体制机制创新的需要，是探索完善城市群布局和形态、为优化开发区域发展提供示范和样板的需要，是探索生态文明建设有效路径、促进人口经济资源环境相协调的需要，是实现京津冀优势互补、促进环渤海经济区发展、带动北方腹地发展的需要。”①在新型首都经济圈或以首都为核心的世界级城市群体系中，北京无疑居于核心地位，发挥着龙头、核心的引领作用。对京津冀三地而言，必须打破“一亩三分地”的思想定式，立足产业分工和各自优势，重新布局产业规划，实现产业深度融合；对北京而言，就是要通过推动交通、环境、产业等领域协同发展先行先试，把筹办冬奥会、冬残奥会作为推动京津冀协同发展的重要抓手等一系列办法和措施，“进一步发挥北京对京

① 中共中央文献研究室编：《习近平关于社会主义经济建设论述摘编》，中央文献出版社 2017 年版，第 247 页。

津冀区域发展的辐射带动作用”,“为全面实施京津冀协同发展战略起到引领作用”。随着我国区域协调发展战略的实施,在推动形成我国优势互补高质量发展的区域经济布局的过程中,“经济发展的空间结构正在发生深刻变化,中心城市和城市群正在成为承载发展要素的主要空间形式”①。习近平总书记强调:“产业和人口向优势区域集中,形成以城市群为主要形态的增长动力源,进而带动经济总体效率提升,这是经济规律。”②北京作为国家首都和国家中心城市,在京津冀协同发展战略格局和建设以首都为核心的世界级城市群中理应担负更重要的责任和使命。

(二)首都经济要进一步增强对津冀区域辐射能力

近年来,北京通过产业疏解和技术转移,从京津冀空间大尺度,重新布局现代产业和基础设施建设,增强了首都经济对周边重要城市和节点城市的辐射带动作用。数据显示,2014—2019年,北京流向津冀技术合同成交额累计达1063亿元,中关村企业在津冀两地设立分支机构累计超8000家。③ 但是,从总体上看,京津两地过于“肥胖”、周边中小城市过于“虚弱”的状况还没有根本改变,区域发展不平衡不协调的问题还比较突出,区域发展差距悬殊,首都经济对津冀区域辐射带动作用还有待进一步提升,首都经济与津冀地区经济的联系性、协调性、融合性及推动力和带动力还需要进一步增强。

第二节　首都经济建设的重点任务

习近平总书记关于首都经济建设的重要论述,内容十分丰富,涉及首都经济建设和经济发展的各个领域和各个层面。既有首都宏观经济和发展战略层面的阐述,也有对首都经济建设中的突出问题和首都重大建设项目的具体指导。从经济发展宏观层面看,习近平总书记关于首都经济建设的重要论述涉及首都经济建设的基本定位和发展方式、首都供给侧

① 《习近平谈治国理政》第三卷,外文出版社2020年版,第270页。
② 《习近平谈治国理政》第三卷,外文出版社2020年版,第271页。
③ 《过去6年,北京流向津冀技术合同成交额累计超千亿》,《新京报》2020年2月24日。

结构性改革、首都现代化经济体系、高精尖经济结构、京津冀协同发展等战略层面的问题；从经济发展的中观微观层面看，习近平总书记对首都经济发展新动能、首都产业定位及空间布局、首都功能核心区人口调控、首都城市总体规划和城市更新、首都城市开发强度和资源承载力、城市副中心建设、中关村科技园区建设、冬残奥会及世园会场馆建设、五棵松体育中心和首都体育馆建设、首都大兴机场建设等问题高度重视，在不同场合多次发表重要讲话，有的现场调研给予了具体指导和指示。这些重要的论述、讲话和指示共同构成了习近平总书记关于首都经济建设重要论述的主要内容。

一、以疏解非首都功能为“牛鼻子”，深化供给侧结构性改革

2016 年 12 月，习近平总书记指出：“推进供给侧结构性改革，是在全面分析国内经济阶段性特征的基础上调整经济结构、转变经济发展方式的治本良方。……这是我们从实际出发提出的引领我国经济持续健康发展的一套政策框架，对指导经济工作发挥了重要作用。”①供给侧结构性改革是以习近平同志为核心的党中央着眼于国内外经济发展环境、中国经济发展现状和发展趋势作出的重要判断和决策，是适应和引领中国经济发展新常态、全面深化改革和推进中国经济稳增长的重大战略部署，也是对马克思主义政治经济学的重大创新和发展。供给侧结构性改革为北京疏解非首都功能、治理“大城市病”、促进首都经济发展转型提供了重要的指导思想和发展方向。就北京而言，疏解非首都功能就是北京推进供给侧结构性改革的重要任务。北京供给侧结构性改革的主要任务就是在坚持创新、协调、绿色、开放、共享新理念的基础上，围绕“去产能、去库存、去杠杆、降成本、补短板”五大重点任务，紧密结合“疏功能、转方式、治环境、补短板、促协同”等重点工作，在“去”上下功夫瘦身健体，在“治”上下功夫补齐短板，在“进”上下功夫全面创新，着力解决制约经济社会

① 中共中央文献研究室编：《十八大以来重要文献选编》（下），中央文献出版社 2018 年版，第 518 页。

发展的体制机制问题,推动首都经济更高质量、更有效率、更加公平、更可持续地发展。

（一）加快疏解北京非首都功能

疏解北京非首都功能实际上就是推动供给侧结构性改革。疏解非首都功能本质上就是减少无效供给和低端供给,是在“去”上下功夫,就是要坚决落实“去产能、去库存、去杠杆”要求。通过疏解非首都功能,对城市空间结构、产业结构、要素结构、人口布局结构等进行合理调整,减少低端供给,消除无效供给,从根本上解决北京城市发展过程中暴露出来的各种复杂问题,促进北京经济发展方式的根本转变。毫无疑问,疏解非首都功能是当前北京供给侧结构性改革的主攻方向。

（二）大力推进首都经济结构和产业结构调整

经济结构、产业结构不合理是制约供给侧结构性改革的关键所在。2020 年,北京实现地区生产总值 36102. 6 亿元,按可比价格计算,比 2019 年增长 1. 2%。其中,第一产业增加值 107. 6 亿元,下降 8. 5%;第二产业增加值 5716. 4 亿元,增长 2. 1%;第三产业增加值 30278. 6 亿元,增长 1. 0%。三次产业构成为 0. 4 ∶ 15. 8 ∶ 83. 8。① 北京经济发展水平达到一个较高的阶段,但北京经济发展的结构性矛盾仍然比较突出。主要表现为经济发展方式还比较粗放,资源能源利用效率还有待提高;消费对经济增长贡献有限,出口需求不旺,经济增长主要依赖政府投资拉动;产业结构内部不合理,高精尖产业结构比例仍不高。因此,化解经济发展中结构性矛盾就成为供给侧结构性改革的主攻方向。

（三）持续扩大中高端供给

一是要提升中高端公共服务供给,坚持生产性服务业与生活性服务业并重的方针,引导生产性服务业向专业化、品牌化和价值链高端延伸;推动生活性服务业向精细化、高品质发展,顺应居民个性化消费需求,发展多层次、多样化的生活服务,打造“一刻钟社区服务圈”,满足人民群众

① 北京市统计局:《北京市 2020 年国民经济和社会发展统计公报》,见 http://tjj.beijing.gov.cn/tjsj_31433/tjgb_31445/ndgb_31446/202103/t20210311_2304398.html。

不断增长的公共服务需求，增强人民群众的幸福感和获得感。二是要扩大高端制造业供给，落实《〈中国制造 2025〉北京行动纲要》，全面实施“3458”行动计划，突破产业短板和瓶颈制约，重点发展代表产业制高点的创新前沿产品和技术，推动“北京制造”向“北京创造”转型，推动产业开放式对接、跨领域融合和高端化发展。三是要聚焦平台经济、分享经济、云计算、大数据、物联网等领域，积极培育基于“互联网+”、大数据的新技术、新服务、新模式、新业态，扩大新供给。支持基于互联网技术的城市共享单车、网约出租车、物流快递等规模适度发展和规范化发展，积极发展移动支付、在线服务、互联网金融等新经济业态。

二、以高质量发展为目标，构建首都现代化经济体系

建设现代化经济体系是以习近平同志为核心的党中央着眼于建设社会主义现代化强国目标、顺应社会主义新时代特点而作出的重要战略部署。党的十九大报告系统阐述了我国建设现代化经济体系的战略意义、战略目标、发展路径和重要举措。习近平总书记强调指出：“建设现代化经济体系是一篇大文章，既是一个重大理论命题，更是一个重大实践课题，需要从理论和实践的结合上进行深入探讨。”①北京建设现代化经济体系，必须是符合首都城市战略定位、以创新驱动为显著特征、适应高质量发展要求、引领京津冀协同发展的现代化经济体系。

（一）首都现代化经济体系必须符合首都城市“四个中心”战略定位

“四个中心”的战略定位是北京做好包括经济工作在内各方面工作的根本遵循，也是构建现代化经济体系的战略目标。回顾过去几十年北京经济发展历程和发展方式，我们曾经走过一段发展重工业的路子；在相当长的一段时期内，经济发展方式比较粗放，对资源能源的消耗水平比较高，经济发展质量不高。用习近平总书记关于首都经济建设的重要论述来审视北京经济发展中的这些问题，就是没有准确地把握首都城市战略定位，或者说是由于对首都城市功能定位在相当长的一段

① 《习近平谈治国理政》第三卷，外文出版社 2020 年版，第 240 页。

时期里认识模糊甚至出现偏差而导致的。因此,北京经济发展的方向、模式、路径等都必须与首都城市战略定位保持一致,与首都城市功能相适应。

（二）首都现代化经济体系是适应高质量发展要求的经济体系

实现高质量发展是构建北京现代化经济体系的根本要求。在经济发展模式上,要走内涵集约发展的新路子,探索人口经济密集地区优化开发的模式。对于北京而言,那种经济增速主要依赖资源要素投入、经济发展以牺牲环境质量为代价、城市建设“摊大饼”式野蛮扩张的外延式经济发展道路根本没有出路,必须走内涵式发展之路。从北京经济发展的外部条件看,我们面临着人口资源环境的尖锐矛盾,北京人口总量、生态环境承载能力、资源能源消耗等达到或接近“天花板”的临界状态,因此北京的经济发展必须坚持走内涵集约式发展之路。要加快经济结构转型,着力培育和发展高精尖经济结构,构建现代化的产业体系,促进北京经济功能向集聚高端核心功能辐射扩散转变。

（三）首都现代化经济体系要突出以创新驱动发展为主要特征

实现创新驱动发展是构建北京现代化经济体系的内在动力。要着力构建以创新为主要特征的现代化经济体系和发展模式,实现首都经济高质量的发展。在经济发展动力上,要从资源聚集转向创新驱动。习近平总书记指出:“北京的发展要着眼于可持续,在转变动力、创新模式、提升水平上下功夫,发挥科技和人才优势,努力打造发展新高地。”①北京具有科技资源、智力资源、人才资源聚集的优势和条件,首都经济发展方式和动力主要应以科技为动力,走创新驱动发展之路。以中关村为龙头,加大实施创新驱动发展战略的力度,加快向具有全球影响力的科技创新中心进军,在全国更好地发挥示范引领作用。以“三城一区”建设为抓手,认真落实加强全国科技创新中心建设重点任务实施方案,打造首都经济发展的新高地。

---

① 中共中央文献研究室编:《习近平关于社会主义生态文明建设论述摘编》,中央文献出版社 2017 年版,第 75 页。

三、转变经济发展方式,构建首都高精尖经济结构

高精尖经济思想是在我国经济由高速增长转变为高质量发展的新时代背景下形成的。2014 年 2 月,习近平总书记指出,北京要转变经济发展方式,构建高精尖经济结构;北京要做“白菜心”,不做“白菜帮”。这是习近平总书记第一次阐述高精尖经济思想。2017 年 6 月 27 日,习近平总书记再次强调指出,北京“要靠创新发展,舍弃‘白菜帮子’,精选‘菜心’,腾笼换鸟、调整结构”。针对首都经济产业结构调整,习近平总书记强调,“优化三次产业结构,优化产业特别是工业项目选择,突出高端化、服务化、集聚化、融合化、低碳化”。因此,构建高精尖经济结构是习近平总书记顺应国内外经济发展形势、依据首都城市战略定位和首都经济发展的阶段性特征等而作出的重大战略抉择。

(一)构建首都高精尖经济结构有着充分的理论依据和坚实的现实基础

高精尖经济思想是建立在坚实的理论依据和现实基础之上的。向高精尖升级是市场机制作用下经济结构自然演进的过程。马克思、恩格斯早就指出:“生产力中也包括科学”,科学技术是“直接的生产力”,科学技术的进步推动人类社会发展。“配第—克拉克定理”揭示了随着经济发展和人均国民收入水平的提高,劳动力首先由第一产业向第二产业转移,然后再向第三产业转移的演进趋势。产业结构理论揭示出产业结构演进的规律,产业结构呈现出高级化的趋势,可以通过调整产业结构来促进经济增长。北京作为我国科技创新中心,创新资源高度集聚,在知识技术资本和人力资本等高端创新资源方面具有我国其他地区不可比拟的优势,为高精尖产业的发展提供了得天独厚的条件。高精尖产业密集使用这类创新资源,随着产业规模扩大,成本不断降低,从而效益不断提高。在北京发展创新驱动型的高精尖产业,能够降低创新资源的获得成本和使用成本,具有比较优势。因此,在市场机制作用下,经济可持续发展需求与技术经济演进趋势形成交汇,首都经济和产业发展必然要向高精尖方向升级换代。高精尖经济发展的规模经济、范围经济、知识溢出和创新带动

效应,极大提高了首都经济发展的整体效益。

(二)实现从资源聚集转向创新驱动转变是构建首都高精尖经济结构的内生动力

习近平总书记高度重视科学技术在现代经济社会发展中的重要作用,强调创新驱动是大势所趋,是提高社会生产力和综合国力的战略支撑,是推动经济社会发展的主要内生力量。2013 年 9 月 30 日,习近平总书记率领中央政治局在中关村以“实施创新驱动发展战略”为题举行第九次集体学习,习近平总书记主持学习时发表重要讲话,强调实施创新驱动发展战略,并就此提出着力推动科技创新与经济社会发展紧密结合、着力增强自主创新能力、着力完善人才发展机制、着力营造良好的政策环境、着力扩大科技开放合作五个方面的任务。因此,北京应以科技为动力,走创新驱动发展之路。

(三)走内涵集约发展的新路子是构建首都高精尖经济结构的重要途径

北京经济发展模式要走内涵式集约发展之路,这既是一个地区经济社会发展达到一定发展阶段和发展水平后的必然选择,也是由北京独特的条件所决定的。2015 年 2 月,习近平总书记在中央财经领导小组第九次会议上针对北京工作指出:“通过疏解北京非首都功能,调整经济结构和空间结构,走出一条内涵集约发展的新路子,探索出一种人口经济密集地区优化开发的模式,促进区域协调发展,形成新增长极。”①因此,北京的经济发展模式必然要坚持走内涵集约发展之路。

(四)坚持融合创新、协同发展是构建首都高精尖产业体系的精髓

首都经济要实现高质量、可持续发展,加强现代化经济体系建设是根本路径和条件保障。在科技创新中心的首都功能定位下,创新引领的高精尖产业体系成为北京现代化经济体系的产业支撑,成为承载首都经济质量变革、效率变革、动力变革的有效载体。构建高精尖产业体系,必须

① 中共中央文献研究室编:《习近平关于社会主义经济建设论述摘编》,中央文献出版社 2017 年版,第 261 页。

坚持走融合创新、协同发展之路。高精尖产业体系是以科技创新为核心，实现全面融合创新和协同发展的创新型产业体系。一方面表现为科技服务业向高技术制造业等现代产业的融合渗透，另一方面表现为现代制造业的服务化升级和发展模式创新。要紧紧抓住核心技术自主创新这个关系高精尖产业发展的关键环节，加强应用基础研究，拓展实施国家重大科技项目，突出关键共性技术、前沿引领技术、现代工程技术、颠覆性技术创新。

四、把握科技革命的机遇，推动首都高新技术产业发展

习近平总书记多次阐述要紧紧抓住和用好新一轮科技革命和产业变革的机遇，"推动科技创新与经济社会发展紧密结合……必须将科技创新成果转化为推动经济社会发展的现实动力"①。2014 年以来，北京市坚决贯彻和落实习近平总书记关于"北京市不宜发展的产业要明晰化，不要再继续发展了"的指示要求，把发展高新技术产业作为重点工作任务，确立了十大高精尖产业发展规划，持续加强产业政策引导、完善创新体系、促进项目落地、优化创新环境，推进高新技术产业创新链、产业链、资金链、政策链深度融合，高新技术产业展现出强劲的发展态势，以现代信息技术产业、现代科技服务业、现代制造业、现代金融业等为代表的高新技术产业成为首都经济建设的重点产业。

（一）推动以 5G 技术研发和应用为主要内容的现代信息技术产业在首都的发展

习近平总书记指出："当前，以互联网、大数据、人工智能为代表的新一代信息技术蓬勃发展，对各国经济发展、社会进步、人民生活带来重大而深远的影响。"②近年来，北京市以 5G 技术的研发及其上下游产业链配套为核心，推动新一代信息技术产业发展迅猛，集聚了大唐电信、联想、京东方、冠捷显示、小米、浪潮等行业领先企业，研发创新优势明显，成为首

① 中共中央文献研究室编：《习近平关于科技创新论述摘编》，中央文献出版社 2016 年版，第 57 页。

② 《习近平向 2019 中国国际大数据产业博览会致贺信》，新华网，见 http://www.xinhuanet.com/2019-05/26/c_1124542854.htm。

都经济建设的重点产业。北京市以5G技术作为新一代信息技术产业变革的战略支点,推动重塑ICT产业生态。2019年,北京市经济信息化委员会出台《北京市5G产业发展行动方案(2019年—2022年)》,成立市级层面的推进小组和工作专班。围绕北京城市副中心、北京新机场、2019年北京世园会、2022年北京冬奥会、长安街沿线升级改造五项重大工程,推动开展5G自动驾驶、健康医疗、工业互联网、智慧城市、超高清视频应用等信息技术示范应用。

(二)大力推动人工智能产业发展

习近平总书记指出,“当前,由人工智能引领的新一轮科技革命和产业变革方兴未艾。在移动互联网、大数据、超级计算、传感网、脑科学等新理论新技术驱动下,人工智能呈现深度学习、跨界融合、人机协同、群智开放、自主操控等新特征,正在对经济发展、社会进步、全球治理等方面产生重大而深远的影响。中国高度重视创新发展,把新一代人工智能作为推动科技跨越发展、产业优化升级、生产力整体跃升的驱动力量”①。北京市积极布局人工智能产业发展,2018年北京市出台《北京工业互联网发展三年行动计划(2018—2020年)》,选定顺义区中航信高科技产业园作为工业互联网标识解析国家顶级节点建设场址,推动东方国信、航天云网、用友网络等44个项目入选国家工业互联网创新发展工程;设立北京人工智能基础研究创新中心、北京智慧社会创新中心、北京人工智能专利创新中心三个产业创新中心。2019年10月,北京市印发《关于通过公共数据开放促进人工智能产业发展的工作方案》,旨在进一步发挥大数据应用场景对本市人工智能产业的拉动作用。

(三)推动产业智能化,提升首都现代制造业水平

建立在信息化和智能化基础上的现代制造业或智能装备制造业是经济发展的先导产业,是国家科技竞争和经济实力的重要体现。习近平总书记对产业智能化和发展先进制造业高度重视,强调指出,“推动实体经

① 《习近平致第三届世界智能大会的贺信》,新华网,见 http://www.xinhuanet.com/politics/leaders/2019-05/16/c_1124502438.htm。

济和数字经济融合发展,推动互联网、大数据、人工智能同实体经济深度融合,继续做好信息化和工业化深度融合这篇大文章,推动制造业加速向数字化、网络化、智能化发展”①。北京在疏解非首都功能过程中,坚决贯彻习近平总书记的要求,坚持疏解一般性的制造业和“散乱污”低端制造业,同时积极推动制造转型升级,提高产业智能化水平。一是推动“北京制造”向“北京创造”的转变。通过实施“智造100”工程,推动一批关键智能部件、工业软件、装备和系统的研发及产业化突破,培育一批全国领先的系统解决方案供应商和智能制造优质企业,再造产业发展新动能。二是大力推动制造业与互联网深化融合发展,促进产业转型升级。通过北京绿色制造实施方案和京津冀联网智能制造示范行动,推进工业园区生态化建设,引导存量企业向绿色化、智能化、服务化升级。三是通过导入大工程大项目,培育现代制造业增长后劲。防止新旧产能转化过程中出现产业空心化、产业替换断档等问题。

五、抓住科技革命的机遇,促进首都新经济、新业态、新技术发展

当前,由科技创新和技术进步所催生的符合未来发展方向、推动发展动能接续转换的首都新型经济形态显现出强劲的发展势头。新型经济形态引致新经济、新业态、新技术层出不穷,新型经济形态广泛覆盖战略性新兴产业、高技术产业、科技服务业、电子商务、旅游及相关产业、“互联网+”、开发园区等各个领域,它不仅增强了首都经济发展的实力,也极大地改变了人们的生产和生活方式。习近平总书记指出,“我们要顺应第四次工业革命发展趋势,共同把握数字化、网络化、智能化发展机遇,共同探索新技术、新业态、新模式,探寻新的增长动能和发展路径”②。

---

① 《习近平在中共中央政治局第二次集体学习时强调　审时度势精心谋划超前布局力争主动　实施国家大数据战略加快建设数字中国》,央广网,见 http://china.cnr.cn/news/20171210/t20171210_524056124.shtml。

② 习近平:《齐心开创共建“一带一路”美好未来——在第二届“一带一路”国际合作高峰论坛开幕式上的主旨演讲》,人民出版社2019年版,第5页。

（一）大力发展数字经济

2017年12月8日，习近平总书记在主持中共中央政治局就实施国家大数据战略进行第二次集体学习时指出："我国网络购物、移动支付、共享经济等数字经济新业态新模式蓬勃发展，走在了世界前列。我们要瞄准世界科技前沿，集中优势资源突破大数据核心技术，加快构建自主可控的大数据产业链、价值链和生态系统……要构建以数据为关键要素的数字经济。"①2018年，北京数字经济总量居全国第4位，北京数字经济在数字金融、数字零售、数字教育、数字旅游、数字商业服务、数字文化娱乐等细分行业全国排名居首位。② 北京作为新型经济形态和新兴产业的策源地，不断催生新经济、新业态、新技术，新经济成为经济发展的新动能，新型产业创新体系初步形成。用友、东华、神州数码等传统软件领军企业主动调整业务，积极布局云计算、大数据、互联网金融、人工智能等领域，深耕"互联网+"业务。百度、京东、乐视、小米、搜狗等互联网企业一方面夯实核心业务，深化生态圈建设；另一方面加大互联网金融、人工智能、泛娱乐领域的研发投入，培育新增长点。在出行、居住、金融等领域，北京涌现出如58同城、途家网、小猪短租、人人贷等一批分享经济代表企业。在大数据、云计算、人工智能等领域，科研能力强、发展活力大的新兴经济体不断涌现，为经济增长和产业发展带来新动能。

（二）大力发展区块链技术

2019年10月24日，习近平总书记在主持中共中央政治局第十八次集体学习时强调，"区块链技术的集成应用在新的技术革新和产业变革中起着重要作用。我们要把区块链作为核心技术自主创新的重要突破口，明确主攻方向，加大投入力度，着力攻克一批关键核心技术，加快推动区块链技术和产业创新发展"③。当前，区块链技术在票据、电子存证、食

---

① 《习近平在中共中央政治局第二次集体学习时强调　审时度势精心谋划超前布局力争主动　实施国家大数据战略加快建设数字中国》，央广网，见 http://china.cnr.cn/news/20171210/t20171210_524056124.shtml。

② 腾讯研究院：《中国互联网+指数报告》，2018年。

③ 《把区块链作为核心技术自主创新重要突破口　加快推动区块链技术和产业创新发展》，《人民日报》2019年10月26日。

品供应链、跨境支付、电子政务等领域取得一系列应用成果。北京发展区块链技术有着得天独厚的条件，区块链技术应用发展较快。截至2018年6月，我国共有区块链企业298家，其中北京共有区块链企业175家，居全国首位。北京互联网法院在全国率先推出“天平链”平台，用于存储案件证据；蚂蚁金服、京东相继使用区块链技术推出生鲜食品从生产到超市的溯源服务平台。下一步，北京要按照习近平总书记的要求，加快“利用区块链技术探索数字经济模式创新，为打造便捷高效、公平竞争、稳定透明的营商环境提供动力，为推进供给侧结构性改革、实现各行业供需有效对接提供服务，为加快新旧动能接续转换、推动经济高质量发展提供支撑”①。

六、发挥中关村科技创新引领示范作用

习近平总书记高度重视和关心北京中关村的发展，对中关村40多年来创新发展的巨大成就给予高度评价。他指出，中关村在国家科技经济发展中的作用越来越突出，已经成为我国创新发展的一面旗帜。2013年9月30日，习近平总书记在中关村主持中共中央政治局第九次集体学习，现场听取中关村创新发展情况的汇报，并就中关村的创新发展及科技创新作用发表了重要讲话，指明了中关村创新发展的方向。

（一）推动中关村成为我国科技创新的原始策源地

习近平总书记多次强调：“关键核心技术是要不来、买不来、讨不来的。只有把关键核心技术掌握在自己手中，才能从根本上保障国家经济安全、国防安全和其他安全。”②40多年来，中关村不断追逐和把握国际科技浪潮，创造了一批具有自主知识产权的重大技术创新成果，走出了一条创新引领发展的道路。从最初的计算机互联网技术，到新一代互联网、新材料、大数据、人工智能、生物医药等关键技术领域，中关村不断强化原始创新，以服务国家战略为导向，瞄准世界科技创新前沿趋势进行超前布

---

① 《把区块链作为核心技术自主创新重要突破口　加快推动区块链技术和产业创新发展》，《人民日报》2019年10月26日。

② 习近平：《在中国科学院第十九次院士大会、中国工程院第十四次院士大会上的讲话》，人民出版社2018年版，第11页。

局，在科学前沿领域勇闯无人区，引领性原创成果实现重大突破，正从科技创新、新兴产业国际前沿水平的“跟跑者”，转变为不同领域的“并跑者”、局部领域的“领跑者”。

（二）推动中关村发展成为带动区域协调发展的辐射源

2019 年 1 月，习近平总书记在京津冀三省市考察时强调指出：“要深化科技园区体制机制创新，优化营商环境，吸引更多在京科技服务资源到园区投资或业务延伸，促进京津两市真正实现优势互补、强强联合。”①经过 40 多年的发展，中关村从过去自我发展、服务首都区域发展，向通过技术交易、创新协作、跨区域并购、共建园区等多种模式转变，在更大范围内辐射全国创新发展。中关村在实现自身做大做强的同时，强化顶层设计、主动布局，积极融入京津冀协同发展、雄安新区建设、长江经济带等国家战略，服务粤港澳地区，带动其他地区创新发展，实现向“辐射带动”的升级。

（三）推动中关村加快向具有全球影响力的科技创新中心迈进

习近平总书记对中关村创新发展寄予厚望，他指出：“面向未来，中关村要加大实施创新驱动发展战略力度，加快向具有全球影响力的科技创新中心迈进，为在全国实施创新驱动发展战略更好发挥示范引领作用。”②为此，需要深化改革，处理好政府与市场的关系，让市场真正成为配置创新资源的力量，让企业真正成为技术创新的主体；要加强科技人才队伍建设，完善人才发展机制；充分利用全球创新资源，在更高起点上推进中关村创新发展。

第三节 新时期开创首都经济建设的新局面

北京市委、市政府坚持以习近平新时代中国特色社会主义思想为指引，深刻领会和贯彻习近平总书记关于首都经济建设的重要论述，坚持稳

① 徐飞鹏、王皓：《传达学习贯彻习近平总书记对北京城市总体规划重要讲话精神》，《北京日报》2017 年 7 月 3 日。

② 《敏锐把握世界科技创新发展趋势 切实把创新驱动发展战略实施好》，《人民日报》2013 年 10 月 2 日。

中求进的工作总基调，着力从产业协同、培育新动能、科技创新布局等方面，推动习近平总书记关于首都经济建设的重要论述在京华大地形成生动实践，保持了首都经济持续健康稳定发展，开创了首都经济建设发展的新局面。

一、建立协同发展的产业体系

党的十九大报告提出，着力加快建设实体经济、科技创新、现代金融、人力资源协同发展的产业体系。建设创新引领、协同发展的产业体系是习近平总书记关于首都经济建设论述中的重要内容，也是构建现代化经济体系的基石。

（一）建设创新引领、协同发展的产业体系

近年来，北京市在退出一般性制造业的基础上，大力发展高端制造业、现代智能装备业和高技术产业；不断优化和提升现代服务业，大力发展服务经济、知识经济、绿色经济；加快培育金融、科技、信息、文化创意、商务服务等现代服务业，做强实体经济。认真落实房地产调控政策，坚决抑制房地产投机炒作以及其他虚拟经济过热发展和过度膨胀，抑制社会资本脱实向虚，避免产业空心化。发挥科技创新、现代金融、人力资源等对实体经济的支撑作用，提高科技创新对实体经济的贡献率，强化现代金融对实体经济的服务能力，发挥首都人才聚集优势和对实体经济的支撑作用。数据显示，2020 年，北京全年高技术产业实现增加值 9242. 3 亿元，按现价计算，比 2019 年增长 6. 4%；占地区生产总值的比重为 25. 6%，比 2019 年提高 1. 1 个百分点。战略性新兴产业实现增加值 8965. 4 亿元，按现价计算，增长 6. 2%；占地区生产总值的比重为 24. 8%，比 2019 年提高 1 个百分点。①

（二）加快传统制造企业的技术创新，推动产业转型升级

传统制造企业转型升级的关键是技术进步。从近年来北京的实践看，一是加快构建自主创新体系。尤其是利用互联网技术来提升传统制造企业的自主创新能力，用先进技术来改造提升传统制造企业技术和装

---

① 北京市统计局：《北京市 2020 年国民经济和社会发展统计公报》，见 http://tjj.beijing.gov.cn/tjsj_31433/tjgb_31445/ndgb_31446/202103/t20210311_2304398.html。

备水平，推进信息化和工业化深度融合，使企业向高性能、高附加值产业转型。二是在引进先进技术的基础上消化吸收，并加以研究、改进和创新。北京充分利用高等院校和科研机构的智力资源，探索建立具有发展主导地位的核心技术、产业化应用关键技术等技术体系。政府作为促进和推动产学研三方协同创新的重要动力，充分发挥自身的引导作用，加大财政资金的扶持力度，完善企业、高校和科研院所三方协同创新机制，力促高校和科研机构加快科研成果的转化率，促使企业提升产品的技术含量，延伸产业链，使产业创造出更多的附加值。

（三）加强产业创新载体建设，重点打造创新型产业集群

按照国家创新能力体系建设有关工作部署，市政府着力完善创新能力体系，加强产业创新载体建设。积极支持创新主体创建国家级工程实验室、国家地方联合创新平台。在“互联网+”、大数据等重点领域，积极推进重点企业、高校、院所等创新主体申报国家工程实验室认定，积极推荐市级企业技术中心申报国家企业技术中心认定。

二、培育经济发展新动能

着力发展数字经济等新经济形态、培育经济发展的新动能，是习近平总书记对首都经济建设的重要指示和要求。近年来，首都新经济、新业态、新技术发展迅猛，有力地支撑和推动了首都经济发展。

（一）首都平台经济方兴未艾

平台经济是基于互联网平台的新生产力组织方式，是经济发展的新动能，对优化资源配置、推动产业升级、促进和扩大就业等具有重要作用。北京市平台经济门类齐全，行业领导力优势明显。德勤发布的《平台经济协同治理三大议题》报告显示，平台经济可以划分为 12 个门类（电商、搜索、共享、约车等），北京市均有涉及，并且北京市大多数平台处于行业领先地位。北京市目前有 16 类典型平台、27 家典型平台企业，2019 年，北京市平台企业营收超过 1.2 万亿元①，对数字经济的带动作用非常

① 资料来源：北京市经济和信息化局提供。

明显。

(二)首都共享经济全国领先

共享经济是指利用互联网等现代信息技术,以(闲置)使用权共享为主要特征,整合海量、分散化资源,满足多样化需求的经济活动总和。2020年,全国共享经济市场交易额为33773亿元,同比增长2.9%。[①] 未来几年共享经济仍将保持年均30%以上的高速增长。北京市是国内共享经济最早产生地,2015年前后,出现了一批如摩拜单车、ofo共享单车、滴滴出行等共享经济企业,随后共享经济模式进一步向旅游、民宿、消费等领域扩展。

(三)首都创客经济潜力巨大

"创客"一词来源于英文"Maker",指利用开源硬件和互联网,把创意转变为产品的人。2015年,"创客"一词首次写入中央政府工作报告。李克强曾表示,我国有13亿人口、9亿劳动力资源,人民勤劳而智慧,蕴藏着无穷的创造力,千千万万个市场细胞活跃起来,必将汇聚成发展的巨大动能,一定能够顶住经济下行压力。创客经济是中国经济增长不熄的引擎,也是北京经济持续发展的动力源泉。

(四)首都数字经济前景无限

通过发展数字经济,将信息技术、互联网技术、大数据、人工智能等与实体经济相融合,有利于整合创新资源、聚集创新要素,推动传统产业结构转型和创新型产业重构。2019年,北京数字经济增加值1.3万亿元,占GDP比重达38%。2020年,全年软件和信息服务业实现营业收入17744.3亿元,同比增长15.2%。[②] 为此,必须加强以新一代互联网为核心的信息基础设施建设,大力发展北京具有优势的云计算、大数据、物联网、人工智能、区块链等新技术,在中高端消费、绿色消费、共享经济、现代供应链等领域培育新业态、塑造新经济形态,形成经济增长新动能。

---

① 国家信息中心:《中国共享经济发展年度报告(2021)》,见 http://www.sic.gov.cn/News/55210779.htm。

② 资料来源:北京市经济和信息化局提供。

三、在科技创新方面下好先手棋

北京市坚决贯彻和落实习近平总书记关于科技创新的重要指示精神，把握科技创新的发展趋势和新动向，在科技创新方面下好先手棋，率先推动北京科技创新由跟随向引领的深刻转型。

（一）推动重点产业领域率先布局

北京市着眼于对未来科技革命新趋势的预判和把握，在若干重点产业领域率先布局。2017 年 12 月，北京市制定了十大高精尖产业发展规划，重点布局和发展颠覆性创新技术产业，如新一代信息通信产业、人工智能产业、生物医疗技术产业、新材料产业、新能源与环保产业等领域，发挥北京优势，把握先机，力争实现北京科技创新由跟随向引领的转变。为此，北京市努力增强和完善创新制度供给，改革和完善基础教育体制、科研管理体制，增强和扩大人力资本、知识资本供给，鼓励原始创新，激发科研活力，培育企业家精神，营造创新创业环境和氛围。

（二）建立科技创新重大项目用地保障机制

北京在产业空间方面的问题是土地紧缺和成本高昂。在减量发展的背景下，北京市加快了科技创新重大项目用地保障机制建设，针对项目生命周期，搞好工业用地的循环利用，探索出“先出租后出让、出租出让相结合、弹性出让”等用地供地方式。在远郊区大力扶持一批小企业创业基地、种子孵化器、创业加速器和众创空间，设立集中登记注册办公区，通过分阶段给予房租补贴、集中租用公共服务等方式，降低创业初期的办公成本。

（三）着力优化科技创新的营商环境

北京市全面落实习近平总书记关于北京要率先加大营商环境改革力度的要求，努力打造与国际一流的和谐宜居之都相适应的营商环境，为首都科技创新、经济建设提供优质的公共服务。为此，北京正在进一步落实企业降本减负政策，降低企业税收负担，降低企业社会保险成本和融资成本，为中小微科技企业和创新型企业提供支持和服务。

四、坚持稳中求进工作总基调

近年来,面对国内外复杂严峻的经济形势,北京市委市政府坚决贯彻和落实习近平总书记关于首都经济建设的重要论述,坚持稳中求进工作总基调,首都经济保持了稳定发展、稳中有进,首都经济高质量发展特征、服务型经济特征、可持续发展特征、普惠性特征显著增强。

(一)首都经济高端化、服务化、集聚化、融合化、低碳化等高质量发展特征显著增强

首都经济产业内部结构不断优化,产业结构朝向高精尖方向发展。2020 年,面对新冠肺炎疫情的严峻考验和错综复杂的国际国内形势,首都经济稳步回升,继续保持高质量发展。全年高技术产业和战略性新兴产业增加值占地区生产总值的比重分别为 25. 6%和 24. 8%,比 2019 年分别提高 1. 1 个和 1 个百分点。现代服务业增加值占地区生产总值的比重为 66. 7%,提高 2. 2 个百分点。高技术领域产品生产较快增长,智能手机、工业机器人、集成电路和液晶显示模组产量分别增长 18. 9%、13. 4%、9. 7%和 6. 9%。①

(二)首都经济已发展成为第三产业为主导的经济体系,服务型经济特征显著

20 世纪 80 年代以来,北京逐步调整产业结构,明确第三产业为主导产业。1994 年,第三产业比重再次超过第二产业并持续提高,“三二一”的产业结构基本确立。进入 21 世纪以来,第三产业增加值占比逐步提高,主体地位更加稳固,第三产业对经济增长的贡献率超过八成,成为全市经济的“压舱石”。2020 年北京第三产业增加值按可比价格计算,比 2019 年增长 1. 0%。其中,信息传输、软件和信息技术服务业实现增加值 5540 亿元,增长 14. 4%;金融业实现增加值 7188 亿元,增长 5. 4%,充分显示了第三产业在首都经济体系中的主导地位。

---

① 资料来源:北京市宏观经济与社会发展基础数据库,见 http://43. 254. 24. 2/ww. MenuItemAction! queryMeunu。

(三)首都经济可持续发展特征显著增强

习近平总书记强调:“北京的发展要着眼于可持续,在转变动力、创新模式、提升水平上下功夫……要以资源环境承载力为硬约束,确定人口总量上限,划定生态红线和城市开发边界。”①近年来,首都经济建设聚焦资源、环境与人口矛盾,坚持走资源节约、环境友好发展之路,大力推进协同发展、转型发展、绿色发展,首都的生态环境大幅改善。

(四)首都经济对京津冀区域经济创新发展辐射带动作用日益提高

首都经济建设过程中,积极发挥首都经济的创新优势,辐射带动津冀两地经济社会协同发展。2018 年,京津冀区域研发经费投入强度(R&D 经费支出相当于地区生产总值的比例)为 3. 36%,比 2013 年提高 0. 37 个百分点,京津冀三地的研发经费投入强度之比由 2013 年的 5. 86 ∶ 2. 93 ∶ 1(河北为 1,下同)变为 2018 年的 4. 45 ∶ 1. 89 ∶ 1,差距明显缩小。在创新产出方面,区域每万常住人口发明专利拥有量由 2013 年的 9. 63 件增加至 2018 年的 26. 44 件,增长 1. 7 倍。其中,北京由 40. 4 件增加至 111. 9 件,增长 1. 8 倍;天津由 9. 0 件增加至 20. 6 件,增长 1. 3 倍;河北由 1. 0 件增加至 3. 3 件,增长 2. 3 倍。②

(五)首都经济建设坚持以人民为中心,加强普惠性、基础性、兜底性民生建设,经济发展的普惠性特征显著

习近平总书记强调,首都规划要坚持以人为本,“要开门编规划,多方听取意见”。城市规划建设做得好不好,最终要用人民群众满意度来衡量,要以北京市民最关心的问题为导向,不断提高民生保障和公共服务供给水平,增强人民群众的获得感。数据显示,2019 年,全市居民人均可支配收入为 67756 元,比 2018 年增长 38. 7%。其中,城镇居民人均可支配收入为 73849 元,比 2019 年增长了 8. 6%;农村居民人均可支配收入为

① 中共中央文献研究室编:《习近平关于社会主义生态文明建设论述摘编》,中央文献出版社 2017 年版,第 75 页。

② 北京市统计局:《京津冀五年发展成效显著　区域发展指数持续提升》,见 http://tjj.beijing.gov.cn/bwtt/201911/t20191112_427757.html。

28928 元，比 2018 年增长了 9.2%。[1] 首都经济发展率先实现小康，人民生活步入世界中等以上发达国家水平。

小　结

习近平总书记关于首都经济建设的重要论述，基于新时代首都城市战略定位和建设国际一流的和谐宜居之都宏伟目标，对转变首都经济发展方式、转换经济发展新动能、产业结构调整和空间布局、首都科技创新、京津冀协同发展、城市副中心建设等重大问题进行了科学的分析和阐述，深刻地回答了“建设一个什么样的首都，怎样建设首都”这个时代课题，突出强调了首都经济建设中必须遵循科学技术是第一生产力、创新是引领发展的第一动力的客观规律，经济发展向高端化、服务化、集聚化、融合化、低碳化方向发展的规律，产业基础高级化和产业链现代化的产业结构演化规律，提升中心城市要素承载力和辐射力的城市群建设发展规律，促进经济高质量发展、区域协调发展、可持续发展的客观规律等，对推动新时代首都经济建设和首都城市发展具有重大而深远的理论和实际指导意义，为奋力谱写伟大祖国首都发展新篇章提供了科学指导。

① 《北京统计年鉴 2020》，中国统计出版社 2020 年版。

第五章 高质量推进全国文化中心建设

党的十八大以来,中央明确了北京作为全国文化中心的城市战略定位。作为首都,全国文化中心是北京的命定之职,首都文化则是全国文化中心建设最重要的篇章。首都文化建设是习近平新时代中国特色社会主义思想在京华大地的生动实践,是在习近平新时代中国特色社会主义思想指导下作出的重大战略决策。可见,习近平总书记关于首都文化建设的重要论述是习近平新时代中国特色社会主义思想的重要组成部分,我们要始终以习近平新时代中国特色社会主义思想为指导,推进北京全国文化中心建设跨入新阶段。

近年来,北京立足全国文化中心定位,牢牢树立“四个意识”,按照“五位一体”总体布局和“四个全面”战略布局要求,坚持以首都意识、首善标准推进文化改革发展,积极出政策、建机制、搭平台、树品牌、育人才,文化发展活力不断释放,全国文化中心影响力不断彰显。北京已经形成以源远流长的古都文化、丰富厚重的红色文化、特色鲜明的京味文化和蓬勃兴起的创新文化为主要内容的首都文化,构成了北京立于全国乃至世界的独特的精神标识。新时代赋予首都文化建设以更高的要求、更新的使命,更需要坚定文化自信、坚持改革创新,以更宽阔的视野、更科学的谋划、更精准的举措,对首都文化建设进行科学布局,写好首都文化这篇大文章,向世界展现开放、包容、自信的大国首都人文形象。

第一节　坚持以首善标准做好首都文化这篇大文章

建设和发展首都文化是在习近平新时代中国特色社会主义思想指导下作出的重大战略决策。习近平总书记非常关心首都的建设和发展。特别是在文化建设方面，习近平总书记提出了一系列重要观点，我们要深刻领会，以此作为首都文化建设发展的根本指导，推进首都文化大发展大繁荣。

一、把推进全国文化中心建设作为首都文化发展的中心任务

习近平总书记多次强调，在首都四个中心定位中，文化中心具有基础性、带动性，对其他三个中心起到重要支撑作用。

习近平总书记关于首都文化建设的重要论述是在对民族文化传承和发展的基础上形成的，体现了坚定的文化自信。习近平总书记明确指出，“坚定中国特色社会主义道路自信、理论自信、制度自信，说到底是要坚定文化自信”，并多次强调“文化自信是更基础、更广泛、更深厚的自信，是更基本、更深沉、更持久的力量”①。可见，文化自信处于一种基础性的地位，是最根本的自信，是建设社会主义文化强国的动力之源。

习近平总书记强调，首都文化建设不仅需要传承和发展优秀传统文化，更要促进传统文化的创新性发展和创造性转化。创造性转化，就是要按照时代特点和要求，对那些至今仍有借鉴价值的内涵和陈旧的表现形式加以改造，赋予其新的时代内涵和现代表达形式，激活其生命力。创新性发展，就是要按照时代的新进步新进展，对中华优秀传统文化的内涵加以补充、拓展、完善，增强其影响力和感召力。通过创新发展中华民族文化，丰富人民群众的精神世界，增强人民群众的精神力量，提高人民群众

---

① 习近平：《在中国文联十大、中国作协九大开幕式上的讲话》，人民出版社 2016 年版，第 6 页。

的文明素质。在加强北京全国文化中心建设中，只有将那些中华优秀传统文化的价值以新的形式展现出来，才能在不断的创新中被人民群众和世界人民所接受。

二、加强历史文化遗产保护，增强传承历史文脉责任感

习近平总书记十分强调保护北京历史文化。他指出，历史文化是城市的灵魂，要像爱惜自己的生命一样保护好城市历史文化遗产。北京是世界著名古都，丰富的历史文化遗产是一张金名片，传承保护好这份宝贵的历史文化遗产是首都的职责，要本着对历史负责、对人民负责的精神，传承历史文脉，处理好城市改造开发和历史文化遗产保护利用的关系，切实做到在保护中发展、在发展中保护。

习近平总书记多次要求要保护好、传承好、利用好大运河这一祖先留给我们的宝贵遗产，要古为今用，深入挖掘以大运河为核心的历史文化资源。遵照习近平总书记重要指示批示精神，打造大运河文化带，是党中央、国务院作出的一项重大决策部署。2019 年 2 月，中共中央办公厅、国务院办公厅印发了《大运河文化保护传承利用规划纲要》，以大运河文化保护传承利用为引领，统筹大运河沿线区域经济社会发展，探索高质量发展新路径，打造宣传中国形象、展示中华文明、彰显文化自信的亮丽名片。

习近平总书记多次强调，城市规划和建设要高度重视历史文化保护，不急功近利，不大拆大建。要注重文明传承、文化延续，让城市留下记忆，让人们记住乡愁。“要让文物说话，让历史说话，让文化说话。”要加强文物保护和利用，加强历史研究和传承，使中华优秀传统文化不断发扬光大。要增强文化自信，在传承中华优秀传统文化基础上发展社会主义先进文化，加快建设社会主义文化强国。

三、树立新发展理念，创新发展文化创意产业

要牢牢把握好“都”与“城”、“舍”与“得”、疏解与提升的关系，牢固树立新发展理念，更加突出首都发展、减量集约、创新驱动、改善民生。优化产业项目选择，要突出高端化、服务化、集聚化、融合化、低碳化。文化

创意产业是源于个人创意、技巧和才华，通过知识产权的开发和运用，而形成具有创造财富和就业潜力的行业，作为知识经济时代发展最快的新兴产业之一，具有资源消耗低、环境污染小、市场潜力大等特点，易于与其他产业相结合，带动相关产业转型发展。

习近平总书记强调，要推动文化事业和文化产业发展。满足人民过上美好生活的新期待，必须提供丰富的精神食粮。要深化文化体制改革，完善文化管理体制，加快构建把社会效益放在首位、社会效益和经济效益相统一的体制机制。完善公共文化服务体系，深入实施文化惠民工程，丰富群众性文化活动。加强文物保护利用和文化遗产保护传承。健全现代文化产业体系和市场体系，创新生产经营机制，完善文化经济政策，培育新型文化业态。

2006 年，北京市在全国率先提出发展文创产业。2017 年，全市文创产业实现增加值 3908. 8 亿元，文化企业超过 25. 4 万家，规模以上法人单位实现收入 1. 6 万亿元。2018 年 1—6 月，文创产业规模以上法人单位收入达 8493. 4 亿元，同比增长 16. 6%，文创产业已成为首都“高精尖”经济发展的重要引擎。为加快北京市文化创意产业转型升级，助力全国文化中心建设和构建高精尖经济结构，2018 年 6 月，中共北京市委、北京市人民政府印发了《关于推进文化创意产业创新发展的意见》，明确回答了新时期北京应当发展什么样的文创产业，构建了由“两大主攻方向”和“九大重点领域环节”组成的文创“高精尖”内容体系。其中，两大主攻方向分别指“数字创意”和“内容版权”，一方面强调科技创新的功能支撑，另一方面突出文化内容的价值引领。在明确主攻方向的基础之上，提出重点打造创意设计、媒体融合、广播影视、出版发行、动漫游戏、演艺娱乐、文博非遗、艺术品交易和文创智库九大重点领域及其重点环节，并对目前文创产业的各个行业领域、各类新兴业态进行了系统梳理研究，结合相关行业数据，从体量规模、科技含量、发展潜力以及价值功能等多方面进行综合评估。

文化是民族的血脉，是人民的精神家园，是城市发展进步的灵魂。推动北京首都文化建设对首都可持续发展具有战略意义。加强首都文化建设规划是首都统筹推进“五位一体”总体布局和协调推进“四个全面”战略布局的关键步骤，是关系首都发展全局的重大战略和开启首都现代化建设新局面的重要引擎。作为推动首都可持续发展的重大探索，文化布局建设在首都建设中具有举足轻重的地位和作用，是践行新时代中国特色社会主义的重要实践。

第二节　首都建设全国文化中心的战略定位

首都文化是首都发展的灵魂，是北京市坚定文化自信、推动文化强国建设的重要实践。我们要认真贯彻习近平总书记对首都文化建设的指示精神，厘清首都文化功能的科学定位。首都文化是立足于首都定位、植根于首都特色文化资源、在国家文化建设中起着示范性和引领性的文化概念。新时代，弘扬和发展首都文化对北京发展具有全局性的战略意义。

一、首都文化的功能定位

作为一种特定的文化概念，首都文化是基于北京的首都功能定位提出的，兼具区域性和功能性两种特征，可以从两个层面理解。一方面，首都文化以北京文化为“底色”。首都文化以北京的行政区划为界限，以北京地域特色文化资源为基础，服务于北京城市建设和经济社会整体发展，是北京文化的凝练和提升。另一方面，首都文化是国家文化建设的“窗口”。都城历来是一国首善之区，人文荟萃，引领一国的文化风尚。不能仅从文化本体的角度理解首都文化，更要从首都功能定位的高度考量。其文化建设在国家文化发展中具有不可替代性，是中国特色社会主义文化的集中展示者和创新示范者，是彰显文化自信的重要窗口和有效抓手，在新时代中国特色社会主义文化发展进程中发挥着不可替代的作用。

2019 年 6 月，蔡奇在北京市召开推进全国文化中心建设领导小组第五次会议上指出，要深入学习贯彻习近平总书记对北京重要讲话精神，把全国文化中心建设与服务党和国家工作大局、提升首都经济社会发展水平、增进市民群众文化福祉结合起来，找准切入点和着力点，做好首都文化这篇大文章，推动各项工作不断取得新成效。蔡奇在北京市推进全国文化中心建设领导小组第一次会议上曾指出："首都文化是我们这座城市的魂，主要包括源远流长的古都文化、丰富厚重的红色文化、特色鲜明的京味文化和蓬勃兴起的创新文化这四个方面。说到底，首都文化是大国文化，社会主义先进文化，要在建设国际一流的和谐宜居之都进程中，在中华民族伟大复兴进程中发挥应有的软实力作用，要把首都文化优势转化为首都发展优势。"①这一论述明确界定了首都文化的功能定位和基本内涵。

一方面，明确了首都文化主要包括古都文化、红色文化、京味文化和创新文化，体现了党的十九大关于新时代中国特色社会主义文化建设的重要论述精神。党的十九大报告明确指出，中国特色社会主义文化，源自于中华民族五千多年文明历史所孕育的中华优秀传统文化，熔铸于党领导人民在革命、建设、改革中创造的革命文化和社会主义先进文化，植根于中国特色社会主义伟大实践。② 古都文化、红色文化、京味文化和创新文化都是中华优秀传统文化、革命文化和先进文化具体的、地域性的文化表现形态。首都文化是中国特色社会主义文化的具体文化形态。

另一方面，强调了首都文化的软实力作用，契合了北京的首都功能定位。首都文化是大国文化，是中国特色社会主义文化，明确了首都文化的性质，有助于增强对首都文化的深入理解；强调首都文化要在北京建设国际一流的和谐宜居之都和中华民族伟大复兴进程中发挥软实力作用，并从国家文化建设和北京城市建设两个层面对首都文化的功能定位进行了阐释，为建设首都文化提供了指南针和路线图。

二、古都文化是首都文化之"根"

古都文化是北京在长期作为都城的历史中形成的器物、制度和精神等文化形式，是北京优秀传统文化中最具代表性的文化形态。古都文化

① 蔡奇：《做好首都文化这篇大文章　建设中国特色社会主义先进文化之都》，《北京日报》2017 年 8 月 19 日。

② 习近平：《决胜全面建成小康社会　夺取新时代中国特色社会主义伟大胜利——在中国共产党第十九次全国代表大会上的报告》，人民出版社 2017 年版，第 41 页。

是北京地域性文化与都城功能性文化的相互交融,是首都文化的典型标识,是首都文化的根脉。

古都文化经过数百年的积淀和传承,已融入首都文化建设的血液,是首都凝聚力和向心力的主要源泉。北京作为五朝帝都,拥有源远流长、内涵丰富、深沉厚重的传统文化资源。在悠久的历史中,北京的地域性文化与都城功能性文化早已融为一体。我国历史上的都城拥有深厚的历史底蕴、代表性的建筑形式和伦理化城市设计等,包含着丰富的文化内涵和极高的审美价值,透过都城这个窗口可以充分了解中华文化的独特魅力。北京的古都文化,既包括以紫禁城、颐和园和天坛等建筑为代表的皇家宫殿、坛庙园林,也包括在悠久历史中积淀的典章、规范、礼仪等制度遗存,还包括长期作为都城形成的文明和谐、诚信友善、厚重大气、开放包容的人文精神。

古都文化蕴含着解决北京城市发展中突出问题的智慧和方案。首都文化是开放包容的文化。自古以来,北京的开放带来的交流、包容带来的互鉴,使得首都文化不断自我丰富、自我革新,发展出内涵丰富的人文精神和道德理念,为当今北京的发展提供了有益启迪。

古都文化是发展的文化,新时代北京的发展不断为古都文化注入新的活力。中华优秀传统文化与中国特色社会主义伟大事业相融合,古都文化与新时代北京首都建设事业相融合。北京古都文化的传承与发扬不应也不会仅仅停留在纸面上、躺在文献中,而是紧跟时代脉搏。新时代,北京建设过程中积累的先进经验,也不断丰富发展着古都文化的内涵。

三、红色文化是首都文化之“魂”

红色文化是中国共产党领导人民在革命、建设、改革进程中创造的以中国化马克思主义为核心的先进文化。红色文化是首都文化的灵魂。

习近平总书记指出:“核心价值观是文化软实力的灵魂、文化软实力建设的重点。”[①]红色文化的本质特征是马克思主义与中国实际相结合,是中国共产党革命传统、理想信念、精神追求和政治制度的综合体现,是

① 《习近平谈治国理政》,外文出版社 2014 年版,第 163 页。

社会主义核心价值观构建的重要精神来源。红色文化的主要精神特质是对革命理想信念的坚守精神、顾全大局的无私精神和敢于创新的拼搏精神。红色文化的价值导向与核心价值观的要求一致,核心要素与核心价值观的内涵契合,二者具有紧密的内在逻辑关系。

北京的红色文化具有完整性,承载了中国革命、建设和改革的完整历史。北京的红色文化资源厚重,分布着许多革命历史遗迹和革命文物。这些红色文化资源分散但完整,涵盖了中国革命、建设和改革的每个阶段,发展出了清晰的历史脉络。北京的红色文化发展史就是一部中国近代以来革命、建设和改革史。从五四运动开始,北京作为中心城市,一直是中国革命的前沿阵地,在新民主主义革命时期积累了深厚的革命文化;新中国成立后,北京作为首都引领全国建设,涌现出一批社会主义建设的先进人物和典型事迹;改革开放以来,北京作为展示中国特色社会主义建设成果的重要窗口,不断凸显出红色文化的当代价值。

北京红色文化已经融入城市灵魂,是首都文化的有机组成部分。红色文化是中国共产党领导下的文化,是提炼和凝聚了中国共产党人的革命精神,并在北京的改革和建设过程中不断传承、发展和创新的文化。红色文化与首都文化建设价值取向一致,发展红色文化是展现首都的文化软实力,更好地推动北京的社会主义核心价值体系建设的必然要求。

四、京味文化是首都文化之“韵”

京味文化是北京的特色文化,是北京在悠久的历史中形成的生活化气息浓厚的文化,具体表现为北京传统礼仪文化、饮食文化、方言文化、四合院文化和胡同文化等。京味文化既包括北京特有的文化传统,也包括这些文化对北京人心理和人文素质潜移默化的塑造。京味文化具有明显的地域特色,是首都文化的神韵。

京味文化是首都文化中生动的一笔,为首都文化增添了色彩。京味文化凝练了首都文化中与大众生活直接相关的内容,是大众化、生活化和乡土化的文化。

京味文化是大众化的文化。中国的传统文化博大精深,影响着每一位中国人,北京作为历代王朝的故都,从古老的风俗礼仪到传统的伦理道德都积淀于北京人的心中。京味文化是生活化的文化,大多是从日常生活中升华而来,是对北京文化的最生动的阐释。京味文化是乡土化的文化,是北京区别于其他地区的地域特色文化,北京的胡同、四合院、庙会等无不浸透着这种独特的乡土气息。

京味文化不断传承发展创新。随着北京建设国际一流的和谐宜居之都进程的加快,京味文化的内涵不断丰富、形式不断创新,在全国乃至世界上都焕发出独树一帜的光彩。

五、创新文化是首都文化之“翼”

创新文化是创新风气和创新思维渗透到包括文化在内的经济社会发展各个领域,并凝练形成的一种文化形态,是一种全民族的创新氛围、创新意识。创新是北京发展的持久驱动力,创新文化为首都文化建设插上翅膀。

党的十九大报告明确指出,要“倡导创新文化,强化知识产权创造、保护、运用”。随着我国创新驱动战略的提出和实施,创新作为引领发展的第一动力,已经由科技创新扩展到理论创新、制度创新、文化创新。新时代创新文化对首都发展具有重要战略意义,主要表现在:一是有利于加快转变北京经济发展方式,提高北京经济增长的质量和效益;二是对降低资源能源消耗、改善生态环境、建设宜居北京具有重要意义;三是有助于优化首都文化发展结构,推动北京文化发展升级。

创新文化在北京蓬勃兴起。作为首都,北京在创新文化发展方面具有得天独厚的优势,引领风气之先。主要表现在:北京高校和科研机构聚集,在科学技术研究创新方面居于领先地位;北京科技创新型企业众多,在科技成果转化方面具有优越性;首都开放包容的文化特征为创新营造了和谐的文化氛围;北京“四个中心”的新时期城市战略定位为发展创新文化营造了良好的政策环境。

文化创新是始终保持文化先进性的必然要求。在首都文化发展中,创新文化是传承中华优秀传统文化、继承革命文化和发展先进文化的蓬勃动力。

六、首都文化的内在逻辑

首都文化是一个有机的体系，可以从两个层面理解。从首都文化的来源看，首都文化是中华优秀传统文化、革命文化和先进文化的有机结合，是新时代中国特色社会主义文化的重要表现形式。在首都文化的四种文化构成中，古都文化和京味文化是北京优秀传统文化的典型文化形态，红色文化是革命文化的核心文化形态，创新文化属于革命文化与先进文化融合发展的文化形态。

从首都文化的主要构成看，首都文化是古都文化、红色文化、京味文化和创新文化的有机结合。四种文化在其中各自发挥作用，紧密联系、相互融合、相互作用，统一于新时代首都文化建设发展的实践。古都文化是根脉，解决首都文化从哪里来的问题；红色文化是精神，指明首都文化的旗帜和道路；京味文化是神韵，凸显首都文化的特殊气质；创新文化是动力，为首都文化插上翅膀。

发展中国特色社会主义先进文化，要不忘本来、吸收外来、面向未来。发展首都文化，要把古都文化、红色文化、京味文化和创新文化贯通融合。在北京全国文化中心建设过程中，首都文化建设要坚守中华文化立场，立足当代中国现实，结合当今时代条件，传承弘扬古都文化，继承发展红色文化，挖掘丰富京味文化，繁荣推进创新文化，从而发展出面向现代化、面向世界、面向未来的，民族的科学的大众的首都文化。

第三节　推进全国文化中心建设的重大举措与成效

一、要着眼建设世界级文化中心城市，科学统筹规划，构建首都文化新型发展格局

2017 年 8 月，北京市成立推进全国文化中心建设领导小组，明确建设全国文化中心要重点抓好“一核一城三带两区”，即以培育和弘扬社会

主义核心价值观为引领，以历史文化名城保护为根基，以大运河文化带、长城文化带、西山永定河文化带为抓手，推动公共文化服务体系示范区和文化创意产业发展引领区建设。目前，要抓紧科学编制“全国文化中心建设中长期规划”，推进“一核一城三带两区”建设任务。同时，在保护城市历史风貌方面，推动修订《北京历史文化名城保护条例》，研究制定推进老城整体保护实施方案，依法依规做好老城整体保护，精心打磨每个历史文化街区。

按照《北京市“十三五”时期加强全国文化中心建设规划》，北京要建设由功能核心层、功能拓展层和功能辐射层三个层面构成的文化中心新型发展格局。

文化中心功能核心层涵盖北京市16区，是全国文化中心功能的主要承载区和推动国家文化创新发展的策源地。根据各区资源禀赋与发展基础，重点支持“文化东城”“四个西城”“戏曲丰台”“数字石景山”“影视怀柔”“运河通州”“会展顺义”等文化品牌建设，支持朝阳区加快建设国家文化产业创新实验区，海淀区保护和利用好“三山五园”地区历史文脉，房山区发展祖源文化，昌平区建设未来文化城，大兴区建设“中国设计瑰谷”，平谷区建设“中国乐谷”，延庆区发展冰雪文化，门头沟、密云区发展文化旅游休闲，推动全市文化建设形成百花齐放、交相辉映的发展局面。

文化中心功能拓展层涵盖京津冀协同发展区域，是首都全国文化中心功能的主要拓展区和发挥示范带动作用的主要支撑区。北京市、天津市、河北省地域相近、文脉相亲，未来应统筹推动长城文化带、运河文化带、西山文化带等建设，实现历史文化遗产连片、成线整体保护。同时加强省市间文化资源互通共享，加强文化创意产业链上下游和区域分工协作，推动文化协同发展迈向更深层次。比如构建京津冀文化旅游大市场，加强新闻出版、动漫游戏、文艺演出、艺术品交易等领域的合作对接，促进京津冀公共文化服务体系建设等。共同承接重大文化活动与打造区域文化品牌，比如京冀协同做好2022年冬奥会的筹办与举办工作。

文化中心功能辐射层泛指京津冀之外的地区，着重体现文化中心的辐射带动作用。北京要发挥文化资源丰富、文化创新强劲的优势，为中央、地方文化建设搭建“大平台”、提供“大服务”，汇集京派文化、海派文化、西北文化、江南文化等各地优秀文化资源，促进我国不同地域文化的创作、展示、交流与碰撞融合。同时加快北京与各地优质文化资源向全球的输出，传播中华优秀文化，提升中华文化国际影响力。

二、要整合区域资源，提升历史文化名城保护水平，加强中华优秀文化传承与发展

提升历史文化名城可持续发展能力。坚持历史文化名城保护与城市现代化建设相协调，做好文物修缮、环境整治、风貌保护等工作，让古都风貌创造性地融入现代社会。2017 年 9 月，中共中央、国务院批复的《北京城市总体规划（2016 年—2035 年）》中表述道：“推进大运河文化带、长城文化带、西山永定河文化带建设。”“三大文化带”的建设，是北京进行城市文化保护和建设的重要内容。统筹推进“三大文化带”建设，有利于发挥区域的地缘优势，实现历史文化遗产整体保护，让文化带成为活着的、流动的、发展的黄金廊道。要重点加强对大运河文化带、长城文化带、西山永定河文化带的保护，要制定“三大文化带”保护建设规划和五年行动计划，并明确各领域年度重点任务。面向未来，“三大文化带”要在过往实践的基础上，积极整合文化旅游资源，进一步推进文旅融合。要打通“三大文化带”，实现空间和文化、场所和精神的融合发展。在统筹设计的过程中，要加强发改、规划、财政、城建、文物、水利、旅游以及环保等部门的联动，协调各部门工作，明确各部门职责，将文物保护和利用与区域的生态保护、旅游发展、环境整治、改善民生等工作有机协调。“三大文化带”串起的古都文脉将带动京津冀三地社会文化的充分提升。

因此，“三大文化带”的建设要充分考虑在资金、技术、人才等资源上的合作与交流，综合政府、学术机构等多方力量，打破行政区划的界限，将文化带建设融入京津冀协同发展中，创新区域协同保护与发展模式。在创新机制方面，要把保护和利用结合起来，创新投融资模式和绿色发展激励约束机制等，在政府主导下合理地引入社会力量，打通资金渠道。此外，在“三大文化带”建设中，要建立以世界文化遗产、重要国家级文保单

位、国家级非物质文化遗产所在地和世界地质公园、国家级风景名胜区为核心的整体保护格局，实施重点突破、点线面结合的战略，统筹推进“三大文化带”保护利用。要完善相关基础设施配套，创新“三大文化带”文化旅游产品和服务，深度挖掘文化资源，打造精品型、体验型的文化旅游线路，推进旅游与演出、夜游等新兴产品和服务业态的融合，是发展文化事业和文化产业、打造城市文化体系过程中的有效路径。

充分挖掘北京历史文脉。推进对首都文化、皇城文化、京味文化、运河文化等的研究阐释和挖掘利用。支持各城区对地域内的历史沿革、文化遗址、自然地理、非物质文化遗产等进行挖掘整理，建立完善可移动文物普查信息数据库，实现文物有据可查。加大对传统工艺美术、民间手工艺等具有北京特色的传统技艺的传承和保护力度。比如工艺美术，要融合传统与现代，从材质、工艺、艺术语言、思想内容等各个方面寻求与当代生活的血脉联系，大力弘扬“工匠精神”，深入研究工艺基因谱，积极培育工美品牌，在全国乃至全球建立北京工艺美术的文化意象。大力保护历史文化街区、名镇、名村和传统村落，使之成为居民留住乡愁的精神和物质载体。

大力传承中华优秀传统文化。实施中华文化传承工程，从传统文化中提炼符合当今时代需要的思想理念、道德规范、价值追求，赋予新意、创新形式，展示中华优秀传统文化的魅力。加强对非物质文化遗产的保护、挖掘、传承和利用，探索非物质文化遗产的生产性保护方式，推动非物质文化遗产融入当代生产生活。通过举办北京文化庙会、品读北京等人文活动，共同传承中华文化优秀传统，不断增强各族群众对中华文化的认同、对中国特色社会主义道路的认同。

三、坚持社会效益和经济效益相统一，提升文化创意产业实力与竞争力

加快构建“高精尖”文化创意产业体系。严格执行《北京市文化创意产业发展指导目录》（2016 年版），加快文化创意产业结构优化、业态创新。通过改革创新，促进文化艺术、广播影视、新闻出版等传统行业优化

升级,壮大广告会展、艺术品交易、设计服务等优势行业。把握文化与其他领域融合发展趋势,推动文化与科技、文化与金融、文化与其他产业多元融合发展。重点深化文化科技融合发展,依托高新技术增强文化产品的表现力、感染力、传播力,强化文化对科技手段的内容支撑、创意和设计提升,培育动漫游戏、移动互联网应用、视听新媒体、3D 打印等新兴文化业态。

培育具有国际影响力的文化旗舰企业与精品力作。鼓励有实力的企业跨地区、跨行业、跨所有制兼并重组,支持企业通过新设、合作、收购等多种形式在境外兴办实体机构,培育一批掌握核心技术、拥有原创品牌、具有国际竞争力的旗舰式文化创意企业。类似美国新闻集团,其通过收购、控股投资等方式,在全球拥有 800 多家企业,信息传播覆盖全球,被称为"覆盖蓝天的梦想王国"。打造更多思想性、艺术性、观赏性相统一的精品力作,满足人民群众多层次、多样化、分众化的文化消费需求,形成一批北京标志性的文化产品和服务贸易品牌。

引导大型文化设施向城市副中心和新城布局。结合非首都功能疏解与中心城人口疏解战略,优化文化创意产业重大项目布局,加大对北京城市副中心、新城的投资倾斜,有序引导文创资源梯度转移,促进区域均衡发展。纽约在这方面提供了可资借鉴的经验。1994 年纽约市郊区学校平均每名学生配备图书 20 本,中心城区为 9.4 本;59%的郊区学生可上互联网,中心城区的比例只有 47%(赵秀池,2010);高品质公共服务推动了纽约中心城区人口向郊区迁移,吸引了 60%的人口定居郊区。未来北京要引导博物馆、高端艺术展馆、综合体育场馆等高品质文化服务设施向副中心、新城转移布局。加快位于副中心的环球影城项目建设,该项目是环球影城在全球的第六个、亚洲第三个主题公园,预计将实现年均接待客流 2500 万人次。

重视与加强文化创意产业知识产权保护。作为技术密集、知识富集的产业,著作权、商标、专利等知识产权是文化创意产业的重要资产和发展基础,一些欧美国家甚至将文化创意产业称作"版权产业"。未来北京应进一步健全文化创意产业知识产权服务保护体系,探索组建知识产权公共服务平台,完善文化创意产业知识产权行政管理体制,加强文化创意知识产权人才培养,优化文化创意企业发展环境。适应互联网、大数据时代文化创意产品表现形式、传播方式更加多样化的特点,综合运用维护著作权、专利权、商标权、商业秘密权,以及反不正当竞争等多种手段,为文化创意企业提供全方位综合保护。

四、加快推动北京数字创意产业发展,推动形成高新数字创意产业新格局

近年来,北京市高度重视数字创意产业发展。2018 年 6 月,北京市发布《关于推进文化创意产业创新发展的意见》,提出把数字创意产业作为首要主攻方向:全面推动文化科技融合,打造数字创意主阵地。具体任务包括:加快互动影视、超感影院等新型产品开发,加大情感感知、新型人机交互、全息成像、虚拟现实、文化资源数字化处理等技术创新力度;推进数字技术创新与文化创意产业有效衔接,支持发展高精尖文化装备,推动大数据、物联网、云计算、人工智能、超高清等先进技术在新闻出版、广播影视、广告会展、文化旅游等领域深度应用,提升影视后期制作、艺术展演展陈、文物和非物质文化遗产保护修复等方面的数字化、智能化、网络化水平;发展基于互联网的新型文化商业模式和产业业态,发挥新一代信息技术、数字技术对内容创作、产品研发、模式创新的支撑作用,提升文化创意领域"互联网+"创新发展水平。到 2017 年为止,北京文化创意产业收入是 1. 8 万亿元,其中数字创意产业就占了 8000 亿元。我国数字创意产业萌芽诞生不过几年,但发展势头迅猛。从总体上来看,我国数字创意产业仍处于较低的发展水平,总量低,规模小,发展不平衡。同时,从行业发展看,我国数字创意产业版权保护机制仍不健全、原创内容创新力不足、本土文化传承欠缺、高水平人才匮乏等问题依旧突出。下一步,要进一步促进数字创意产业文化,必须加大政策扶持力度,规范行业发展,完善版税保护机制,促进本土文化的内涵挖掘和数字化转化,重点打造文化产业集群,以技术创新为动力,加大人才培养扶持力度,鼓励数字文化企业"走出去",推动数字创意产业的全面、协调和创新发展。

数字创意产业是文化内容的数字化产业，对文化内容的挖掘是数字创意产业能否成功的关键。文化是数字创意产业的魂，数字技术是文化的载体和呈现手段。从世界各国的发展经验来看，很多国家正是凭借对特色文化，尤其是本土文化的挖掘，在数字创意产业方面取得长足进步。如韩国政府采取各种措施鼓励本土文化内容的数字化，增强其现代性和可传播性，使数字创意产业成为经济新的增长点。因此，要发展数字创意产业，必须提高内容的原创水平，尤其要重视对本土文化内涵和元素的挖掘和阐释。在我国数字创意产业发展过程中，部分存在重技术轻内容的状况，对文化内涵，尤其是本土文化的深入挖掘不足，内容同质化现象比较严重。这一方面与当前对中华优秀传统文化的创造性转化和创新性发展的趋势不相适应，另一方面也使数字创意产业发展缺乏了最深层次的动力。发展数字创意产业，要从内容上入手。第一，加强原创能力建设。数字创意产业首先是文化产业，要强调突出其文化内涵，因此要鼓励全民创意，加强原创能力建设，同时发挥新技术对文化产品开发、内容创作的支撑作用，切实提高产品的文化品质。第二，鼓励文化资源的创新性开发。系统梳理当前我国优质文化资源，鼓励对文物、非遗、旅游、艺术品等相关文化资源的数字化转化和创新性开发。第三，深入挖掘传统文化和地方文化资源。传统文化博大精深，是数字创意产业发展的源泉。要重点挖掘优秀传统文化的思想精髓，推进文化典籍的数字化，用技术手段传承振兴民族民间文化，赋予传统文化新的活力。另外，还要重视区域和民族文化资源的开发利用，加强现代设计与地方传统工艺的融合。第四，积极引导新兴业态发展。数字创意产业是创新性产业，数字出版、网络电影等新兴业态发展迅速，因此对新兴业态的健康引导十分重要。

技术是文化内容的重要载体，很大程度上决定了数字创意产业的发展水平。日本和瑞典是这方面的典范。随着数字创意产业的不断发展，融合发展成为趋势，文化创新和技术创新单独对产业的推动力逐渐弱化，只有将文化创新和技术创新有效结合，开发创造特色文化产品和服务，才能在新时期有效推动我国数字创意产业的发展。第一，加大技术创新力度。进一步加大互联网技术、人工智能、大数据等核心领域研发力度，持续推进云计算、物联网、网络安全等关键性技术突破，深度应用大数据、云计算等科技创新成果，促进创新链和产业链有效对接。第二，推动商业模式创新。探索应用个性定制、精准营销、网络共享等新型商业模式，推进数字创意产业商业模式创新。充分运用信息技术和互联网平台开展创新创业，鼓励通过众创、众筹等新模式开发和推广数字文化产品。第三，推动数字技术和文化产业的结合。一是推动传统文化产业的门类实现数字化转型升级。二是带动公共文化资源和数字技术的融合发展，提高博物馆、图书馆、美术馆、文化馆等文化场馆的数字化、智能化水平，以及开发数字文化产品的能力。三是推进数字创意产业与工业、农业、旅游及信息产业等相关产业融合发展，推进传统产业升级的同时，推动数字创意产业发展。

推动数字文化企业“走出去”。由于信息技术的高传播性，数字创意产业的国际化成为趋势，中国文化元素的感召力和吸引力很强，为我国数字文化产品“走出去”创造了良好基础。近年来，我国版权输出增多，许多网络文学和电视作品走出国门，受到亚洲和其他地区公众的欢迎。但是由于我国数字创意产业发展整体规模小，企业规模两极化，缺乏核心竞争力和竞争优势，这些都使企业在数字文化市场竞争中难以抵御风浪的冲击，从而制约我国数字创意产业的顺利推进。第一，根据数字内容市场发展和需求，鼓励加强国际交流和合作，鼓励利用国外的资金、技术和品牌促进国内数字文化企业的快速发展。第二，加强国内企业与国外企业的交流合作，鼓励国内企业通过版权合作和联合运营等多种方式，推广我国数字文化产品，同时注重内容衍生品的开发。第三，加强海外市场培育与维权。在我国外交外事活动中，政府要不断加大对民营数字文化企业的推广和宣传，引导与帮助优秀民族企业“走出去”。

五、要创新体制机制，营造文明和谐的城市环境，促进市民文明素质提升

大力弘扬社会主义核心价值观。广泛开展“中国梦”“中国精神”等主题教育，强化首善意识，把培育和践行社会主义核心价值观贯穿到国际

一流的和谐宜居之都建设中。把学雷锋志愿服务作为培育和践行社会主义核心价值观的有效载体，壮大学雷锋志愿服务队伍。推动诚信建设，强化规则意识，倡导契约精神，弘扬公序良俗。

充分发挥道德模范、“北京榜样”的示范作用。扎实做好思想道德建设，深入开展全民道德修身活动，公职人员要为全社会作出表率，青少年要养成良好行为习惯，社会公众人物要履行社会责任。突出弘扬善举善念，加大对慈善捐赠的政策扶持、宣传、表彰奖励力度，激发全社会慈善公益热情。

深入开展文明创建活动与文明引导行动。深入推进“讲文明、树新风”活动和“美丽中国、绿色北京”“清洁空气蓝天行动”等群众性文明创建活动，持续推进文明餐桌、文明交通、文明停车、文明旅游、文明观赛、文明服务等文明行动，深入开展网络文明引导，推动网络文明传播常态化，进一步提升市民文明素质和城市文明程度。

六、深化文化国际交流合作，提升北京文化与中华文化国际影响力

加强国际文化交流，创新人文交流品牌活动。做好对港澳台文化交流工作，促进以心相交民间交流。积极做好2022北京冬奥会的筹备工作，做好2019“一带一路”国际合作高峰论坛的筹备和宣传工作，积极开展2019年“欢乐春节”活动，积极筹备举办莫斯科“北京周”、日本“中国节”等文化交流活动，开展全球吉庆生肖设计大赛（己亥猪年）；将北京建设成为“彰显文化自信与多元包容魅力的世界文化名城”和“具有广泛和重要国际影响力的全球中心城市”。

探索打造具有国际影响力的文化类高端奖项。目前，全球知名的文化类高端奖项包括诺贝尔文学奖及新闻界的普利策奖、电影界的奥斯卡奖、摄影类的荷赛摄影奖、音乐类的格莱美奖、文学类的安徒生文学奖、艺术类的艾美奖、设计类的红点奖和工业设计奖、广告类的纽约广告奖等，全都为欧美发达国家所主导。未来北京应代表我国，探索在高端文化奖项方面的突破，加快提升北京国际电影节“天坛奖”、中国创新设计红星

奖等的质量与品位,扩大全球影响力和认可度。

积极参与海外文化中心建设。海外中国文化中心是我国对外文化交流的重要渠道。北京应积极参与推动东城区政府与文化部外联局共建的"卢森堡中国文化中心"项目,筹备建设雅典海外中国文化中心,充分利用北京文化资源优势,在海外中国文化中心定期举办宣传北京的演出、展览展示、座谈交流等系列活动,使之成为中外文化的交流平台、文化产品的展示平台、文化贸易的推广平台,不断增强北京文化与中华文化的国际影响力。

小　结

首都文化建设是习近平新时代中国特色社会主义思想在京华大地的生动实践,是在习近平新时代中国特色社会主义思想指导下作出的重大战略决策。习近平总书记对文化建设提出了一系列重要创新观点,为首都文化建设发展提供了根本指导和方向指南。他强调首都"政治中心、文化中心、国际交往中心、科技创新中心"的功能定位,并指出文化中心具有基础性、带动性,对其他三个中心起到重要支撑作用;强调要以高度的历史责任感加强历史文化遗产保护,传承历史文脉;强调"文化创新贵在独辟蹊径、不拘一格"。北京全国文化中心建设应在全国率先探索文化创新发展的模式与路径,激发全社会文化创新创造活力,并将成熟经验向全国其他地区推广,引领推动全国文化建设向更高层次迈进。

第六章　打造首都社会建设的精品力作

社会建设是服务满足民生各方面需求的一项重要工作，是实现经济社会持续健康发展的重要保障，是新时代经济建设、政治建设、文化建设、社会建设和生态文明建设“五位一体”总体布局的重要组成部分，是新时代中国特色社会主义事业发展的重要内容。北京作为国家首都，在全国工作大局中有着特殊的地位。首都社会建设在全国有着重要的典型示范意义，是国家推进社会建设的重要抓手，也是观察国家社会建设的最重要样本。党的十八大以来，习近平总书记围绕首都社会建设发表了系列重要论述，为推进新时期首都社会建设提供了重要指导，需要我们认真学习领会，推动各项实际工作，全面推进首都的社会建设。

2019 年 8 月，在北京市举办的“2019 年全国政务热线发展高峰论坛”上，北京 12345 荣获“2019 年度最佳服务案例奖”及“2019 年度大数据应用创新示范奖”。2019 年 9 月，在海南省海口市举行的“第三届全国 12345 政府服务热线高质量发展研讨会”上，北京 12345 又荣获“全国十佳热线奖”和“治理之星奖”。在认真贯彻落实习近平总书记关于首都社会建设重要论述方面，北京市锐意进取，勇于碰硬，不断创新，主动治理，创造性提出党建引领“街乡吹哨、部门报到”和“接诉即办”等重要机制，推动街道管理体制改革创新，推进“一刻钟”服务圈全覆盖，创设了“七有五性”监测评价指数，打造首都社会建设的精品力作，努力打通服务群众“最后一公里”，不断提升群众获得感、幸福感和安全感，取得了一项又一项突出的成绩。

第一节　首都社会建设的发展脉络

党的十八大以来，习近平总书记十分重视首都的社会建设工作，主张把首都的建设和管理放在国家治理体系和治理能力现代化的高度来认识，先后多次发表重要讲话，对首都规划、建设和管理特别是社会建设工作作出了许多重要指示，形成了较为完善的首都社会建设重要论述。

2010 年 8 月，习近平在视察北京工作时提出的建设“五个之都”特别是其中“和谐宜居之都”的思想就包含着首都社会建设目标的相关论述。2014 年 2 月，习近平总书记就推进北京发展和管理进一步提出五点要求，其中关于首都城市战略定位、疏解非首都功能、提升城市建设质量、健全城市管理体制、加大大气污染治理力度等的论述，明确提出为首都人民建设美好城市。

2014 年 2 月视察北京后，习近平总书记继续深化对北京的规划、建设和管理的思考，不断丰富和完善关于首都社会建设的重要论述。随后分别在 2015 年 2 月中央财经领导小组第九次会议、12 月中央城市工作会议和 2016 年 5 月中央政治局会议上，研究部署北京城市副中心和进一步推动京津冀协同发展有关工作，多次就首都规划、城市建设与管理等工作作出重要指示，充分体现了习近平总书记对首都社会建设的关注和思考。2017 年 2 月，习近平总书记考察北京城市规划建设和北京冬奥会筹办工作时再次发表重要讲话。6 月，习近平总书记主持中央政治局常委会会议专题听取北京城市总体规划编制工作的汇报并发表重要讲话。9 月，党中央、国务院正式批复《北京城市总体规划（2016 年—2035 年）》。这一系列重要讲话和批复，标志着以习近平同志为核心的党中央关于首都社会建设的重要论述趋于完善，为首都的规划、建设和管理特别是首都社会建设工作指明了方向。

第二节　首都社会建设的主要内容

习近平总书记十分关注和重视首都的社会建设，提出要高质量建设首都，提高建设和管理好首都的主动性。提出要明确首都城市的战略定位，建设国际一流的和谐宜居之都，认真推动首都城市战略定位的落实，把握好首都城市战略定位的要求。提出要疏解非首都核心功能，推进首都区域人口均衡分布，编制城市总体规划，大力推动建设北京城市副中心。提出要健全城市管理体制，推进城市管理现代化，构建超大城市精细治理体系，不断创新城市治理方式。要保证全体人民在共建共享中有更多的获得感，确保首都城市安全。

一、建设和管理好首都，建设国际一流的和谐宜居之都

首都建设和管理是关系首都发展的重要问题，关系着首都发展的方向和质量，是首都社会建设的前提和基础。新中国成立 70 多年来，围绕着首都的建设和管理有过许多的争论和不同的规划，不同的时期有过不同的规划建设思路和管理政策，既给首都的建设和管理积累了宝贵的经验，也带来过许多深刻的教训。首都的建设和管理是首都建设永恒的课题，决定着首都社会建设的起点，首都建设与管理的地位问题关系着首都建设的基本方向。

（一）明确首都建设与管理的重要地位

站在新时代的新起点上，习近平总书记经过深入的理论思考，对首都建设和管理的地位提出了自己的创新观点。2013 年 11 月，党的十八届三中全会提出了全面深化改革的总目标是“推动国家治理体系和治理能力现代化，健全完善中国特色社会主义制度”，为我们指明了全面深化改革的方向。习近平总书记创造性地把首都建设与管理的地位和国家治理体系与治理能力紧密地联系起来。2014 年 2 月 25—26 日，习近平总书记在北京考察工作时把建设和管理好首都摆在国家治理体系和治理能力现代化的高度，要求北京立足优势、深化改革，勇于开拓，创造性地做好首都

建设和管理工作。“高定位”和“期望”是这一论述的两个关键词。

习近平总书记的这一重要论述，至少包含三层意思：首先，要将首都的建设和管理放在国家战略层面来认识和把握。这是首都建设和管理与其他城市建设管理不同的地方，也是首都建设和管理极端重要性和独特性的体现。这就需要我们跳出北京建设北京，跳出北京管理北京，站在更高的视野和层面来认识理解和把握首都的建设与管理。其次，首都的建设与管理必须坚持全面深化改革的方向。新中国成立70多年来，北京的建设和管理积累了不少经验，也有一些深刻的教训。新时代新起点，首都的建设与管理必须用改革的思维，不断地审视和思考这些年来首都建设与管理的得与失、成与败，对不符合首都城市功能战略定位的地方痛下决心进行全面改革。进一步完善限制与禁止产业目录，实现减量发展，不断优化营商环境，编制产业鼓励发展目录，引导首都产业结构不断优化升级，打造高精尖产业群，实现首都经济高质量发展，从而支撑首都城市功能的发挥，使首都的建设与管理更加符合首都城市的战略定位。最后，首都建设与管理要坚持首善标准。《汉书》有言，“教化之行也，建首善自京师始”。教化全国要从国家的首都开始，首都的建设与管理应该成为全国城市建设和管理的典范。首都的建设与管理有自己的优势，要以创新的思维、扎实的举措、深入的作风，进一步做好首都的城市发展和管理工作，不断取得新的成绩，为全国其他城市的建设与管理提供学习借鉴的经验与标准。

（二）高质量建设首都打造精品力作

习近平总书记强调，要提升城市基础设施建设质量，打造首都建设的精品力作。这些重要论述实际上为后续《北京城市总体规划（2016年—2035年）》的编制工作提出明确的要求，指明了首都规划建设的基本方向。在这一重要论述中，习近平总书记对首都城市建设提出了三方面的要求：首先，对首都城市规划建设质量提出了新的更高要求。近年来，首都城市基础设施建设标准不断提升，城市建设总体水平不断进步，但首都城市基础设施的建设水平还不高，城市功能体系之间的相互衔接还存在不足，不太适应未来需求，这是首都城市建设的一个“短板”，还需要适度超前的提升。首都城市建设质量特别是基础设施建设质量需要进一步提升,要形成“适度超前、相互衔接、满足未来需求”的功能体系。其次,首都城市建设空间布局要合理,要遏制“摊大饼”式发展。在首都城市规划中,曾先后两次形成了两道绿化隔离带、多个城市功能组团的思想和规划,但在规划的实际执行中常常被动突破,城市建设屡屡突破原有的规划红线,规划的权威性屡屡遇到挑战,导致首都城市建设形成了事实上的“摊大饼”现象,城市“体量”越来越大、“大城市病”越来越严重,影响了城市市民的工作和生活质量。习近平总书记对这种“摊大饼”式的城市扩张方式是不太满意的,希望北京能够通过疏解非首都功能,加强城市精细化服务管理,打造“一核两翼”的城市空间布局予以优化,推进新的城市规划建设加以整改,尊重规划的权威性和严肃性。最后,首都城市建设要有创造历史、追求艺术的高度负责精神,打造首都建设的精品力作。新中国成立 70 多年来,首都北京曾先后四次评选“十大建筑”,其中既有宝贵经验也有很多深刻的教训。1959 年北京市评选出人民大会堂、中国国家博物馆(原中国历史博物馆与中国革命博物馆)、中国人民革命军事博物馆、民族文化宫等“十大建筑”,这是在相对封闭条件下中国建筑师的独立创作探索。改革开放后,又开始了三次“十大建筑”的评选。1988 年,北京市评选出国家图书馆、中国国际展览中心、中央彩色电视中心、首都国际机场 2 号航站楼等“十大建筑”,虽然在建造技术方面有较大进步,在设计手法上也有探索,但整体风貌上却出现了一些问题,皇城的传统文化氛围受到一定的冲击,“四不像”建筑越来越多,北京的城市特色受到较大的影响。2001 年,北京市又评选出中央广播电视塔、国家奥林匹克体育中心与亚运村、北京新世界中心等“十大建筑”,其中不少建筑试图融合现代建筑技术与传统建筑符号,作出了一定的探索。2009 年,北京市又进行了第四次“十大建筑”评选,首都机场 3 号航站楼、国家体育场、国家游泳中心、北京南站、国家大剧院等入选,北京城几乎成为“世界建筑博物馆”,北京国际大都市的形象更加鲜明。进入新时代,北京应该有新的城市建设的精品力作,大兴国际机场、北京行政副中心、怀柔雁栖湖国际会都等体现了崭新的城市规划设计理念的一批新型建筑拔地而起,成为北京城市建设的新地标,也是广大市民纷纷观赏打卡的“网红”地。

（三）提高建设和管理好首都的主动性

只有切实把首都的建设与管理摆到国家治理体系和治理能力现代化的高度来审视和反思,时时处处与国家治理体系与治理能力现代化的高标准“对标对表”,才能用前瞻性全球性的视野,更加审慎严谨的态度、科学求真的精神、务实踏实的作风,查找首都建设与管理的差距和不足,从规划设计、法律制度、政策体系、组织体系、城市管理、社会参与、社会监督、技术支撑等各方面全面提升首都建设与管理的水平,综合运用好自治、法治、德治、智治、共治等多种手段,优化配置各类服务管理资源,提升首都建设与管理的效率,把首都的建设和管理工作做细做实做精,锻造首都建设与管理标准,努力实现首都建设与管理的现代化。

（四）明确首都的城市战略定位

做好首都的建设与管理,摆在重要位置的是明确首都的城市战略定位。只有明确了首都的城市战略定位,才能开展好首都的建设和管理工作。如果首都的城市战略定位不明确或定位混乱,就会导致首都建设与管理思路进而导致政策体系和实施体系的混乱。习近平总书记在一系列重要论述中深刻阐明了首都建设发展的重大战略问题。

首都的城市战略定位是关系北京城市建设管理的重要问题,习近平总书记明确了北京的城市战略定位。2014 年 2 月,习近平总书记在北京市考察工作结束时的讲话中强调首都“四个中心”的核心功能,指出要努力把北京建设成为国际一流的和谐宜居之都。在这一重要论述中,习近平总书记全面论述了首都的城市战略定位,明确了首都的发展战略和首都建设的目标。习近平总书记首先开宗明义地亮明了自己的观点,要“明确城市战略定位”,把城市战略定位摆在城市建设发展的首要位置加以论述,突出了城市战略定位在城市建设发展中的关键位置和引领作用。其次,习近平总书记对首都的城市战略定位明确了自己的观点,强调首都“四个中心”的城市战略定位。“四个中心”的城市战略定位在习近平总书记的论述中进一步得到明确,为北京的城市规划建设与管理指出了明确的方向，为北京后续的非首都功能疏解等工作埋下了重要的伏笔。再次，习近平总书记提出了落实城市战略定位的路径是深入实施三大战略，即人文北京、科技北京和绿色北京战略。这三大战略是北京市申奥成功后提出且在实践中收到了良好效果的宝贵发展经验。习近平总书记充分肯定并继承了这三大战略的发展理念。其中“人文北京”与“文化中心”的定位存在一定的对应关系，“科技北京”与“科技创新中心”的定位也是对应的，“绿色北京”与生态文明建设的思想也是十分吻合的，加上北京作为国家首都的地位，习近平总书记提出了“都”与“城”的关系问题。最后，习近平总书记提出了首都城市建设的目标是“努力把北京建设成为国际一流的和谐宜居之都”。这就要求我们必须建设和管理好首都，治理好首都所面临的大气污染和交通拥堵等“大城市病”，打造小尺度街区，留白增绿，让市民的生活更便利、更安全、更宜居。

（五）推动首都城市战略定位的落实

城市战略定位要得到有效的落实，必须有一些重要的机遇和载体。习近平总书记十分重视首都城市战略定位的落实问题，他主张通过承办重大赛事来落实首都城市战略定位，发挥北京对京津冀区域发展的辐射带动作用。2016 年 3 月，习近平总书记在专门听取北京冬奥会、冬残奥会筹办工作情况汇报后指出：“要发挥北京冬奥会、冬残奥会对城市发展的促进作用，落实首都城市战略定位，进一步发挥好北京对京津冀区域发展的辐射带动作用。”①在落实首都城市战略定位的过程中，北京要“进一步发挥好对京津冀区域发展的辐射带动作用”，着眼于未来国际竞争力的培育，打造世界级的京津冀城市群，为未来的区域经济社会发展探索前行的路径。这表明，北京作为世界上第一个“双奥”之城，不仅自身要通过举办北京冬奥会、冬残奥会推动首都城市战略定位的落实，更要带动周边特别是张家口市等地区的共同发展，推动京津冀区域交通设施的建设与完善，形成完善的京津冀交通网络，为京津冀区域的协调健康发展创造

① 《绿色办奥共享办奥开放办奥廉洁办奥　办成一届精彩非凡卓越的奥运盛会》，《人民日报》2016 年 3 月 19 日。

必要的基础条件。

（六）把握好落实首都城市战略定位的具体要求

习近平总书记对首都城市战略定位的高度关注，还体现在对《北京城市总体规划（2016年—2035年）》的指导和中共中央、国务院对北京城市总体规划的批复中，着眼点是落实城市战略定位的关键环节。2017年9月13日，中共中央、国务院关于对《北京城市总体规划（2016年—2035年）》的批复明确要求，“要在《总体规划》的指导下……做到服务保障能力与城市战略定位相适应，人口资源环境与城市战略定位相协调，城市布局与城市战略定位相一致，建设伟大社会主义祖国的首都、迈向中华民族伟大复兴的大国首都、国际一流的和谐宜居之都”①。这就要根据首都城市战略定位的要求，提高首都的服务保障能力，推动人口资源环境与首都城市战略定位的协调，推动城市布局与首都城市战略定位的一致，目标是建设“三都”，即伟大社会主义祖国的首都、迈向中华民族伟大复兴的大国首都和国际一流的和谐宜居之都。这表明，提高首都服务“四个中心”的保障能力是北京各级党委、政府的一项重要政治任务，推动人口资源环境与城市战略定位相协调是首都工作的一个重要着力点，“三都”是首都建设发展的重要目标，我们要善于将三个要求有机地结合起来，推动首都城市战略定位的落实，建设国际一流的和谐宜居之都。

二、以疏解非首都核心功能推进首都区域人口均衡分布

明确了首都的城市战略定位，就是把北京的首都功能与非首都功能进行一定的区分，不断强化优化北京的首都功能，淡化疏解北京的非首都功能，把北京的非首都功能从北京的中心城区疏解出去，实现北京城市功能、人口和体量的“减法”，推进首都区域人口的均衡分布，这是习近平总书记在对首都城市战略定位思考的基础上提出的北京“大城市病”治理方略，为首都的建设发展拨开迷雾、指明方向。

① 《中共中央　国务院关于对〈北京城市总体规划（2016年—2035年）〉的批复》，《北京城市总体规划（2016年—2035年）》2017年9月。

（一）调整疏解北京非首都功能要做到"三明确"

如何落实北京城市功能的战略定位呢？习近平总书记提出的第一个举措是疏解北京非首都功能。2014 年 2 月，习近平总书记在北京市考察工作结束时的讲话强调要通过优化三次产业结构，优化工业项目选择，有效控制人口规模，增强区域人口均衡分布，促进区域均衡发展来疏解非首都功能。在这一重要论述中，习近平总书记讨论了关于首都建设发展的几个重要问题，提出了关于首都如何发展的重要指导思想。第一，北京要调整疏解非首都功能，将非首都功能从中心城区疏解出去，这是北京落实城市战略定位的首要任务。第二，北京要优化三次产业结构，优化产业特别是工业项目选择，突出高端化、服务化、集聚化、融合化、低碳化。当前，北京第三产业产值占比已经很高，第一产业产值占比极低，第二产业占有一定的比重，下一步的重要任务是优化第二和第三产业的内部结构，重点发展高精尖产业，即向着"高端化、服务化、集聚化、融合化、低碳化"方向努力，引领传统产业的升级。第三，北京要有效控制人口规模。北京城市常住人口已经超过 2100 万，是一个超大型城市，无论是从资源环境的承载力还是从北京"大城市病"的角度来看，都不允许北京城市的常住人口无限制地增加下去。第四，北京要增强区域人口均衡分布，促进区域均衡发展。当前，北京市的常住人口主要集中在东城、西城、朝阳、海淀、丰台等中心城区，城市功能发展新区和生态涵养区人口相对较少。据统计，2015 年北京市常住人口为 2170 万人，其中城六区常住人口为 1282.8 万人，占全市常住人口总量的 59.1%。要通过城市功能的布局优化，规划建设城市副中心和雄安新区，重点发展中关村科技城、未来科技城、怀柔科学城和北京经济技术开发区等"三城一区"，逐步引导中心城区的常住人口向城市功能发展新区迁移，城市功能向城市副中心和雄安新区转移，实现北京人口区域分布的平衡，推动区域的均衡发展。从 2017 年开始，北京市常住人口实现从 1997 年以来的首次负增长，共减少 2.2 万人。其中 2016—2017 年城六区常住人口累计减少 74 万人，城六区常住人口占全市常住人口总量的 55.7%；2017 年年底，郊区十区常住人口达 961.9 万人，占全市常住人口总量的 44.3%，人口的均衡分布态势较为明显。

如何认识和理解疏解北京非首都功能的重要性,如何有效地疏解北京非首都功能,提升推进疏解非首都功能的自觉性和积极性,这是习近平总书记始终关注的重要问题。2015 年 2 月,习近平总书记在中央财经领导小组第九次会议上的讲话从目标、思路、方法“三个明确”提出了疏解北京非首都功能,推进京津冀协同发展的具体措施。在这一重要论述中,习近平总书记首先指出了疏解北京非首都功能,推进京津冀协同发展是一个巨大的系统工程,这就破除了那种认为疏解北京非首都功能,推进京津冀协同发展是“临时之计”“一时之策”等错误认识,坚定了疏解北京非首都功能和推进京津冀协同发展的信心。其次,习近平总书记从“三个明确”的角度指出了疏解北京非首都功能的重要性:一是目标要明确。走出“一条新路子”,探索“一种开发模式”是疏解北京非首都功能的重要目标。二是思路要明确。改革是疏解北京非首都功能的总思路。三是方法要明确。着眼长远、积极稳妥、坚持不懈是疏解北京非首都功能的三个重要方法。通过目标、思路和方法的明确,提升疏解北京非首都功能的自觉性和主动性。

(二)以城市资源环境承载力为硬约束,借鉴推广疏解北京非首都功能经验

疏解北京非首都功能,优化北京城市空间布局,需要有科学理论的支撑,这就是北京市的资源环境承载力。2017 年 2 月,习近平总书记在北京城市规划建设和北京冬奥会筹办工作座谈会上的讲话中强调要根据人口总量上限和资源环境承载力来划定生态红线和城市开发边界。这表明,习近平总书记提出疏解北京非首都功能,建设北京城市副中心,是为了破解北京市所面临的资源环境人口矛盾,当资源环境承载力有限时,北京就不能无限制地发展下去,必须对城市人口总量进行严格的限制,必须对生态红线和城市开发边界进行严格的划定,以此来缓解北京所面临的资源环境人口矛盾,使北京的人口规模总量适应北京的资源环境承载力。可以预见,随着北京资源环境承载力的改善及人口规模的控制,北京面临的资源环境人口矛盾将大大缓解,这为北京城市未来的可持续发展留下

了广阔的空间,这是利于子孙万代的重要举措,充分体现了习近平总书记对北京未来城市发展的关心重视和远见卓识。

疏解北京非首都功能,推进京津冀协同发展,是适应中国城市化发展新阶段要求、推进中国城市健康发展的重要探索,习近平总书记十分重视这一探索在全国的借鉴与启示意义。2015 年 12 月,习近平总书记在中央城市工作会议上的讲话中指出:"各城市群要借鉴京津冀协同发展的有效做法,打破在自家一亩三分地上转圈圈的思维定式,结合城市定位和功能,有序疏解特大城市非核心功能。"①当前,中国城市化进程已经进入中期往后期过渡的转折阶段,新型城镇化发展的一个重要变化就是以京津冀、珠三角、长三角等为代表的一批城市群的出现和发展。习近平总书记不仅关心北京城市的健康发展和京津冀协同发展,而且关心全国各地城市群的健康发展,希望各城市群能够在借鉴京津冀协同发展有效做法的基础上,突破和跳出传统行政区域的界限,在城市群各城市之间进行城市功能的优化布局,一方面,让一些特大城市"减负提质",实现高质量的发展;另一方面,通过特大城市非核心功能的疏解,带动和辐射周边中小城市增强产业和城市功能,提升城市发展质量和水平。这说明,疏解北京非首都功能、推进京津冀协同发展既是解决北京"大城市病",推进北京及周边城市可持续协调发展的重要探索,也是推进中国新型城镇化建设的重要实践。

(三)以城市规划促非首都功能疏解

建设北京城市副中心是疏解北京非首都功能的重要一招,是优化北京城市空间结构布局的重要举措,与之后规划建设的雄安新区构成了北京城市空间的重要"两翼"。党中央对北京工作十分重视,2016 年 5 月,习近平总书记主持召开中共中央政治局会议,研究部署规划建设北京城市副中心和进一步推动京津冀协同发展有关工作。会议指出,"建设北京城市副中心,不仅是调整北京空间格局、治理大城市病、拓展发展新空

① 中共中央文献研究室编:《习近平关于社会主义经济建设论述摘编》,中央文献出版社 2017 年版,第 196 页。

间的需要，也是推动京津冀协同发展、探索人口经济密集地区优化开发模式的需要”①。这一重要论述不仅明确了北京城市副中心的建设思路，更是指明了北京城市副中心建设的重要价值。必须把建设北京城市副中心建设放在京津冀协同发展、探索人口经济密集地区优化开发模式的高度来认识，放在优化北京城市空间布局、治理“大城市病”、拓展发展空间的高度来认识。建设北京城市副中心是北京城市建设发展史上的一件大事，是推动北京城市持续健康发展的需要，是破解城市发展困境的战略之举。

习近平总书记十分重视城市规划对城市发展特别是疏解北京非首都功能的重要引导作用，通过城市总体规划的编制，可以最大限度地凝聚共识，形成未来共同行动的基础。2017 年 6 月，习近平总书记主持中央政治局常委会会议，专题听取北京城市总体规划编制工作的汇报，并发表重要讲话。强调指出，城市副中心和雄安新区建设是疏解非首都功能的重要环节。主持召开中央政治局常委会会议，专题听取北京城市总体规划编制工作的汇报，充分体现了以习近平同志为核心的党中央对北京城市规划和功能疏解工作的高度重视。听取汇报后习近平总书记发表的重要讲话精神，再次强调了北京非首都功能和人口的疏解问题。在这个重要讲话中，习近平总书记重点强调了以下几点：一是疏解的目的是为北京减重、减负，北京要做好疏解的宣传引导工作，尽力减少社会的误解；二是城市副中心和雄安新区都是疏解非首都功能的重要环节，要做好城市副中心和雄安新区的建设，通过高水平地建设城市副中心和雄安新区，带动中心城区功能和人口的疏解；三是要高水平建设城市副中心，通过城市副中心的建设带动周边区域特别是北三县的发展提升；四是必须支持雄安新区建设，要把雄安新区建设当成北京的分内事，从政策、资金、产业、人才、公共服务、基础设施等各方面全面支持雄安新区的建设，把雄安新区作为北京非首都功能的重要承接地，通过雄安新区的建设发展，带动和推进京

① 《研究部署规划建设北京城市副中心和进一步推动京津冀协同发展有关工作》，《人民日报》2016 年 5 月 28 日。

津冀协同发展。

三、健全城市管理体制推进城市管理现代化

习近平总书记对北京城市管理工作极为重视，先后多次就北京城市管理工作发表重要讲话，对北京城市管理工作进行了多方面的论述，为北京城市管理工作的改革创新提供了重要的指导。建设和管理好北京，是首都建设管理工作的重要内容。不仅要高水平规划建设好北京，更要高水平管理好北京，这是由北京的城市地位所决定的。首都的特殊政治地位、“四个中心”的城市功能定位、超过 2100 万的常住人口、超复杂的城市运行巨型系统……都要求我们不断地健全城市管理体制，推进北京城市管理现代化。

（一）通过突出问题的治理推动城市管理水平的提升

对北京城市管理的一些突出问题，习近平总书记不仅持续关注，而且提出了破解之策。2017 年 2 月，习近平总书记在北京城市规划建设和北京冬奥会筹办工作座谈会上的讲话中指出，要通过系统分析、综合施策，逐步处理好大气污染、交通拥堵等突出问题。到 2017 年上半年，北京市的大气污染、交通拥堵等问题还比较突出，所以习近平总书记又一次提出了这些突出问题，强调要通过系统分析、综合施策进行治理。北京的大气污染和交通拥堵等问题的成因比较复杂，社会上有很多争论，其中不少涉及行业、地区的利益之争，治理难度比较大，在一段时间里存在着“头痛医头，脚痛医脚”的问题，导致大气污染和交通拥堵的治理进展不大。习近平总书记的重要论述，拨开了这些问题的表象，强调要通过系统分析深入问题的内部和深处，针对问题的成因进行综合施策，避免了“只见树木，不见森林”“盲人摸象”的片面论错误，坚持了“系统论”和“重点论”的统一。

（二）推动首都城市管理现代化

城市管理水平的高低决定着城市功能战略定位能否真正落实。习近平总书记不仅关心北京城市管理的具体问题，而且提出了关系北京城市管理的重大课题。2014 年 2 月，习近平总书记在北京市考察工作结

束时的讲话中强调,要以城市管理目标、方法、模式现代化为方向,健全城市管理体制,加强市政设施运行,交通、环境、应急等领域管理提高城市管理水平。要聚焦重点领域,严格指标考核,加强环境执法监管,认真进行责任追究,严格压减燃煤、严格控车、调整产业、强化管理、联防联控、依法管理、切实控制 PM2.5,做好大气污染治理工作。在这次考察中,习近平总书记开宗明义地对北京市提出了健全城市管理体制、提高城市管理水平的要求,重点强调要加强市政设施运行管理、交通管理、环境管理、应急管理、大气污染治理等领域的管理和治理,提出了推进城市管理现代化的目标要求。在大气法治治理领域,习近平总书记还对压减燃煤、严格控车、调整产业、强化管理、联防联控、依法治理、环境执法等提出了具体的要求,要求采取重大举措,聚焦重点领域,严格指标考核,认真进行责任追究,为北京的大气污染治理工作指明了方向。

(三)构建超大城市精细治理体系

城市的规划与管理是提升城市发展水平的重要两翼,既要做好城市的总体规划建设,更要提升城市的管理水平。习近平总书记着眼于中国超大城市治理这一重大课题,提出了自己的看法和观点。2017 年 6 月 27 日,习近平总书记主持中央政治局常委会会议,专题听取北京城市总体规划编制工作的汇报,并发表重要讲话,强调要通过精治、共治、法治,构建超大城市治理体系,提高城市精细化管理水平。习近平总书记在这段重要论述中,提出了几个指导北京城市管理的重要观点。一是北京要构建超大城市治理体系,提高城市精细化管理水平。一段时间以来,北京城市需要什么样的管理,思路并不是那么清晰,思想也并不是那么统一,因为思路的模糊和思想的不统一,导致多年来北京城市管理工作存在着较为明显的不均衡现象,城市管理水平在各区、各地区参差不齐。提高城市精细化管理水平,构建超大城市治理体系就是今后北京城市管理的奋斗目标。二是提出了北京城市治理的三种方式,即精治、共治和法治。习近平总书记指出了实现北京城市管理目标的路径,要善于将城市管理的触角向城市的各个角落延伸、各街巷胡同延伸,不仅要管理好北京的各交通干道,也要管理好城市的各个角落、各个街巷胡同。要善于组织动员社会单位和广大市民共同参与城市的管理，要善于利用立法、执法、司法、法制宣传等各种方式健全城市管理的法规，认真执行城市管理的法规，依法加大对违法建设、开墙打洞等各种城市乱象的治理力度，按照城市规划恢复城市的本来面貌，维护好城市正常的运行秩序。

（四）通过综合治理创新城市治理方式

建设和管理好首都是以习近平同志为核心的党中央对首都北京的殷切期望。2017 年 9 月 13 日，中共中央、国务院关于对《北京城市总体规划（2016 年—2035 年）》的批复明确要求，“坚持公共交通优先战略，提升城市公共交通供给能力和服务水平，加强交通需求管理，鼓励绿色出行，标本兼治缓解交通拥堵，促进交通与城市协调发展。加强需求端管控，加大住宅供地力度，完善购租并举的住房体系，建立促进房地产市场平稳健康发展的长效机制，努力实现人民群众住有所居。严格控制污染物排放总量，着力攻坚大气、水、土壤污染防治，全面改善环境质量。……健全城市管理体制。创新城市治理方式，加强精细化管理，在精治、共治、法治上下功夫。既管好主干道、大街区，又治理好每个社区、每条小街小巷小胡同。动员社会力量参与城市治理，注重运用法规、制度、标准管理城市。创新体制机制，推动城市管理向城市治理转变，构建权责明晰、服务为先、管理优化、执法规范、安全有序的城市管理体制，推进城市治理体系和治理能力现代化”①。这一重要批复对《北京城市总体规划（2016 年—2035 年）》的全面实施和重点工作提出了很多具体要求。就北京的城市建设和管理而言，第一，为了缓解交通拥堵问题，批复明确肯定了坚持公共交通优先战略，提高城市公共交通供给能力和服务水平，鼓励绿色出行，强化交通需求管理，推动交通与城市协调发展。交通是城市的重要命脉，畅通交通是未来北京城市发展的重要支撑。第二，为了解决市民住房难问题，强调加强住房的需求端控制，加大住宅供地力度，完善购租并举的住房体系，更好地满足广大市民的住房需求，为广大市民提供安全、舒适的

① 《中共中央　国务院关于对〈北京城市总体规划（2016 年—2035 年）〉的批复》，《北京城市总体规划（2016 年—2035 年）》2017 年 9 月。

住房条件,促进房产地市场平稳健康发展。第三,高度重视北京的大气、水和土壤污染防治,强调要严格控制污染物排放总量,全面改善环境质量,努力实现城市宜居的目标。第四,强调要健全城市管理体制,创新城市治理方式,加强城市精细化管理,再次强调精治、共治和法治的治理方式,推动北京城市管理水平的提升。第五,指出了北京城市管理的工作目标,明确要构建一套权责明确、服务为先、管理优化、执法规范、安全有序的现代城市管理体制,推进城市治理体系和治理能力现代化,这是推进北京城市管理体制改革创新的重要目标。

四、保证全体人民在共建共享中有更多的获得感,确保首都城市安全

建设和管理好北京的目的是为了人民,习近平总书记多次强调人民城市为人民,建好城市为人民,人民城市人民建,人民城市人民管,充分强调了人民在北京城市建设管理中的主体地位,强调要通过各项政策措施保证全体人民在共建共享中有更多的获得感和安全感。

(一)坚持人民城市为人民的思想

把以人民为中心的发展思想贯彻落实到城市建设与管理领域,是习近平总书记坚持为人民服务思想的一次创新。2016 年 5 月,习近平总书记主持召开中共中央政治局会议,研究部署规划建设北京城市副中心和进一步推动京津冀协同发展有关工作。会议指出:“要坚持以人民为中心的发展思想,坚持人民城市为人民,从广大市民需要出发。”①在这次会议中,以习近平同志为核心的党中央再次强调要坚持以人民为中心的发展思想,并将这一重要思想运用到城市建设管理领域,强调要坚持人民城市为人民,要从广大市民需要出发,坚持历史唯物主义的人民主体观点,将人民放到重要的位置,突出中国特色社会主义的本质特征。北京作为国家的首都和首善之区,应该在人民城市为人民、保障市民合法权益、

---

① 《研究部署规划建设北京城市副中心和进一步推动京津冀协同发展有关工作》,《人民日报》2016 年 5 月 28 日。

提供优质的公共服务、推动社会公平等方面作出表率，作出更多更好的成绩，成为全国大中小城市的学习典范。

（二）通过教育公平推动社会公平

人民城市为人民的思想体现在教育领域就是要认真落实教育公平的思想，优先发展教育，让教育发展的成果更多更公平地惠及全体人民。习近平总书记时刻不忘社会公平，并把教育公平看作实现社会公平的重要基础，要推动教育事业不断向前发展。2016 年 9 月，习近平总书记在北京视察工作时指出："教育公平是社会公平的重要基础，要不断促进教育发展成果更多更公平惠及全体人民，以教育公平促进社会公平正义。……各级党委和政府要坚持把教育放在优先发展的战略位置，强化责任意识，及时研究解决教育改革发展的重大问题和群众关心的热点问题。"①教育是提升全体人民文化素质和综合素质的重要渠道，要不断增加对教育事业的投入，不断提升教育质量和水平，让人民群众公平地接受到更好更高质量的文化教育，不断地实现人的全面发展。

（三）在重大工程建设中贯彻公平原则

大兴国际机场的建设是新时代北京城市建设的重大工程，习近平总书记十分关心新机场建设及其带来的村民搬迁安置问题。他指出："新机场建设涉及 10 多个村的群众搬迁安置，这是一项重要民生工程，要在标准和质量上把好关。要贯彻公开、公正、公平的原则，保障被安置群众利益，使搬迁安置的每个环节都让群众放心。"②习近平总书记关心的不仅是大兴国际机场的规划建设，而且是关系人民切身利益的搬迁安置等具体问题。搬迁安置对大兴国际机场建设来说只是其中的一个具体问题，但对于涉及的 10 多个村的群众来说，却是切身的利益保障问题。习近平总书记的这一表态，给各级党委、政府表明了党中央的态度，这是重要的民生工程，要从标准和质量等方面把群众的安置房建设好，坚持公

① 《全面贯彻落实党的教育方针　努力把我国基础教育越办越好》，《人民日报》2016 年 9 月 10 日。

② 《立足提高治理能力抓好城市规划建设 着眼精彩非凡卓越筹办好北京冬奥会》，《人民日报》2017 年 2 月 25 日。

开、公正、公平的原则,把群众的安置房分配好,保障好被安置群众的利益,使搬迁安置的各个环节都让群众放心,群众都得到合情合理合法的安置。

(四)补齐城市短板增强人民群众获得感

习近平总书记将人民放在治国理政第一位置,他强调,做好一切工作的出发点是人民,落脚点依然是人民。他强调:要坚持人民城市为人民,健全制度、完善政策,解决好人口过多、交通拥堵、房价高涨、大气污染等问题,不断提高民生保障和公共服务供给水平,切实增强人民群众获得感。习近平总书记第二次考察北京工作时反复强调的一个重要观点,就是人民的观点。他强调,要坚持"人民城市为人民",要以"北京市民最关心的问题为导向",要"不断提高民生保障和公共服务供给水平",要增强"人民获得感"。无论是解决北京城市面临的突出问题,还是提高民生保障和公共服务供给水平,获益的应该是人民,保障的应该是人民,服务的应该是人民,满意的还应该是人民。习近平总书记指出:"要坚持人口与建设规模双控,补充完善群众生活必需的公共服务设施,增强群众的获得感。"[①]在这一重要讲话中,习近平总书记再次强调了坚持人口与建设规模双控的原则,特别指出要"补充完善群众生活必需的公共服务设施,增强群众的获得感"。"补齐城市短板"工作是今后北京城市建设更新的一项重要任务。

因此,中共中央、国务院关于对《北京城市总体规划(2016 年—2035 年)》的批复明确要求:"推进教育、文化、体育、医疗、养老等公共服务均衡布局,提高生活性服务业品质,实现城乡'一刻钟社区服务圈'全覆盖。……着力治理'大城市病',增强人民群众获得感。"[②]这意味着,一是推进教育、文化、体育、医疗、养老等公共服务均衡布局,提高生活性服务业品质,实现城乡"一刻钟社区服务圈"全覆盖是未来北京 15 年内的一

① 《市委常委会召开扩大会议　传达学习贯彻习近平总书记对北京城市总体规划重要讲话精神》,《北京日报》2017 年 7 月 3 日。

② 《中共中央　国务院关于对〈北京城市总体规划(2016 年—2035 年)〉的批复》,《北京城市总体规划(2016 年—2035 年)》2017 年 9 月。

项重要任务；二是继续治理“大城市病”，增强人民群众获得感是北京城市建设与管理的重要任务和目标。城市为人民生活服务，让城市更宜居，是城市建设永恒的主题。

（五）维护首都安全稳定是首都最重要的工作

新时代首都应该树立什么样的安全观，如何做到既重视发展问题又重视安全问题，既重视外部安全又重视内部安全，这是首都社会建设必须回答的问题。

习近平总书记指出，“首都的安全稳定在全国社会稳定大局中具有特殊重要意义”，“首都稳则全国稳”。[①] 因此，维护好首都城市的安全稳定是首都各项工作的重中之重，必须自觉把首都安全稳定工作置于首都经济社会发展大局来谋划和推动。

习近平总书记时刻把人民的生命财产安全放在十分重要的位置，他强调，北京要加快形成安全、便捷、高效、绿色、经济的综合交通体系，切实解决好海量人口出行这一大难题。习近平总书记强调，地铁轨道交通的安全保障制度一定要严密，安全检查措施一定要严格，安全运行工作一定要严谨。“三个一定严”将习近平总书记对人民出行安全的关心和关注充分地体现出来。他强调，“安全生产必须落实到工程建设各环节各方面，防止各种安全隐患，确保安全施工，做到安全第一”[②]。北京的城市建设正在加快推进，城市更新和城市运行工作十分复杂，习近平总书记十分关心北京的安全生产问题，明确要求将安全放在第一位。

2017 年 6 月 27 日，习近平总书记主持中央政治局常委会会议，专题听取北京城市总体规划编制工作的汇报，并发表重要讲话。强调，北京作为政治中心必须做好中央政务功能服务和安全保障工作。这也是北京作为国家首都与其他城市不一样的地方。这一要求也体现在两个月之后即 2017 年 9 月 13 日中共中央、国务院关于对《北京城市总体规划（2016

① 张磊：《习近平公安工作论述的思想要义》，《人民论坛》2016 年第 7 期；王小洪：《不断提升维护首都安全稳定工作水平》，《学习时报》2017 年 10 月 2 日。

② 《立足提高治理能力抓好城市规划建设 着眼精彩非凡卓越筹办好北京冬奥会》，《人民日报》2017 年 2 月 25 日。

年—2035年）》的批复中，要求："坚持把政治中心安全保障放在突出位置……治理安全隐患，确保中央政务环境安全优良。……加强首都安全保障。……高度重视城市公共安全，建立健全包括消防、防洪、防涝、防震等超大城市综合防灾体系，加强城市安全风险防控，增强抵御自然灾害、处置突发事件、危机管理能力，提高城市韧性，让人民群众生活得更安全、更放心。"①

总之，要将首都安全稳定各项工作放在重要位置，始终坚持首都意识、首善标准和"细致、精致、极致"作风，做到守土有责、守土负责、守土尽责，有效化解影响首都安全稳定的各种风险，统筹做好首都安全稳定各项工作，确保首都社会大局和谐稳定。

第三节　首都社会建设的生动实践

习近平总书记紧紧围绕"首都社会需要建设什么，如何更好地建设首都社会"等问题，提出了系列重要论断，为推进和加强首都社会建设工作提供了重要遵循。习近平总书记关于首都社会建设工作的重要论述，体现了中国共产党人社会建设思想的创新成果，是马克思主义社会建设思想的最新发展成果，具有十分重要的理论意义和实践意义。

一、突出了首都社会建设的重要地位，丰富了中国特色社会主义社会建设的思想体系

习近平总书记强调首都社会建设的重要性，明确主张将首都的建设和管理纳入国家治理体系和治理能力现代化建设中，突出了首都社会建设工作的重要地位。习近平总书记始终坚持以人民为中心的发展思想，强调把人民对美好生活的向往作为奋斗目标，强调首都规划务必坚持以人为本，从广大市民的需要出发。他强调，城市规划建设做得好不好，最

① 《中共中央　国务院关于对〈北京城市总体规划（2016年—2035年）〉的批复》，《北京城市总体规划（2016年—2035年）》2017年9月。

终要用人民群众满意度来衡量。要坚持问题导向和人民导向，聚焦人口过多、交通拥堵、房价高涨、大气污染等突出问题，因此，习近平总书记强调，要健全制度、完善政策，不断提高民生保障和公共服务供给水平，补充完善群众生活必需的公共服务设施，做好中央政务功能服务和安全保障，增强人民群众获得感。坚持以人民为中心，人民城市为人民，从人民群众的需求出发，组织动员人民群众，共同解决人民群众关心的问题，为人民群众提供公共服务，增强人民群众获得感，依靠人民群众，由人民群众进行评价，是首都社会建设工作必须始终遵循的重要思想。

二、主张从城市规划建设源头引领社会建设，提升了首都城市规划建设的格局

习近平总书记强调城市规划的重要性，突出城市规划在城市发展和治理中的重要引领作用，要求坚决维护规划的严肃性和权威性，以钉钉子精神抓好贯彻落实。要坚持和强化北京“四个中心”的功能定位，从源头上防范“大城市病”的产生，综合治理解决突出问题。按照人文、科技、绿色要求，深入实践“三大”战略，建设国际一流的和谐宜居之都。习近平总书记指出，要遵循城市发展规律，牢固树立并贯彻落实创新、协调、绿色、开放、共享的发展理念，坚持世界眼光、国际标准、中国特色、高点定位，要提升城市建设特别是基础设施建设质量，形成适度超前、相互衔接、满足未来需求的功能体系，以创造历史、追求艺术的高度负责精神，打造首都建设的精品力作。遵循城市发展规律，突出城市规划的引领作用，维护城市规划的严肃性和权威性，从源头上预防和减少城市问题的发生，是首都社会建设工作必须坚持的重要原则。

三、紧紧抓住首都社会建设工作的“短板”，有力地促进了制约首都社会建设难题的破解

习近平总书记高度重视首都城市治理问题，强调要健全城市管理体制，提高城市管理水平，尤其要加强市政设施运行管理、交通管理、环境管理、应急管理，推动城市管理目标、方法、模式现代化。习近平总书记强调

要系统分析、综合施策，解决好大气污染、交通拥堵等突出问题。他指出，要把解决交通拥堵问题放在首都城市发展的重要位置，加快形成安全、便捷、高效、绿色、经济的综合交通体系。同时，习近平总书记高度重视首都的环境治理工作，反复强调要把环境治理作为重大民生实事紧紧抓在手上，要加大大气污染治理力度，从压减燃煤、严格控车、调整产业、强化管理、联防联控、依法治理等方面采取重大举措，聚焦重点领域，严格指标考核，加强环境执法监管，认真进行责任追究。习近平总书记要求加强精细化管理，构建超大型城市有效治理体系，为治理“大城市病”探索出了一条新路。从城市治理中的交通拥堵、大气污染等短板抓起，积极动员各方力量，系统分析，综合施策，是首都社会建设工作的出发点。从北京面临的突出问题着手，加强对城市的精细化管理，构建超大型城市有效治理体系，是首都社会建设工作的目标。

小　　结

习近平总书记十分关注和重视首都的社会建设，紧紧围绕“首都社会需要建设什么，如何更好地建设首都社会”等问题，主张将首都的建设和管理摆在国家治理体系和治理能力现代化的高度来认识，提出要高质量建设首都，提高建设和管理好首都的主动性。提出要明确首都城市的战略定位，建设国际一流的和谐宜居之都，认真推动首都城市战略定位的落实，把握好首都城市战略定位的要求。提出要疏解非首都核心功能，推进首都区域人口均衡分布，编制城市总体规划，大手笔建设北京城市副中心。提出要健全城市管理体制，推进城市管理现代化，构建超大城市精细治理体系，不断创新城市治理方式。要保证全体人民在共建共享中有更多的获得感，确保首都城市安全。习近平总书记关于首都社会建设工作的重要论述，体现了中国共产党人社会建设思想的创新成果，是马克思主义社会建设思想的最新发展成果。

第七章　推进新时代首都生态文明建设

习近平总书记十分关心首都北京的生态文明建设，多次作出重要指示，为解决首都北京超大城市环境污染问题、推进首都高质量发展指明了方向，提供了根本遵循。习近平总书记关于首都生态文明建设的重要论述是习近平生态文明思想的重要组成部分。首都北京以习近平生态文明思想为指导，切实担负起首都生态文明建设的政治责任，树立绿水青山就是金山银山的发展理念，加大非首都功能疏解力度，加快淘汰低端高能耗产业，积极发展绿色低碳产业，实施"留白增绿"扩大绿色生态空间。深入学习贯彻和研究阐释习近平总书记关于首都生态文明建设重要论述，有利于进一步推动习近平生态文明思想在京华大地落地生根，谱写新时代美丽首都建设与高质量发展的新篇章。

第一节　首都生态文明建设的时代背景

习近平总书记在党的十九大报告中指出，中国特色社会主义进入了新时代。新时代会催生新的理论，新理论也会引领新实践。面对资源约束趋紧、环境污染严重、生态系统退化的严峻形势，必须把生态文明建设放在突出地位。在首都社会主要矛盾发生深刻变化、首都城市建设发生深刻转型、首都人民对美好生活的期待日益强烈等重要背景下，习近平总书记多次视察北京，对首都生态文明建设作出许多重要论述。

一、我国社会主要矛盾发生深刻变化

党的十八大以来，以习近平同志为核心的党中央本着对人民负责的

态度，直视生态保护和环境治理的问题，更是把生态环境的建设上升为国家战略地位。党的十九大报告明确指出，我国社会主要矛盾已经转化为人民日益增长的美好生活需要和不平衡不充分的发展之间的矛盾。生态文明是中国特色社会主义建设全局中的突出短板，习近平总书记指出，我们在生态环境方面欠账太多了，如果不从现在就把这项工作紧紧抓起来，将来会付出更大的代价。进入新时代，生态文明建设正处于压力叠加、负重前行的关键期，已进入提供更多优质生态产品以满足人民日益增长的优美生态环境需要的攻坚期，也到了有条件有能力解决生态环境突出问题的窗口期。①

习近平总书记将生态文明建设提升到与经济、社会、政治、文化等同等重要的战略高度，提出了“五位一体”的全面发展思路。全面发展是新时代中国特色社会主义的重要特征，社会的发展进步不仅包括经济的发展，也包括民主法治的健全、文化艺术的繁荣、社会的和谐稳定、生态环境的优美等多个方面。2019 年，习近平总书记参加十三届全国人大二次会议内蒙古代表团审议时指出，在“五位一体”总体布局中生态文明建设是其中一位，在新时代坚持和发展中国特色社会主义基本方略中坚持人与自然和谐共生是其中一条基本方略，在新发展理念中绿色是其中一大理念，在三大攻坚战中污染防治是其中一大攻坚战。习近平总书记概括的“四个一”再次强调了生态保护的极端重要性，向全党全国各族人民传递出建设生态文明的决心与信心。②

在首都北京，社会主要矛盾同样表现为首都人民日益增长的美好生活需要和首都不平衡不充分的发展之间的矛盾，这体现了“五位一体”的多维度、多层次、全方位的转变，不仅仅包括经济层面的转变，还包括社会、文化、生态、政治等多领域全面建设。习近平总书记指出，北京地位高、体量大、实力强、变化快、素质好，同时不断发展的北京又面临令人揪

① 《坚决打好污染防治攻坚战 推动生态文明建设迈上新台阶》，《人民日报》2018 年 5 月 20 日。

② 刘希刚、孙芬：《论习近平生态文明思想创新》，《江苏社会科学》2019 年第 3 期。

心的很多问题。① 治理北京城市生态环境问题，要从经济、社会、文化、生态等多方面进行“多策并举，多地联动，全社会共同行动”。2017 年 2 月 24 日，习近平总书记在北京城市规划建设和北京冬奥会筹办工作座谈会上强调，首都建设“要以资源环境承载力为硬约束”“划定生态红线和城市开发边界”“对大气污染等突出问题，要系统分析、综合施策”，这是对北京严峻的生态环境和资源保护形势的重要判断与论述。习近平总书记关于首都生态文明建设的重要论述正是在这样的时代起点上，在社会主要矛盾发生转化的背景下不断完善和发展的。

二、首都城市发展模式发生深刻转型

当前，北京城市发生深刻转型，表现为从聚集资源求增长到疏解功能谋发展、从城市发展转向首都发展、从减量发展转向创新发展、从城市管理转向城市治理、从单一城市发展转向区域协同发展。首都北京是一座超大、复合型城市，集政治、经济、文化、科技、国际交往等多种功能于一身，承担着多重性、多维度、多层次、多样化的复杂城市功能，其中包括行政事务、文艺传播、国际交流、科技创新、教育培训、总部经济等多重功能。对此，习近平总书记提出要调整疏解非首都核心功能，有效控制人口规模，增强区域人口均衡分布，促进区域均衡发展。北京集聚了过多的非首都功能，城市局部地区功能紊乱，中心城区、核心区人口过度膨胀、产业过度集聚、交通过度拥堵、环境污染严重、资源环境承载力严重不足等问题尤为突出。特别是大面积雾霾现象严重制约首都高质量发展。当前首都城市转型面临着一系列新矛盾和新问题，必须用发展的眼光和新的发展思维来看待和把握新形势、新挑战，适应首都发展新要求。

（一）从城市发展转向首都发展的新要求

首都发展首先要处理好“都”与“城”的关系。要将工作重点由城市

---

① 《习近平总书记在北京考察　就建设首善之区提五点要求》，《城市规划通讯》2017 年第 5 期。

发展转向首都与城市融合发展，必须贯彻和实施首都城市战略定位，加强“四个中心”功能建设，提升“四个服务”能力水平，这是首都城市发展的基本要求。“四个中心”功能是首都的核心功能和战略定位，符合北京城市发展的方向。明确首都城市战略定位和发展方向，强化首都“四个中心”功能，需要建设好政治中心为党中央和国家政府部门服务，强化文化中心建设促进北京文化产业和文化事业发展，加强国际交往中心为国际社会、经济、文化交往和交流提供保障，加强科技创新中心建设为经济发展注入新的活力。

（二）从粗放发展转向减量发展的新要求

首都城市发展面临从粗放型增长转向集约型增长和减量化发展的重大转型要求。要加快适应经济发展新常态，推动首都从单纯依赖资源聚集型的粗放增长模式转向高质量和高效率模式、从过分追求规模扩张和速度增长转向内涵式发展的减量集约模式。要调整产业结构，构建高精尖经济结构，实施创新驱动的城市发展战略，不断提升首都可持续发展能力。减量发展是新时代首都发展的重大理论和实践课题。要通过减量发展、腾笼换鸟、精细治理，推动高质量发展，优化提升首都功能。减量发展应以“四个中心”战略定位作为首都城市性质和功能的统领，以城市功能“量”的减法，换来发展势能“质”的提升，实现更高水平的发展。减量发展不是不发展，而是从存量中寻找发展突破口、主动转变发展方式的“再发展”，是以功能调整、规模控制、结构优化和质量提升为手段，谋求更加高效率、高质量的发展。减量发展是北京城市转型期的再平衡、再发展。

（三）从高碳发展转向高质量发展的新要求

习近平总书记对历史进行了深刻反思，明确了发展经济与保护环境是辩证统一的关系，指出要正确处理好经济发展同生态环境保护的关系，牢固树立保护生态环境就是保护生产力、改善生态环境就是发展生产力的理念。① 新时代的首都城市发展要改变传统的高污染、高能耗、高排放等高碳发展格局，要更加强调绿色、生态、低碳、宜居等发展理念和发展方

① 周觅、周发源：《论习近平生态文明思想的三大特征》，《文化软实力》2019 年第 2 期。

式。绿色发展应把发展绿色产业和绿色经济作为推动转型发展的重要举措，实现城市发展与环境保护、生态修复的有机融合。践行"绿水青山就是金山银山"的生态理念，抓好绿色发展，加大生态环境联合治理和协同保护力度，改善环境质量，将环境资源作为首都社会经济发展的内生变量，促进企业结构优化、提质增效，从而打造首都发展的绿色经济增长点，实现新时期首都发展过程和发展结果的"绿色化"和"生态化"。首都高质量发展应是创新驱动的发展，是更优产业结构和更高经济效益的发展。用创新发展、减量发展和绿色发展"三轮驱动"来共同推动首都的高质量发展。

（四）从大国首都转向强国首都的新要求

新时代，首都北京要全面建成更高水平的国际一流的和谐宜居之都，成为富强民主文明和谐美丽的社会主义现代化强国首都、更加具有全球影响力的大国首都、超大城市可持续发展的典范。从大国首都转向强国首都，需要努力提升首都自身城市发展的质量和水平，更需要努力形成优良政务和人居环境，更好地适应我国日益走近世界舞台中央的新形势，更好地展示迈向中华民族伟大复兴强国首都的绿色形象。

三、首都市民对美好生活提出更高期待

人民对美好生活的需要，不仅包括更高水平的物质文化生活需要，还包括在民主、法治、公平、正义、安全、环境等方面日益增长的需要。以生态环境质量提升为核心的生态文明建设成为我国社会主义现代化建设的重要战略任务①。人民群众对干净水质、绿色食品、清新空气等优美生态环境的需要，承载着人民群众对美好生活的更高期待，是解决当前社会主要矛盾、推进首都生态文明建设、提升首都市民获得感必须要重视的问题。首都生态文明建设关乎国家形象，关乎城市品质，关乎民生福祉。首都市民对美好生活需要呈现便利性、宜居性、多样性、公正性、安全性等新特点、新要求、新期待。首都北京要加快提升城市发展质量和治理水平，

① 康德颜：《试论习近平生态文明思想的核心要义》，《世纪桥》2019 年第 6 期。

提升人民群众获得感和幸福感，适应人民群众对美好生活的向往所提出的深层次要求。2015 年 2 月 27 日，习近平总书记在中央全面深化改革领导小组第十次会议上指出，要科学统筹各项改革任务，推出一批能叫得响、立得住、群众认可的硬招实招，把改革方案的含金量充分展示出来，让人民群众有更多获得感。

人民群众获得感是指人民群众在改革发展中有所获、有所得、有所享。获得感不仅是物质层面的，也有精神层面的。现代城市发展要坚持以人民为中心，首都发展同样要坚持以人民为中心，要反映人民群众对美好生活的期待与渴求。对美好生态的需求是人民获得感的重要内容。首都生态宜居生活环境的改善与提升是增强首都人民群众获得感的重要方面。首都建设与发展包括生态环境的改善与生态文明的建设发展，就是要通过提升城市发展质量、城市的生态宜居水平、精细化治理能力，实现人民群众获得感、幸福感、安全感、舒适度的全面提升，满足人民日益增长的美好生活的需要。以习近平生态文明思想为指引，切实肩负起国际一流和谐宜居之都建设的责任担当，推进首都高质量发展，更重要的内容是要重视生态文明、发展生态产业、保护生态环境、弘扬生态文化、完善生态文明机制，统筹推进首都生态文明建设，凝聚起首都强大的生态环境保护力量，不断积累绿色红利，努力提供更多优质生态产品，让天更蓝、山更绿、水更清、环境更优美，以良好环境、优美生态提升人民群众的生活品质，让人民群众在首都优美生态中拥有更多获得感。

第二节　首都生态文明建设的重要理念

习近平总书记多次视察北京，关心首都北京发展，先后作出多次讲话和指示，明确提出要大力推进首都生态环境保护和生态文明建设，加快构建国际一流的和谐宜居之都，不断形成和完善首都生态文明建设的重要论述。这些重要论述立意高远、内涵丰富、思想深刻，是习近平生态文明建设思想的重要组成部分，形成了一个相对完善的体系内容，是坚持和贯彻新发展理念、推进首都生态文明建设、实现首都高质量发展的科学指南和根本遵循。

一、生态问题意识：污染防治是最突出的问题

习近平总书记高度重视首都生态文明建设，具有强烈的问题意识和问题导向，关注首都北京发展。他指出，北京地位高、体量大、实力强、变化快、素质好，是其主要特点和优势，同时不断发展的北京又面临令人揪心的很多问题。① 习近平总书记特别指出，大气污染防治是北京发展面临的一个最突出的问题。习近平总书记在庆祝改革开放40周年大会上的重要讲话中指出，坚持问题导向和目标导向相统一。这是深刻总结我国改革开放以来的重要成功经验，更是我们党在革命、建设和改革实践中始终秉持的重要工作方法。习近平总书记针对首都北京当前发展遇到的问题，特别是生态环境问题，奔着问题去、抓住问题改，把人民群众关心的问题、目前迫切需要解决的问题作为重要目标和中心工作。

习近平总书记具有强烈的生态问题意识，提出坚持人与自然和谐共生。习近平总书记指出，人因自然而生，人与自然是一种共生关系。只有尊重自然规律，才能有效防止在开发利用自然上走弯路。我们要建设的现代化是人与自然和谐共生的现代化，必须坚持节约优先、保护优先、自然恢复为主的方针，多谋打基础、利长远的善事，多干保护自然、修复生态的实事，构建人与自然和谐发展现代化建设新格局。

二、生态民生理念：环境治理是重大民生实事

（一）环境治理是重大民生实事

习近平总书记强烈的生态环保意识，在本质上是关心人民群众生活、关爱民生福祉的生动体现。习近平总书记指出，像北京这样的特大城市，环境治理必须作为重大民生实事紧紧抓在手上。② 他还在其他场合明确

---

① 《习近平总书记在北京考察　就建设首善之区提五点要求》，《城市规划通讯》2017年第5期。

② 习近平：《把北京建成一流宜居之都》，《北京青年报》2014年2月27日。

表示,建设生态文明,是民意,也是民生。良好生态环境是最公平的公共产品,是最普惠的民生福祉。这些重要论述充分展现了习近平生态文明思想的马克思主义人民立场,秉承着中国共产党全心全意为人民服务的根本宗旨。可以说,将生态环境问题视为民生福祉,这一观点充分彰显了共产党坚持以人为本、尊重人与自然和谐共生的生态民生理念。良好生态环境是最普惠的民生福祉,体现了习近平生态文明思想的宗旨意识,生态文明建设不仅可以改善民生、增进福祉,还可以让人民群众公平享受发展成果。[①] 习近平总书记关爱民生福祉,从最根本是生态环境问题入手,思考和谋划首都规划和绿色发展,开创谱写首都绿色发展的新篇章。

(二)多留点绿地和空间给老百姓

生态兴则文明兴,生态衰则文明衰。首都北京地区生态脆弱,生态承载力低,生态环境污染引发首都市民的集体焦虑。随着人口不断增多,城市生态风险凸显,环境事件多发高发,日益成为关系首都群众健康的民生之患、民心之痛。2014 年习近平总书记到北京市规划展览馆考察时指出,应多留点绿地和空间给老百姓。习近平总书记关心首都人民生活与发展,明确首都城市战略定位,疏解非首都功能,推进京津冀协同发展、建设北京城市副中心、建设雄安新区,均是力求从更多的空间拓展,加快构建蓝绿交织、清新明亮、水城共融、多组团集约紧凑发展的首都新型生态城市空间布局。习近平总书记明确提出首都北京要建设国际一流的和谐宜居之都。北京坚持以人民为中心,以构建人民和谐宜居的美好生活为重要目标推进首都治理,践行习近平总书记提出的“绿水青山就是金山银山”的发展理念,创造性地提出“留白增绿”提升城市环境承载力,探索出诸如城市森林、填空造林、见缝插绿、战略留白等一系列首都城市治理方法。北京从人民群众便捷、宜居、和谐出发,坚持共建共治共享,加快大气污染联防联控,引导基层群众参与社区治理、垃圾分类等,提升首都市民工作和生活宜居水平。北京以给百姓多留绿地为原则,重视生态文明

① 陈宗兴:《深入学习理解习近平生态文明思想　加快提升生态文明建设水平》,《中国生态文明》2019 年第 3 期。

建设，加快建成绿色城市、森林城市、海绵城市、智慧城市，实现人民群众对绿水青山空间和美丽首都生活的向往。

（三）用人民群众满意度来衡量

习近平总书记对首都北京城市规划作出明确指示，不仅要多给百姓留下绿色空间，更要坚持以人为本，其建设效果要由人民群众来评价。他指出，北京城市规划建设做得好不好，最终要用人民群众满意度来衡量。习近平总书记把以人为本的生态观发展为政治意涵丰富的生态民生政治观。他强调，不能把加强生态文明建设仅仅作为经济问题，“这里面有很大的政治”。为人民群众提供更多生态公共产品，提高生活质量和幸福指数，让老百姓在分享发展红利的同时，更充分地享受绿色福利，使生态文明建设成果更好地惠及全体人民，造福子孙后代。部分地区人民对生态环境建设的监督受阻、力量薄弱，许多环境问题举报得不到有效处置，严重制约生态环境进程。要鼓励和重视人民群众积极参与生态环境污染防治监督与效果评价。要坚持由人民群众评判，把人民群众满意作为生态环境建设质量检验与评价的第一标准。习近平总书记指出，时代是出卷人，我们是答卷人，人民是阅卷人。要鼓励人民群众参与监督，形成完善的社会监督网，对那种排污治污设施“白天关、晚上开”行为要强化全天候、网格化、无缝隙监控。习近平总书记指出，以人为本，其中最为重要的，就是不能在发展过程中摧残人自身生存的环境。要让人民群众喝上干净的水，呼吸上清洁的空气，吃上放心的食物。这些均体现了习近平总书记的坚持以人民为中心的生态民生理念，丰富和发展了马克思主义生态文明建设思想。

三、生态系统理念：环境治理是一个系统工程

习近平生态文明思想博大精深、内涵丰富，深刻阐述了生态环境的价值功能和生产力属性，厘清了生态变迁与文明兴衰的主要脉络，诠释了生态文明建设的系统工程思想。他强调，首都建设“对大气污染等突出问题，要系统分析、综合施策”。习近平总书记将生态文明建设和环境治理看作一个系统工程，强调必须按照自然生态的整体性、系统性及其内在规

律,进行整体保护、系统修复和综合治理。这充分体现了习近平总书记坚持人与自然和谐共生的生态自然观和生态系统观,体现出人与自然生态系统相互依存、相互依赖、相辅相成的场景。自然界是人类命运共同体的基础,人因自然而生,人与自然是一种共生关系。尊重自然、顺应自然、保护自然,使自然资源得以可持续发展,最终也是为了人类自身的生存与持续发展。党的十八大后,习近平总书记提出了人与自然构成“生命共同体”的生态系统思想。人与自然的生态关系不能人为割裂,环境保护、生态建设与治理是涉及多个方面要素的系统工程,要从系统性、整体性进行考虑。习近平总书记强调,中国将按照尊重自然、顺应自然、保护自然的理念,贯彻节约资源和保护环境的基本国策,更加自觉地推动绿色发展、低碳发展、循环发展。按照系统工程的思路,全方位、全地域、全过程开展生态环境保护和生态文明建设。按照人口资源环境相均衡、经济社会生态效益相统一的系统原则,整体谋划国土空间开发,统筹人口分布、经济布局、国土利用、生态环境保护,科学布局生产空间、生活空间、生态空间,给自然留下更多修复空间,给农业留下更多良田,给子孙后代留下天蓝、地绿、水净的美好家园。①

习近平总书记指出,首都规划务必坚持以人为本,坚持可持续发展,坚持一切从实际出发,贯通历史现状未来,统筹人口资源环境,让历史文化与自然生态永续利用、与现代化建设交相辉映。首都城市发展要从系统规划的高度处理好人与自然、经济与生态环境关系,要更加强调生态文明建设,避免规划失误与折腾。这些重要论述充分体现了习近平总书记坚持首都城市发展要统筹人口资源环境的系统关系,统筹历史文化与自然生态之间的系统关系。

习近平总书记强调,北京城市副中心建设要高度重视绿化、美化,增强吸引力。② 通州有不少历史文化遗产,要古为今用,深入挖掘以大运河

① 沈卫星:《习近平生态文明思想的理论创新与实践指引》,《中国井冈山干部学院学报》2019 年第 3 期。

② 《习近平在北京考察:抓好城市规划建设 筹办好冬奥会》,中国网,见 http://www.china.com.cn,2017 年 2 月 24 日。

为核心的历史文化资源。保护大运河是运河沿线所有地区的共同责任，北京要积极发挥示范作用。习近平总书记还强调要统筹人口资源环境，让历史文化与自然生态永续利用、与现代化建设交相辉映。北京历史文化是中华文明源远流长的伟大见证，要更加精心保护好，凸显北京历史文化的整体价值，强化“首都风范、古都风韵、时代风貌”的城市特色。这些重要论述均充分彰显了习近平总书记坚持的历史文化与生态环境保护之间的系统关系。

四、生态发展理念：扩大绿色生态空间

习近平总书记高瞻远瞩，将生态文明建设上升为“五位一体”的战略高度，坚持人与自然的和谐共生，推行走绿色生态发展之路。他强调经济发展不能以牺牲环境为代价，突出强调要走绿色生态的新型经济发展道路，指出“绿色发展注重的是解决人与自然的和谐问题”，要以推进经济增长与自然环境的协调发展建设美丽中国，实现人与自然、经济与社会、经济与生态的和谐共生与共同繁荣。习近平总书记提出，北京城市总体规划要大幅度扩大绿色生态空间。习近平总书记的生态发展理念，体现在生产方式、生活方式、空间布局等多领域、全方位的理念转型与模式转变。

（一）加强产业发展方式转变，坚持高端化、低碳化发展

习近平总书记指出，要优化产业特别是工业项目选择，突出高端化、服务化、集聚化、融合化、低碳化。① 北京作为国家首都，生态脆弱，不能什么产业都发展，要特别重视生态建设和环境保护，要优化产业结构，以高端化、服务化、集聚化、融合化、低碳化提升产业质量和生产效益，降低能源消耗强度和环境污染水平，以绿色低碳的产业结构提升生态效益，实现首都经济社会发展与人口、资源、环境相协调。这就需要坚定不移地贯彻绿色发展理念，把经济活动、人的行为限制在自然资源和生态环境能够

① 《习近平总书记在北京考察　就建设首善之区提五点要求》，《城市规划通讯》2017 年第 5 期。

承载的限度内,给自然生态留下休养生息的时间和空间,实现经济社会发展和生态环境保护协同共进。

(二)转变生活方式,形成生态绿色的消费习惯和自觉行动

习近平总书记在北京视察指出,要深入开展节水型城市建设,使节约用水成为每个单位、每个家庭、每个人的自觉行动。[①] 习近平总书记还强调绿色交通建设,要把解决交通拥堵问题放在城市发展的重要位置,加快形成安全、便捷、高效、绿色、经济的综合交通体系。加快转变生活方式,倡导市民购买和使用绿色产品,使绿色消费、绿色出行、绿色居住成为自觉行动。

(三)划定生态红线,扩大绿色生态空间

习近平总书记强调,首都建设"要以资源环境承载力为硬约束","划定生态红线和城市开发边界","要大幅度扩大绿色生态空间"。[②] 这是对北京目前严峻的生态环境和资源保护形势的重要论述。扩大绿色生态空间,充分体现了习近平总书记对于首都北京建设与发展,更加强调环境治理与生态发展,充盈着绿色发展理念。习近平总书记指出,绿水青山就是金山银山,是重要的生态发展理念。扩大绿色生态空间,要求留下更多的绿水青山,不要过度强化经济增长,不能以经济增长来牺牲生态环境,不能以环境污染为代价降低生态效益,要处理好经济发展与环境保护、生态建设的辩证统一关系,树立生态环境就是生产力,绿水青山就是金山银山的发展理念。

五、生态治理理念:多策并举与多地联动

习近平总书记高度重视首都生态环境治理,并将首都治理作为国家治理体系和治理能力现代化的重要内容。早在 2014 年习近平总书记就指出,建设和管理好首都,是国家治理体系和治理能力现代化的重要内

① 《习近平总书记在北京考察　就建设首善之区提五点要求》,《城市规划通讯》2017 年第 5 期。

② 《立足提高治理能力抓好城市规划建设 着眼精彩非凡卓越筹办好北京冬奥会》,《人民日报》2017 年 2 月 25 日。

容。像北京这样的特大城市，环境治理要坚持标本兼治和专项治理并重、常态治理和应急减排协调、本地治污和区域协调相互促进，多策并举，多地联动。

第三节　推进首都生态文明建设的主要路径

习近平总书记关于首都生态文明建设的重要论述，对于丰富和发展习近平新时代中国特色社会主义思想特别是习近平生态文明思想具有重要的理论价值，对于指导和推动首都高质量发展具有重要的实践意义。在习近平总书记关于首都生态文明建设重要论述的指导下，结合首都生态文明建设实际，北京把习近平总书记的亲切关怀转化为强大动力，坚持把习近平总书记对北京的重要讲话精神作为案头卷、工具书、座右铭，推动习近平新时代中国特色社会主义思想在北京落地生根、开花结果①，形成生动实践。北京不断增强制度自信，立足首都城市战略定位，着力探索和完善首都生态治理体系，采取更加强有力的生态治理措施，坚决打好打赢污染防治攻坚战，提升生态环境保护建设水平，统筹山水林田湖草系统治理，切实增加生态环境容量，谱写新时代首都生态文明建设与高质量发展的新篇章。

一、从人民的需求出发，加强科学规划与综合施策

习近平总书记指出，城市规划在城市发展中起着重要引领作用。生态环境建设的出发点和落脚点都是服务于人民，满足人民对美好生态环境的需要。随着经济社会的快速发展，人民群众对优美生态环境需要的诉求也发生深刻变化。人民的美好生活的需要已经从温饱、生存转向环保、生态等更高层次、更高质量的期待。人民对优美生态环境的需要，是我们党的奋斗目标和执政使命所在。推进首都生态文明建设，要始终从

---

① 《以习近平新时代中国特色社会主义思想为指引　更加奋发有为推动首都新发展》，《前线》2017年第11期。

人民的根本利益出发，从实际出发，以问题为导向，重视科学规划，以规划确立资源环境和国际影响的底线约束，突出重点任务，强化联防联控，增强生态意识，提升生态责任，开展生态环境综合治理。习近平总书记要求以资源环境承载力为硬约束，划定了首都城市建设管理的生态底线。要特别重视在生态环境建设中利益受损群众的基本需求，适度扩大生态补偿范围，扩大首都生态空间，完善跨区域生态补偿机制，提升人民群众在首都生态环境建设与治理中的获得感和幸福感。

二、树立绿水青山理念，疏解非首都功能与实现创新发展

习近平总书记从遵循人与自然、经济与生态和谐相处的基本规律，创造性地提出了绿水青山就是金山银山的发展理念，以直白、系统、透彻的战略视野阐释和深化了中国新时代生态文明建设的实践路径，真正有效改变了传统以牺牲生态环境为代价谋求短期经济利益的粗放发展模式。绿水青山就是金山银山，阐述了经济发展和生态环境保护的关系，揭示了保护生态环境就是保护生产力、改善生态环境就是发展生产力的道理，指明了实现发展和保护协同共生的新路径。① 习近平总书记指出，生态环境问题归根结底是发展方式和生活方式问题，要从根本上解决生态环境问题，必须贯彻创新、协调、绿色、开放、共享的发展理念，加快形成节约资源和保护环境的空间格局、产业结构、生产方式、生活方式，把经济活动、人的行为限制在自然资源和生态环境能够承受的限度内，给自然生态留下休养生息的时间和空间。

绿水青山是大国首都底色，北京以疏解非首都功能为“牛鼻子”推进京津冀协同发展，推进首都生态文明建设。非首都功能指那些与首都功能发展不相符的发展功能。2015 年 2 月，习近平总书记在中央财经领导小组第九次会议上提出了非首都功能概念，明确指出要疏解北京非首都功能，作为一个有 13 亿人口大国的首都，不应承担也没有足够的能力承担过多的功能。疏解非首都功能在空间上提升功能聚焦区的生态承载

① 习近平：《推动我国生态文明建设迈上新台阶》，《求是》2019 年第 3 期。

力，促进资源要素在空间上的均衡布局与区域绿色发展，能有效控制人口规模，增强区域人口均衡分布，促进区域均衡发展。2015 年 4 月，中央政治局在审议《京津冀协同发展规划纲要》的会议上强调，要坚持协同发展、重点突破、深化改革、有序推进。要严控增量、疏解存量、疏堵结合调控北京市人口规模。要在京津冀交通一体化、生态环境保护、产业升级转移等重点领域率先取得突破。

从生态文明建设的视角考察，疏解非首都功能，就是贯彻新发展理念，加快发展方式转变，促进资源优化配置，减少中心城区资源环境压力，不断提升区域生态承载力，这本身也是战略与空间布局上的重大创新，是推进首都生态文明建设的关键路径和重要战略。疏解非首都功能，优化资源配置和空间布局，进而有效优化产业布局和提升公共服务供给水平，坚持“世界眼光、国际标准，中国特色、高点定位”原则，高水平建设北京城市副中心和河北雄安新区，构建以北京为核心的“一核两翼”空间格局；在北京市域范围内，实现平原地区疏解承接、新城多点支撑、山区生态涵养的规划建设任务，形成北京市域范围内“一核一主一副、两轴多点一区”的空间格局，改变“蔓延式”城市发展模式。

破解首都生态环境问题，要坚持创新发展理念，建立面向绿色低碳领域的创新机制，加快构建以人民为中心的低碳创新体系。在疏解非首都功能过程中，要重视绿色低碳技术创新应用与低碳产业发展，以疏解非首都功能为契机，进一步加快产业结构和能源结构调整，提升技术水平和能源利用效率。要以可再生能源及新能源、煤的清洁高效利用、油气资源和煤层气的勘探开发、二氧化碳捕获与埋存等领域技术创新为重点，特别重视鼓励更多的科学家、科研工作者、企业家、社会公众等积极参与太阳能、风能、生物质能等低碳能源技术创新与低碳产品应用的全过程，激发社会的广泛关注和创新创业热情，加快推进经济与环境的真正脱钩，加快产业和能源结构的低碳转型，以创新加快生产和生活方式转变，以创新推进生态环境联建联防联治。要通过创新体制机制，发挥群众智慧，鼓励更多的人民群众参与国土绿化、城市绿化、植树造林等活动，发扬群众首创精神，加快生态环境建设与治理，建设美丽首都。

三、鼓励人民监督评价,加强环境监管与责任追究

生态环境建设得好不好,关键要看人民群众满不满意。要鼓励和重视人民群众积极参与生态环境污染防治监督与效果评价。要坚持由人民群众评判,把人民群众满意作为生态环境建设质量检验与评价的第一标准。习近平总书记指出,时代是出卷人,我们是答卷人,人民是阅卷人。①习近平总书记针对北京环境治理问题,明确指出,要聚焦重点领域,严格指标考核,加强环境执法监管,认真进行责任追究。要坚持用最严格制度最严密法治保护生态环境。习近平总书记指出,只有实行最严格的制度、最严密的法治,才能为生态文明建设提供可靠保障。对于破坏生态环境的行为,不能手软,不能下不为例。要加快制度创新,建立起产权清晰、多元参与、激励约束并重、系统完整的生态文明制度体系,着力破解制约生态文明建设的体制机制障碍。要鼓励人民群众参与监督,形成完善的社会监督网,对那种排污治污设施“白天关、晚上开”行为要强化全天候、网格化、无缝隙监控。坚持以人民为中心,以人民满意为衡量标准,构建强大的群众监督网,构建生态环境信息共享平台,推进统一的环境监管、政策制定、监督评价、执法问责,明确部门间、地区间、流域与地方间的权责关系,提升生态监控、预警、治理、追责能力,对任何污染行为实现监督无死角。发挥生态环保绩效考核“指挥棒”作用,吸纳人民群众力量对生态环保绩效进行监督和评价,完善绩效评价机制,强化“党政同责”,加强生态环境损害的责任追究。同时对生态环境的监督评价要坚持群众标准、由群众来评判,不能走过场,让群众真满意而不是“被满意”,强化生态环境联建联防联控。

四、开展全民绿色行动,强化生态环境联建联防联控

2019 年 1 月,习近平总书记主持召开京津冀协同发展座谈会时强调,坚持绿水青山就是金山银山的理念,强化生态环境联建联防联治。要

① 中共中央宣传部:《习近平新时代中国特色社会主义思想学习纲要》,学习出版社、人民出版社 2019 年版,第 43 页。

广泛吸引人民群众参与，培育生态环境联合建设、联合预防、联合治理的文化氛围，开展全民绿色行动。习近平总书记指出，生态文明是人民群众共同参与共同建设共同享有的事业，要把建设美丽中国转化为全体人民自觉行动。生态环境联建联防联治涉及多元主体的利益，需要从中央到地方各基层、从政府到企业、从大学和科研院所到社会组织和社会公众等主体的协同作战。习近平总书记鼓励社会民众积极投入到生态环境保护中来，力求把钢筋水泥的城市变成居住的绿色公园，呼吁市民“要像保护眼睛一样保护生态环境，像对待生命一样对待生态环境”[①]。

2015 年 4 月，习近平总书记在参加首都义务植树活动时强调，植树造林是实现天蓝、地绿、水净的重要途径，是最普惠的民生工程。要坚持全国动员、全民动手植树造林，努力把建设美丽中国化为人民自觉行动。[②] 要构建生态环境的多元协同参与机制和联防联控机制，增强全民参与意识，加强生态环境教育，共建共享提高资源能源利用效率和生态承载力。要鼓励不同部门、不同行业、不同区域、不同组织之间的协同参与建设，如鼓励和吸引不同区域、不同层级的地方政府、企业、社会组织、社会公众等之间的协同参与。企业是生产污染的重要源头，要承担污染排放责任，主动参与治理；各级政府、社会组织等要履行自身职责，吸纳群众力量参与到生态环境联建联防联治全过程，打好污染防治攻坚战。对“散乱污”企业治理、传统能源调整、开发低碳能源、发展绿色产业、构建生态社会，均需要吸引人民参与，争取人民支持。习近平总书记指出，要加强生态文明宣传教育，增强全民节约意识、环保意识、生态意识，营造爱护生态环境的良好风气。[③] 加快构建以政府为主导、企业为主体、社会组织和公众参与的多元治理体系，保持加强生态文明建设的战略定力，协同推进以生态优先、绿色发展为导向的高质量发展新格局。

---

① 中共中央宣传部:《习近平新时代中国特色社会主义思想学习纲要》，学习出版社、人民出版社 2019 年版，第 169 页。

② 《习近平在参加首都义务植树活动时强调　坚持全国动员全民动手植树造林　把建设美丽中国化为人民自觉行动》，《国土绿化》2015 年第 4 期。

③ 《习近平谈治国理政》，外文出版社 2014 年版，第 210 页。

小　结

在我国社会矛盾发生变化、城市发展模式发生转型、首都市民对美好生活提出更高期待等时代背景下，习近平总书记多次视察北京并发表重要讲话，形成了关于首都生态文明建设的重要论述。习近平总书记从生态民生、生态系统、生态发展、生态治理等维度，深刻提出“污染防治是最突出的问题”“环境治理是重大民生实事”“环境治理是一个系统工程”“扩大绿色生态空间”“多策并举与多地联动”等重要观点。结合首都生态文明建设实际，北京推动习近平总书记关于首都生态文明建设的重要论述在北京落地生根、开花结果，形成生动实践。立足首都城市战略定位，北京着力探索和完善首都生态治理体系，加强科学规划与综合施策、环境监管与责任追究、环境联建联防联控等，坚决打好打赢污染防治攻坚战，提升生态环境保护建设水平，谱写新时代首都生态文明建设与高质量发展的新篇章。

第八章　完善首都创新体系

加强创新体系建设，是我国实施创新驱动发展战略的关键和核心。创新体系建设的内在要求在于各类创新主体、产学研用各环节实现协同创新与融合互动，知识创新、技术创新、产业创新实现有效对接。习近平总书记十分重视创新体系建设，他从实施创新驱动发展战略核心的高度来看待创新体系建设，强调提升创新体系效能，“要强化战略导向和目标引导，强化科技创新体系能力，加快构筑支撑高端引领的先发优势”①。关于创新体系建设的重要论述是习近平总书记关于科技创新重要论述的主要组成部分。北京在建设具有全球影响力科技创新中心的战略目标和功能定位下，完善创新体系，提升创新体系效能，着力激发创新驱动发展的内生动力，具有十分重要的意义。习近平总书记的系列重要论述，是首都创新体系建设的根本遵循，为首都创新体系建设指明了方向。

第一节　首都创新体系建设具有紧迫的现实意义

习近平总书记关于创新体系建设的重要论述，建立在他对新一轮科技革命和产业变革带来重大机遇的敏锐洞察和我国加快向以创新驱动发展为主转变重大意义的深刻认识基础上。

一、新一轮科技革命和产业变革孕育兴起

“科学技术是世界性的、时代性的，发展科学技术必须具有全球视野”②。

---

① 《习近平谈治国理政》第三卷，外文出版社2020年版，第248页。

② 《习近平谈治国理政》第三卷，外文出版社2020年版，第252页。

习近平总书记始终站在全球视野与时代发展的高度，来谋划推动我国创新发展战略。他敏锐认识到“新一轮科技革命和产业变革正在孕育兴起，一些重要科学问题和关键核心技术已经呈现出革命性突破的先兆”①，深刻揭示了其内涵和特征，“物质构造、意识本质、宇宙演化等基础科学领域取得重大进展，信息、生物、能源、材料和海洋、空间等应用科学领域不断发展，带动了关键技术交叉融合、群体跃进，变革突破的能量正在不断积累”②。他从全球视野，深刻阐释了新科技革命带来的影响，“当前，科技创新的重大突破和加快应用极有可能重塑全球经济结构，使产业和经济竞争的赛场发生转换”③。他把新科技革命比作“历史交汇期”，即“新一轮科技革命与产业变革和我国加快转变经济发展方式形成历史性交汇，为我们实施创新驱动发展战略提供了难得的重大机遇”④。他以战略思维、辩证思维、历史思维来分析新科技革命对我国发展带来的机遇与挑战，思考如何迎接和应对。“面向未来，可以说，新科技革命和产业变革将是最难掌控但必须面对的不确定性因素之一，抓住了就是机遇，抓不住就是挑战。”⑤强调要“紧紧抓住和用好”机遇，“不能等待、不能观望、不能懈怠”⑥。而要在未来发展中抓住机遇，就要成为“新的竞赛规则的重要制定者、新的竞赛场地的重要主导者”，这就要求我们在“创新驱动发展上迈出实实在在的步伐”。

二、实施创新驱动发展战略是大势所趋

习近平总书记把科技创新摆在国家发展的核心位置，坚持创新是第

① 中共中央文献研究室编：《习近平关于科技创新论述摘编》，中央文献出版社 2016 年版，第 77—78 页。

② 中共中央文献研究室编：《习近平关于社会主义经济建设论述摘编》，中央文献出版社 2017 年版，第 126 页。

③ 中共中央文献研究室编：《习近平关于社会主义经济建设论述摘编》，中央文献出版社 2017 年版，第 134 页。

④ 中共中央文献研究室编：《习近平关于社会主义经济建设论述摘编》，中央文献出版社 2017 年版，第 127 页。

⑤ 中共中央文献研究室编：《习近平关于社会主义经济建设论述摘编》，中央文献出版社 2017 年版，第 127 页。

⑥ 中共中央文献研究室编：《习近平关于社会主义经济建设论述摘编》，中央文献出版社 2017 年版，第 127—128 页。

一动力。他站在历史的高度深刻指出，“谁牵住了科技创新这个‘牛鼻子’，谁走好了科技创新这步先手棋，谁就能占领先机、赢得优势”①。他从“决定着中华民族前途命运”的高度来看待实施创新驱动发展战略的重大意义。“没有强大的科技，‘两个翻番’、‘两个一百年’的奋斗目标难以顺利达成，中国梦这篇大文章难以顺利写下去，我们也难以从大国走向强国。全党全社会都要充分认识科技创新的巨大作用，把创新驱动发展作为面向未来的一项重大战略，常抓不懈”②。他将坚持产业化方向和企业主体地位作为实施创新驱动发展战略的重心，“党的十八大提出的实施创新驱动发展战略，就是要推动以科技创新为核心的全面创新，坚持需求导向和产业化方向，坚持企业在创新中的主体地位，发挥市场在资源配置中的决定性作用和社会主义制度优势，增强科技进步对经济增长的贡献度，形成新的增长动力源泉，推动经济持续健康发展”③。他强调实施创新驱动发展战略，要“抓好顶层设计和任务落实”，“把发展需要和现实能力、长远目标和近期工作统筹起来考虑，有所为有所不为，提出切合实际的发展方向、目标、工作重点”④，为创新体系建设提供了基本思路。

第二节　首都创新体系建设的主要内容

一、强化科技创新体系能力，加快构筑先发优势

（一）推动科技成果向现实生产力转化

习近平总书记始终将科技和经济紧密结合、推动科技成果向现实生

① 中共中央文献研究室编：《习近平关于社会主义经济建设论述摘编》，中央文献出版社2017年版，第26页。

② 中共中央文献研究室编：《习近平关于社会主义经济建设论述摘编》，中央文献出版社2017年版，第128页。

③ 中共中央文献研究室编：《习近平关于科技创新论述摘编》，中央文献出版社2016年版，第17页。

④ 中共中央文献研究室编：《习近平关于社会主义经济建设论述摘编》，中央文献出版社2017年版，第128—129页。

产力转化作为实施创新驱动战略的最为紧迫的问题。他深刻指出,“我国一直存在着科技成果向现实生产力转化不力、不顺、不畅的痼疾”①,“科研和经济联系不紧密问题,是多年来的一大痼疾。这个问题解决不好,科研和经济始终是‘两张皮’,科技创新效率就很难有一个大的提高。科技创新绝不仅仅是实验室里的研究,而是必须将科技创新成果转化为推动经济社会发展的现实动力”②。他认为重要症结就在于“科技创新链条上存在着诸多体制机制关卡,创新和转化各个环节衔接不够紧密。就像接力赛一样,第一棒跑到了,下一棒没有人接,或者接了不知道往哪儿跑”③。

那么如何把科技成果转化为现实生产力,针对症结,习近平总书记将深化改革、建立健全国家创新体系作为根本解决之道,“要解决这个问题,就必须深化科技体制改革,破除一切制约科技创新的思想障碍和制度藩篱,处理好政府和市场的关系,推动科技和经济社会发展深度融合,打通从科技强到产业强、经济强、国家强的通道,以改革释放创新活力,加快建立健全国家创新体系,让一切创新源泉充分涌流”④。“要着力从科技体制改革和经济社会领域改革两个方面同步发力,改革国家科技创新战略规划和资源配置体制机制,完善政绩考核体系和激励政策,深化产学研合作,加快解决制约科技成果转移转化的关键问题。要着力加强科技创新统筹协调,努力克服各领域、各部门、各方面科技创新活动中存在的分散封闭、交叉重复等碎片化现象,避免创新中的‘孤岛现象’,加快建立健全各主体、各方面、各环节有机互动、协同高效的国家创新体系”⑤。他同

---

① 中共中央文献研究室编:《习近平关于社会主义经济建设论述摘编》,中央文献出版社2017年版,第135页。

② 中共中央文献研究室编:《习近平关于科技创新论述摘编》,中央文献出版社2016年版,第57页。

③ 中共中央文献研究室编:《习近平关于社会主义经济建设论述摘编》,中央文献出版社2017年版,第135页。

④ 中共中央文献研究室编:《习近平关于社会主义经济建设论述摘编》,中央文献出版社2017年版,第135—136页。

⑤ 中共中央文献研究室编:《习近平关于科技创新论述摘编》,中央文献出版社2016年版,第58页。

时强调健全国家创新体系，“要着力完善科技创新基础制度，加快建立健全国家科技报告制度、创新调查制度、国家科技管理信息系统，大幅提高科技资源开放共享水平”①。由此我们可以得到的启示是，深化改革和建设创新体系可以看成是“推进科技和经济紧密结合”一个问题的两个方面，深化改革，能够破除体制机制障碍、打通关卡，健全完善创新体系，两者相互促进、相互融合。他把创新体系看成创新驱动的组织力，强调提升创新体系效能，指出“要坚持科技面向经济社会发展的导向，围绕产业链部署创新链，围绕创新链完善资金链……提升国家创新体系效能。特别是要加强创新驱动的组织整合”②。习近平总书记进一步提出，坚持科技创新和制度创新“双轮驱动”，“以问题为导向，以需求为牵引，在实践载体、制度安排、政策保障、环境营造上下功夫，在创新主体、创新基础、创新资源、创新环境等方面持续用力，强化国家战略科技力量，提升国家创新体系整体效能”，为国家创新体系建设做好总体规划。

（二）发挥好政府和市场作用，进一步突出企业技术创新主体地位

习近平总书记将处理好政府和市场的关系，发挥好政府和市场作用作为建设创新体系的重要前提。推动科技与经济融合，根本上要靠改革，关键是要处理好政府和市场的关系。他重视发挥市场和企业的基础作用，“产业变革具有技术路线和商业模式多变等特点，必须通过深化改革，让市场真正成为配置创新资源的力量，让企业真正成为技术创新的主体。特别是要培育公平的市场环境，发挥好中小微企业应对技术路线和商业模式变化的独特优势，通过市场筛选把新兴产业培育起来”③。同时，强调政府要管好该管的，在关系国计民生和产业命脉的领域，政府要积极作为，加强支持和协调，总体确定技术方向和路线，用好国家科技重大专项和重大工程等抓手，集中力量抢占制高点。

---

① 中共中央文献研究室编：《习近平关于科技创新论述摘编》，中央文献出版社 2016 年版，第 64 页。

② 中共中央文献研究室编：《习近平关于科技创新论述摘编》，中央文献出版社 2016 年版，第 58 页。

③ 中共中央文献研究室编：《习近平关于科技创新论述摘编》，中央文献出版社 2016 年版，第 57 页。

他高度重视创新体系建设中的市场作用。将“建立以企业为主体、市场为导向、产学研深度融合的技术创新体系，支持大中小企业和各类主体融通创新”作为构建技术创新体系的基本思路。“全面深化改革，要围绕使企业成为创新主体、加快推进产学研深度融合来谋划和推进”①。关于具体要求，他强调“要围绕产业链部署创新链，聚集产业发展需求，集成各类创新资源，着力突破共性关键技术，加快科技成果转化和产业化，培育产学研结合、上中下游衔接、大中小企业协同的良好创新格局。科技体制改革必须与其他方面改革协同推进，加强和完善科技创新管理，促进创新链、产业链、市场需求有机衔接”②。

同时，习近平总书记也非常重视发挥“有为政府”作用。他强调，“要让市场在资源配置中起决定性作用，同时要更好发挥政府作用，加强统筹协调，大力开展协同创新，集中力量办大事，抓重大、抓尖端、抓基本，形成推进自主创新的强大合力”③。原因在于，我国社会主义制度能够集中力量办大事是我们成就事业的重要法宝，我国很多重大科技成果都是依靠这个法宝搞出来的。要加快转变政府科技管理职能，发挥好组织优势。具体来说，习近平总书记认为“有为政府”的着力点主要包括：营造有利于市场主体创新的政策环境和制度环境，有效引导产学研结合，健全创新服务支撑体系，运用市场的手段和科研人员对接，主导突破制约产学研用有机结合的体制机制障碍，推进协同创新，实现产学研用有机结合。推进政府科技管理体制改革，以转变职能为目标，做好“三个分工”和“一个加强”，提高战略规划水平，做好创造环境、引导方向、提供服务等工作。改变政出多门、九龙治水的格局，坚持按目标成果、绩效考核为导向进行资源分配，统筹科技资源，建立公开统一的国家科技管理平台，构建总体布局合理、功能定位清晰、具有中国特色的科技计划体系和管理制度等等。

---

① 中共中央文献研究室编：《习近平关于科技创新论述摘编》，中央文献出版社 2016 年版，第 65 页。

② 中共中央文献研究室编：《习近平关于科技创新论述摘编》，中央文献出版社 2016 年版，第 55—56 页。

③ 中共中央文献研究室编：《习近平关于社会主义经济建设论述摘编》，中央文献出版社 2017 年版，第 136 页。

（三）明确创新主体功能定位，激发创新主体活力

习近平总书记强调突出企业创新主体地位是关键，“企业是创新的主体，是推动创新创造的生力军”①。那么如何确立企业的创新主体地位，习近平总书记设计了具体路线图：推动企业成为技术创新决策、研发投入、科研组织和成果转化的主体，培育一批核心技术能力突出、集成创新能力强的创新型领军企业；发挥市场对技术研发方向、路线选择、要素价格、各类创新要素配置的导向作用，让市场真正在创新资源配置中起决定性作用；完善政策支持、要素投入、激励保障、服务监管等长效机制，带动新技术、新产品、新业态蓬勃发展；加快创新成果转化应用，彻底打通关卡，破解实现技术突破、产品制造、市场模式、产业发展“一条龙”转化的瓶颈。

科研院所和研究型大学是我国科技发展的主要基础所在。习近平总书记注重通过推进科技体制改革，释放科研院所和大学的创新活力，与企业形成科技创新的强大合力。他强调深化科研院所改革，遵循规律、强化激励、合理分工、分类改革，充分发挥科研院所在创新体系中的作用。对承担国家基础研究、前沿技术研究、社会公益技术研究的科研院所，增强原始创新能力；对已经转制的科研院所，增强共性技术研发能力。大学要瞄准世界科技前沿，加强对关键共性技术、前沿引领技术、现代工程技术、颠覆性技术的攻关创新，加强对原创性、系统性、引领性研究的支持。他强调清除各种体制机制障碍，打破各种院内院外的围墙，让机构、人才、装置、资金、项目都充分活跃起来。强调着力改革和创新科研经费使用和管理方式，让经费为人的创造性活动服务，而不能让人的创造性活动为经费服务；改革科技评价制度，建立以科技创新质量、贡献、绩效为导向的分类评价体系，正确评价科技创新成果的科学价值、技术价值、经济价值、社会价值、文化价值。②

习近平总书记重视发挥国家战略科技力量、重大科技项目的创新引

① 《习近平谈治国理政》第三卷，外文出版社2020年版，第251页。

② 中共中央文献研究室编：《习近平关于社会主义经济建设论述摘编》，中央文献出版社2017年版，第150—152页。

领作用,强调发挥市场经济条件下新型举国体制优势,集中力量、协同攻关,攀登战略制高点。他强调高标准建设国家实验室,推动大科学计划、大科学工程、大科学中心、国际科技创新基地的统筹布局和优化。把重要领域的科技创新摆在更加突出的地位,实施一批体现国家战略意图、关系国家全局和长远的重大科技项目,打破重大关键核心技术受制于人的局面,开辟新的产业发展方向和重点领域,培育新的经济增长点。重视以国家实验室建设为抓手,强化国家战略科技力量,以重大科技任务攻关和国家大型科技基础设施为主线,依托最有优势的创新单元,整合创新资源,建设目标导向、绩效管理、协同攻关、开放共享的新型运行机制,同各类科研机构、大学、企业研发机构形成功能互补、良性互动的协同创新格局。

二、创新体系建设是首都创新发展的关键环节

面向未来,北京要建设国际科技创新中心,加强实施创新驱动发展战略。创新体系建设是首都实现高水平创新发展的关键环节。习近平总书记重要论述为首都创新体系建设指明了方向,提供了根本遵循。

(一)着力增强自主创新能力

习近平总书记高度重视增强自主创新能力,将走中国特色自主创新道路作为实现路径。他深刻认识到,我国自主创新特别是原始创新能力还不强,科技发展面临重大瓶颈,关键领域核心技术受制于人的格局还没有从根本上改变。强调要矢志不移自主创新,坚定创新信心,着力增强自主创新能力。“只有把核心技术掌握在自己手中,才能真正掌握竞争和发展的主动权”,不能“指望依赖他人的科技成果来提高自己的科技水平”。要加强基础研究和应用基础研究,提升原始创新能力。他将掌握关键、核心、共性技术作为自主创新能力提升的标志,强调以关键共性技术、前沿引领技术、现代工程技术、颠覆性技术创新为突破口,努力实现关键核心技术自主可控,把创新主动权、发展主动权牢牢掌握在自己手中。

北京是我国高端创新资源的集聚地、国家重大科技专项和科技基础设施的集中承载地,是引领我国共性关键技术供给体系建设的战略引擎。

首都创新体系建设应从国家战略高度优化科技创新组织模式，把握重点领域科技发展的战略机遇，选准关系全局和长远发展的战略领域和优先方向，构建有效的组织体系，提高科技创新组织协同和资源配置效率。持续深入开展基础性、系统性、前沿性技术研发，增强原始创新能力，突破关键领域核心技术，加强自主创新成果的源头供给，提高科技创新能级，提升我国原始创新策源地地位，充分发挥对国家自主创新的战略支撑作用。

（二）着力推动科技与经济深度融合

习近平总书记高度重视推进科技创新与经济产业发展的融合互动，强调在产业化中实现创新价值。2014 年他在两院院士大会上的讲话中指出，创新要“坚持需求导向和产业化方向”，“科技成果只有同国家需要、人民要求、市场需求相结合，完成从科学研究、实验开发、推广应用的三级跳，才能真正实现创新价值”。① 要以培育“具有核心竞争力的主导产业”为主攻方向，把科技创新真正落到产业发展上。“三结合”和“三级跳”为科技创新与经济融合提供了具体指导。2016 年，他再一次在两院院士大会上强调必须坚持走中国特色自主创新道路，面向世界科技前沿、面向经济主战场、面向国家重大需求，加快各领域科技创新。将“面向经济主战场”作为创新的主攻方向。科技与经济深度融合，是创新体系建设的基本方向。创新体系建设为现代化经济体系建设提供了动力支撑，创新体系与现代化经济体系建设相辅相成、相互促进。

创新体系建设促进基础研究和应用研究融合支撑，技术创新与科学研究应用衔接，为科技创新及其产业化夯实了基础条件。重大科技成果产业化对首都经济结构产生深远影响。同时，科技创新和研发功能的集聚，加速了学科交叉融合，促进信息、生物、新材料、新能源技术扩散，带动实现以绿色、智能、泛在为特征的群体性技术融合突破，从而实现产业经济的全面技术升级和发展模式创新。

---

① 习近平：《在中国科学院第十七次院士大会、中国工程院第十二次院士大会上的讲话》，人民出版社 2014 年版，第 13 页。

第三节　加强首都创新体系建设的重要途径

一、建设以企业为主体、市场为导向、产学研深度融合的技术创新体系

新时代，在深入推动创新驱动发展战略、实现经济高质量发展的战略部署下，加快建设以企业为主体、市场为导向、产学研深度融合的技术创新体系，是完善首都创新体系的战略步骤，为优化首都创新体系提供了路径依托。习近平总书记高度重视建设以企业为主体、市场为导向、产学研深度融合的技术创新体系。2014 年，他在北京市考察工作结束时的讲话中指出，要积极开展重大科技项目研发合作，支持企业同高等院校、科研院所跨区域共建一批产学研创新实体，共同打造创新发展战略高地。2018 年，他在两院院士大会上强调，要优化和强化技术创新体系顶层设计，明确企业、高校、科研院所创新主体在创新链不同环节的功能定位，激发各类主体创新激情和活力。2019 年，他进一步强调要加强体系建设和能力建设，完善国家创新体系，解决资源配置重复、科研力量分散、创新主体功能定位不清晰等突出问题，提高创新体系整体效能。党的十九届四中全会通过的《中共中央关于坚持和完善中国特色社会主义制度、推进国家治理体系和治理能力现代化若干重大问题的决定》更加注重完善科技创新体制机制，将健全完善技术创新体系作为促进科技、经济融合，实现科技创新引领带动作用的关键，进一步强调要“建立以企业为主体、市场为导向、产学研深度融合的技术创新体系，支持大中小企业和各类主体融通创新，创新促进科技成果转化机制”。这都为首都技术创新体系建设提供了根本遵循和具体路径指引。

（一）增强企业创新主体地位和主导作用

1. 采取有效措施增强企业创新主体地位

企业创新能力提升及其主体地位确立是创新体系建设的根本支撑。习近平总书记高度重视企业的创新主体地位，将其作为“推动创新创造

的生力军”“科技和经济紧密结合的重要力量”。关于确立企业创新主体地位的主要目标，指出是“推动企业成为技术创新决策、研发投入、科研组织和成果转化的主体”。关于确立企业创新主体地位的具体实施路径和推进措施，提出要制定和落实鼓励企业技术创新各项政策，强化企业创新倒逼机制，加强对中小企业技术创新支持力度，支持依托企业建设国家技术创新中心。企业创新主体地位确立的主要表现在于培育“一批核心技术能力突出、集成创新能力强的创新型领军企业”“有国际影响力的行业领军企业”。2018 年，他再次强调，要注重发挥企业主体作用，加强知识产权保护，尊重创新人才，释放创新活力，培育壮大新兴产业和创新型企业，加快科技成果转化，提升创新体系整体效能。北京市委、市政府高度重视提升企业创新能力、发挥企业创新活力，以习近平总书记系列重要论述为指引，采取了一系列重要举措。

一是推动企业成为研发投入主体。以中关村示范区为重点，完善创新激励政策，支持企业加大研发投入特别是基础研究和产学研合作投入，完善研发费用加计扣除归集办法。

二是推动企业成为科研组织主体。支持企业牵头承担国家重大科技专项，建设国家重点实验室和技术创新中心等研发平台。鼓励企业自建或与高校、科研院所共建重点实验室、工程实验室、工程（技术）研究中心、企业技术中心等研发机构，支持企业承担或参与产业技术研发平台建设、在京设立研发总部，引导各类新兴源头技术创新机构和市场化新型研发组织有序发展。支持领军企业整合行业上下游资源，搭建产业技术创新中心，牵头组建国家级产业技术创新战略联盟，提升全产业链创新能力。加强产业标准创制，支持企业主导或参与创制国际、国家标准。支持中关村行业领军企业通过战略研发合作、技术交义许可、投资并购重组等方式，形成和拓展产业生态圈。

三是推动企业成为成果转化主体。推动企业加强科技成果转化应用，支持企业与高校、科研院所联合设立研发创新与技术转移机构，共同开展研发、成果应用与推广、标准研制等。鼓励企业加大对科技研发和成果转化的投入，支持企业承接转化重大创新项目、承接转化科技成果形成

73.6%,年均增长15.6%。从主要行业来看,2019年,限额以上信息传输、软件和信息技术服务业企业专利申请量为5.35万件,占全市企业总申请量的32.8%,与2013年相比,年均增长32.8%。二是企业通过科技成果产业化实现发展壮大。2019年,医药制造业,汽车制造业,铁路、船舶、航空航天和其他运输设备制造业实现新产品产值分别为296.3亿元、1079.38亿元、183.49亿元,与2013年相比,年均增长10.2%、20%、7.2%。信息传输、软件和信息技术服务业创新发展优势突出,形成创新型产业集群。"2019软件与信息技术服务综合竞争力百强企业"中,北京共有45家企业入选,其中,前20强中,就有百度、中国通信、京东、中软国际、小米等10家企业。2018年,新增软件创新创业企业达3285家,平均每天诞生9家企业。在营软件企业数量达2.7万家,年营业收入超过100亿元以上的有14家、10亿元以上的有141家、1亿元以上的有1148家。2018年,北京共有82家独角兽企业,占全国比重为40.6%,总估值3355亿美元,占全国的45%,其中,软件企业62家。① 创新型企业在新兴领域形成创新优势,例如,在人工智能领域,百度的深度学习算法框架达到国际先进水平,引领形成产业链。工业互联网等新兴领域与制造业形成融合创新,例如用友等建设工业互联网平台,石化盈科、东方国信等与制造业企业深入合作,促进企业数字化研发设计工具普及率和关键工序数控化率持续提升。②

(二)加强创新体系市场导向机制建设

1. 以科技创新服务引领技术创新市场导向机制建设

坚持使市场在资源配置中起决定性作用,更好发挥政府作用,是习近平经济思想的重要组成部分。习近平总书记指出,市场决定资源配置是市场经济的一般规律,市场经济本质上就是市场决定资源配置的经济。只有发挥市场的决定性作用,促进市场竞争机制、价格机制、供求机

---

① 《北京经济发展新动力,万亿软件产业再启航》,北京市经济和信息化局网站,见https://jxj.beijing.gov.cn/jxdt/gzdt/298125.htm。

② 《北京45家企业入选"2019软件与信息技术服务综合竞争力百强企业"》,北京市经济和信息化局网站,见https://jxj.beijing.gov.cn/jxdt/gzdt/298121.htm。

制有效发挥作用,资源配置才能实现效益最大化和效率最优化。加强创新体系的市场导向机制建设,是习近平经济思想在科技创新领域的具体体现。习近平总书记强调,要发挥市场对技术研发方向、路线选择、要素价格、各类创新要素配置的导向作用,让市场真正在创新资源配置中起决定性作用。一方面,他从深入推进实施创新驱动发展战略的高度,指出科技创新要面向经济主战场,服务产业发展需求,实现科技与经济结合。强调"要围绕产业链部署创新链,聚集产业发展需求,集成各类创新资源,着力突破共性关键技术,加快科技成果转化和产业化""促进创新链、产业链、市场需求有机衔接"。① 在此基础上,注重促进科技创新转化为现实生产力,强调"要加快建立主要由市场评价技术创新成果的机制,打破阻碍技术成果转化的瓶颈,使创新成果加快转化为现实生产力"②。他深刻认识到,产业变革具有技术路线和商业模式多变等特点,必须通过深化改革,让市场成为配置创新资源的力量。"要培育公平的市场环境,发挥好中小微企业应对技术路线和商业模式变化的独特优势,通过市场筛选把新兴产业培育起来。"③另一方面,他从创新治理的高度,提出"能由市场做的,要充分发挥市场在资源配置中的决定性作用"④,注重完善创新要素市场化配置。

科技创新服务能够有效集聚和配置创新要素和资源,为创新要素和创新成果供需对接提供了平台,是技术创新体系市场机制的主要依托。加强科技服务模式创新与科技创新服务业发展,完善科技创新服务体系,是确立创新体系市场机制的突破口。作为科技服务业集聚区域,北京采取积极有效措施促进科技服务业发展,优化科技创新的市场化、专业化、

---

① 中共中央文献研究室编:《习近平关于科技创新论述摘编》,中央文献出版社 2016 年版,第 55—56 页。

② 中共中央文献研究室编:《习近平关于科技创新论述摘编》,中央文献出版社 2016 年版,第 60 页。

③ 中共中央文献研究室编:《习近平关于科技创新论述摘编》,中央文献出版社 2016 年版,第 57 页。

④ 中共中央文献研究室编:《习近平关于科技创新论述摘编》,中央文献出版社 2016 年版,第 66 页。

社会化服务机制,提升服务效能,为创新体系市场导向机制的培育夯实了基础。主要包括:

一是培育技术转移服务机构。支持从事技术交易、技术评估、技术投资等活动的技术转移服务机构发展,鼓励高校、科研院所设立专业化技术转移服务机构,采取转让、许可、作价入股等方式开展科技成果转移转化。二是完善技术市场定价机制。以产业需求为导向,探索应用研发、技术转移、创业孵化、创业投资相互融合的新型服务模式。充分发挥技术转移机构的成果筛选、市场化评估、融资服务、成果推介等作用,为企业探索新的商业模式和产业化路径创造平台。三是探索科技服务业促进创新创业的新模式和新机制。以全面推进服务业扩大开放综合试点为引领,深化服务领域管理体制机制改革,创新服务领域制度。发挥公共服务平台作用,推广创新券等科技资源开放共享的市场化机制。完善创业投资引导机制,通过政府股权投资、引导基金、政府购买服务、政府和社会资本合作等市场化投入方式,引导社会资本投入科技创新领域。

2. 科技服务业引领下北京技术创新市场导向机制初步确立

北京科技服务业呈现良好的发展态势,为创新体系市场机制培育提供了支撑。2013—2017 年,科技服务业实现增加值从 1783.2 亿元增加到 2859.2 亿元,年均增速达到 12.5%。2017 年,科技服务业占地区生产总值比重达到 10.2%,占第三产业比重达到 12.7%。其中,科技成果转化服务实现增加值从 279.8 亿元增加到 482.2 亿元,年均增速达到 14.6%,在科技服务业中占比达到 16.9%。

一是加强市场化综合创新服务平台建设。科技服务机构集成整合政、产、学、研、资本、中介、贸易、用户等创新主体和要素,促进创新资源垂直整合和跨界融合,打造一体化创新服务平台,开展科技成果转化的全链条服务。例如,中关村天合科技成果转化促进中心以中关村开放实验室为基础,提供科技成果或企业需求深度挖掘与测评、项目方案设计与策划、全过程服务、要素资源配置与整合等促进科技成果转化的专业化生态服务,提高科技成果转化效果。

二是促进创新资源市场化共享。作为首都区域创新体系建设的基础工程,首都科技条件平台以“撬动科技资源、促进开放共享,服务企业需求、促进社会发展”为宗旨,开展创新资源共享的市场化机制探索。通过高效运营和市场化服务,促进高校院所资源开放共享,面向企业、社会提供研发实验服务,形成整合资源促进产学研用协同创新的“北京模式”。建立了以中科院、北京大学、清华大学、航天科工集团等 24 家研发实验服务基地,生物医药等 12 个领域中心,13 个区工作站为主体,包括 2423 家大网络成员单位的“小核心、大网络”的工作体系和开放服务体系。截至 2018 年年底,首都科技条件平台共推动北京地区 916 个国家级、市级重点实验室和工程中心,价值 277 亿元,4. 39 万余台(套)仪器设备向社会开放共享,促进 967 项科研成果转移转化,产生 24879 项知识产权和技术标准。[①] 2018 年,共有 1. 3 万余家企业享受到平台各类服务,签订合同额 61. 33 亿元。

三是通过技术市场有效配置创新资源,实现对产业发展的创新要素支撑。2019 年,北京地区实现技术交易增加值 3209. 7 亿元,占地区生产总值的比重为 9. 1%。北京地区技术市场认定登记技术合同 83171 项,是 2013 年的 1. 3 倍;实现技术合同成交额 5695. 3 亿元,占全国成交额的 25. 4%,其中,流向外省市的技术合同额占到 50%。落地流向本市技术合同分别为 34158 项和 2077. 7 亿元,其中高精尖领域技术成交额 1220. 9 亿元,占到 58. 8%。同时,吸纳外地技术合同 65611 项,成交额为 3703. 1 亿元,其中,电子信息和先进制造领域吸纳技术合同成交额合计占 48. 3%。

(三)加强产学研协同创新组织建设

1. 以习近平总书记重要论述为指导,采取重要举措加强产学研深度融合与协同创新

习近平总书记高度重视产学研结合在创新体系建设中的基础作用,将产学研结合作为实施创新驱动战略的重要抓手。他注重消除科技创新中的“孤岛现象”,强调要坚持创新驱动,推动产学研结合和科技成果转

---

① 任敏:《“三城一区”主平台加快建设 科技服务、信息服务、金融对全市经济增长的贡献率达 63%　北京基础研究经费全国占比超 25%》,《北京日报》2018 年 12 月 7 日。

化，强化对创新的激励和创新成果应用。习近平总书记注重国家战略科技力量在带动产学研协同创新中的作用。强调要以国家实验室建设为抓手，强化国家战略科技力量，在明确国家目标和紧迫战略需求的重大领域，在有望引领未来发展的战略制高点，建设突破型、引领型、平台型一体的国家实验室。指出要调整现有行业和地方的科研机构，充实企业研发力量，支持依托企业建设国家技术创新中心。2018 年，他在中央经济工作会议上指出，健全需求为导向、企业为主体的产学研一体化创新机制，抓紧布局国家实验室，重组国家重点实验室体系。2019 年，习近平总书记再次强调要加强重大创新领域战略研判和前瞻部署，抓紧布局国家实验室，重组国家重点实验室体系，建设重大创新基地和创新平台，完善产学研协同创新机制。各创新主体的有效协同与有机融合互动，能够优化创新要素配置，形成系统整合力，提升创新体系效能。

以习近平总书记重要论述为指导，北京推动实施一系列加强产学研融合创新的重要举措。

一是推动产学研合作开展研发创新。支持新型研发机构、高校院所、领军企业协同创新，突破“卡脖子”技术，推动产业链上下游开展战略协作和联合攻关。优化提升中关村开放实验室功能作用，培育建立应用牵引、开放协作的核心技术自主研发体系。支持中关村企业和高水平研究机构，围绕重点产业，建设有重大带动作用的协同创新平台，开展合作研发、技术转移和成果转化、共性技术研发和开放服务、工程化技术集成、规模化试生产等服务，推进产学研用深度融合创新、产业链上下游融通发展，促进实现技术群体性突破。支持建设重点实验室、工程（技术）研究中心、概念验证中心、中试熟化基地、企业技术中心、技术创新中心、产业创新中心等公共研发平台，提供技术集成、共性技术开发、中间试验、工业性试验、系统化和工程化开发、技术推广与示范等服务，提高科技成果成熟度，优化科技成果供给。

二是推动产学研联合开展成果转化。建设科技成果中试和产业化载体，促进科技成果转化应用。推动中关村各分园与相关高校院所建立长期稳定合作机制，支持高校院所在各分园建立成果转化机构，加大优质项目转化落地支持力度。聚焦重点产业领域,加强科技成果转化基地建设,开展技术标准研制、科技成果示范应用、公共服务平台建设,推动技术开发类科研基地合理布局和功能整合,促进科技成果转移转化。加强科技成果中试熟化,建设工程(技术)研究中心、企业技术中心等技术创新服务平台,提供从实验研究、中试熟化到生产过程所需的仪器设备、中试生产线等资源,开展研发设计、检验检测认证、科技咨询、技术标准等服务。推动产业技术创新联盟建设,鼓励领军企业联合产业链上下游企业、高校院所共建产业技术创新联盟,开展技术创新、标准创制、成果推广应用,承担重大科技成果转化项目,探索联合攻关、利益共享、知识产权运营的有效机制与模式。

2. 加强产学研协同与融合创新,为首都创新体系建设夯实根基

高校与企业研发合作程度加深。2019 年,北京地区高校研发经费内部支出中,企业来源资金为 77.57 亿元,所占比重接近 30%,与 2013 年相比,年均增长 11.8%。高校用于应用研究的经费支出为 156.8 亿元,所占比重达到 56%。同时,启动"北京高等学校高精尖创新中心建设计划",旨在创新体制机制,将高校科研工作与北京地区构建"高精尖"经济结构更加紧密地联系在一起。截至 2017 年 10 月,共认定 22 个北京高等学校高精尖创新中心。通过搭建高水平国际化创新平台,打通协同发展的通道,将高校科研成果充分熟化、转化,把创新成果变成构建"高精尖"经济结构的生产力①,在促进高校与区域产业发展创新融合方面发挥了重要作用。

重点实验室和工程技术中心成为推进产学研深度融合的重要载体。依托高校院所建设的北京市重点实验室和工程技术中心,聚焦产业发展需求,集成创新资源,着力突破关键共性技术,加快科技成果转化和产业化,是"有创新源头、有成果孵化、有资本支持、有转移转化、有社会服务"的重要科技创新基地,推进了产学研深度融合与协同创新。北京市重点实验室着力加强基础研究和应用基础研究,坚持"开放、流动、联合、竞

① 翟昊、高飞:《探索高校高端科技创新平台建设新模式——北京市启动高精尖建设计划》,《北京教育(高教)》2015 年第 12 期。

争”,加强开放交流。例如,依托中科院半导体研究所建设的低维半导体材料与器件北京市重点实验室,在开展应用基础性研究的同时,推进产学研结合,实现高科技成果落地转化。与北京万集科技公司合作成立光子集成芯片联合实验室,与北京航星网讯技术公司联合成立激光气体传感实验室,合作研发科技项目。北京市工程技术研究中心加强研发、中试和产业化基地建设,着力提升自主创新能力、工程化与产业化能力。例如,北京市高效绿色数控加工工艺及装备工程技术研究中心依托北京航空航天大学建设,共建单位为北京机电院机床有限公司、北京星航机电装备有限公司,是产学研结合的典型代表。北京市激光应用技术工程技术研究中心依托北京工业大学建设,与多个企业建立联合实验室,在推动研究成果落地转化的同时,加强与企业合作,解决生产制造中的重大技术难题。2018 年,北京市拥有的 457 个重点实验室和 312 个工程技术研究中心,共签订各类技术合同 8763 项,其中有 4510 个项目流向北京;1897 个实现产业化,其中有 1107 个项目在京产业化,产生经济效益 234. 8 亿元。[①]

新型研发机构成为产学研协同创新的新模式。以新型研发机构为代表的新兴创新组织通过体制机制创新,打造产业化对接平台,促进创新链与产业链融合,成为产业创新体系建设的重要力量。在中关村已经涌现出一批新型研发机构。这些新型研发机构以服务国家战略和区域产业升级为导向,以紧抓源头、瞄准应用、打通链条、集聚要素为共同特征,依托大院大所,一手抓原始创新,一手抓成果转化和技术应用。一方面,遵循科研规律和市场机制,与国际接轨,探索在科研组织模式、管理体制机制等方面的改革创新,充分发挥创新要素主动性和创造力,汇聚国际一流资源,推进协同创新,促进实现科技前沿制高点源头创新;另一方面,积极构建科技成果转化与产业化新机制,有效推进产业化及应用。北京的新型研发机构开拓了独特的创新模式,主要包括:一是从国家战略层面承接国家重大科技创新任务的新型载体。以北京量子信息科学研究院为典型代表。二是在

---

① 北京市科委:《建机制　搭平台　创实效——北京市重点实验室、工程技术研究中心创新巡礼》2019 年 7 月 22 日。

基础研究领域打造科技创新源头。以北京生命科学研究院为典型代表。三是围绕产业链构建创新链,围绕创新链培育产业链,加强科技与产业对接,推动科技成果转化为先导产业。如北京协同创新研究院、北京石墨烯技术研究院。四是建设创新创业和孵化平台,培育产业创新生态圈。如北京智能计算产业研究院。五是以企业为主体整合行业创新资源,建设制造业创新中心,满足行业共性技术需求、搭建产业创新服务平台。这些新型研发机构进行了系统性的体制机制创新:组织形式上由政、产、学、研高度协作,组织机构上实行理事会领导下的院(所)长负责制,运行上实行市场化社会化企业化的人员聘用机制、遵循科研规律的人才激励机制和考核机制、优中选优的项目筛选机制、市场化的企业孵化机制及创新融资机制等。

新型研发机构不但承担基础前沿研究、关键技术研发的重要功能,而且深度融合科技与经济,促进高端科技成果转化和产业化,成为贯通原始创新到产业化、联结创新链和产业链的创新体系,形成科学发现驱动技术发明、技术发明推动产业发展、产业发展反哺科学发现的良性循环研发模式。北京将进一步支持新型研发机构探索产学研融合发展新模式,集成产业核心技术研发、企业研发服务、创新成果孵化转化,针对企业的特定需求,开展定制化技术研发,形成从基础研究到产业化的一体化合作模式,真正实现以市场需求引领技术研发。

二、以“三城一区”为主平台,夯实首都创新体系的战略布局

习近平总书记重视发挥各地在创新发展中的积极性和主动性,将建设科技创新中心作为以创新集聚促进区域创新发展的重要抓手。特别提出要“围绕‘一带一路’建设、长江经济带发展、京津冀协同发展等重大规划,尊重科技创新的区域集聚规律,因地制宜探索差异化的创新发展路径,加快打造具有全球影响力的科技创新中心,建设若干具有强大带动力的创新型城市和区域创新中心”①。习近平总书记将北京建设科技创新

① 习近平:《为建设世界科技强国而奋斗——在全国科技创新大会、两院院士大会、中国科协第九次全国代表大会上的讲话》,人民出版社 2016 年版,第 16 页。

中心提升到国家战略的高度,并提出殷切希望。2013 年,中央政治局在中关村举行集体学习时,习近平总书记对中关村提出加快建设具有全球影响力的科技创新中心的要求,希望中关村为全国创新驱动发展更好发挥示范引领作用。2014 年,他在视察北京讲话时要求北京明确城市战略定位,进一步以"三城一区"为主平台,明确了北京建设科技创新中心的战略布局。2017 年,在审议《北京城市总体规划(2016 年—2035 年)(送审稿)》时,强调首都建设要始终围绕"四个中心"城市战略定位来开展,科技创新中心方面,要重点抓好"三城一区",构筑北京发展新高地。中共中央、国务院关于对《北京城市总体规划(2016 年—2035 年)》的批复指出,大力加强科技创新中心建设,深入实施创新驱动发展战略,更加注重依靠科技、金融、文化创意等服务业及集成电路、新能源等高技术产业和新兴产业支撑引领经济发展,聚焦中关村科学城、怀柔科学城、未来科学城、创新型产业集群和《中国制造 2025》创新引领示范区建设,发挥中关村国家自主创新示范区作用,构筑北京发展新高地。北京加强提升科技创新中心功能,在区域和全国创新体系建设中发挥示范带动作用。创新活动在"三城一区"、中关村国家自主创新示范区、创新产业集群示范区高度集聚、合理布局,初步形成协同创新合力,为首都创新体系建设夯实了空间战略布局,将进一步带动首都创新体系效能提升。

(一)"三城一区"定位相互协调配合,成为全国科技创新中心建设的主平台

2016 年 9 月,国务院发布了《北京加强全国科技创新中心建设总体方案》,对北京以"三城一区"为主平台、构建科技创新为核心的全面创新体系进行了总体谋划。提出统筹规划建设中关村科学城、怀柔科学城和未来科技城,建立与国际接轨的管理运行新机制,推动央地科技资源融合创新发展。中关村科学城主要依托中科院等院所、高校和中央企业,聚集全球高端创新要素,实现基础前沿研究重大突破,形成一批具有世界影响力的原创成果。怀柔科学城重点建设高能同步辐射光源、极端条件实验装置、地球系统数值模拟装置等大科学装置群,创新运行机制,搭建大型科技服务平台。未来科技城着重集聚一批高水平企业研发中心,集成中

央在京科技资源，引进国际创新创业人才，强化重点领域核心技术创新能力，打造大型企业集团技术创新集聚区。同时，在北京经济技术开发区加快科技成果向现实生产力转化，打造具有全球影响力的创新型产业集群。“三城一区”基于创新链相互衔接、有效互动，成为基础研究、应用研究、技术创新、成果转化与产业化一体化的创新体系主要载体。“三城一区”地区生产总值占全市比重已超过30%。2020年上半年，中关村科学城地区生产总值占全市比重接近1/4，高新技术企业保持快速发展；2020年，国家级高新技术企业数量突破1万家，独角兽企业达到44家，上市公司达236家。

（二）三大科学城以重大科技基础设施为支撑，强化原始创新

重大科技基础设施是央地协同创新的主要平台，三大科学城依托密集的科技基础设施，聚集各类产学研创新主体和创新要素，加强原始创新。中关村科学城聚焦科技创新出发地、原始创新策源地、自主创新主阵地功能定位，探索构建创新型企业、科研院所、高校、创新服务机构等多元主体融合创新的区域创新治理体系，搭建新平台、新机制，打造国家知识创新和战略性新兴技术策源地。自主创新活力不断提升，涌现出马约拉纳任意子、新型超低功耗晶体管等重大标志性原创成果。

怀柔科学城以与中科院的合作为重点，聚焦物质科学、空间科学、地球系统科学、生命科学、智能科学等方向，建设大科学装置和科技研发平台，聚集一批高校院所、新型研发机构和创新型企业，协同创新以取得世界领先的原创科研成果，打造“世界级原始创新战略高地”，提高我国在基础研究和前沿交叉领域的源头创新能力。并依托大科学装置集群和怀柔科教产业园搭建科技服务平台，推进创新成果转化和产业化。国家布局的5个大科学装置已经全部启动建设，11个科教基础设施和第二批交叉研究平台正在加紧推进，综合性国家科学中心基本框架形成。

未来科学城将聚焦先进能源、先进制造、医药健康领域，建设代表国家相关产业应用研究技术前沿水平、引领产业转型升级的创新高地。在先进能源方面，重点聚焦能源互联网、新能源、先进储能、能源清洁高效开发利用等细分领域，推动能源关键技术自主可控。发展先进制造，聚焦智

能装备与系统、新一代信息技术、关键战略材料三个细分领域，推动信息技术与制造融合发展，构建融合创新体系，加速突破关键战略材料的研制与产业开发。在医药健康方面，重点聚焦生物医药、高端医疗器械、智慧医疗三个细分领域，突破生命科学前沿技术、搭建关键共性技术平台、发展“高精尖”医药产业。组建了氢能技术协同创新平台等，引进多个优质项目，推动开展联合攻关。同时将在能源、医药健康等优势领域启动国家实验室培育，带动形成具有核心技术支撑的创新型企业和产业集群。

（三）三大科学城加强推进产学研协同创新

中关村科学城积极推进科技创新政策先行先试，打造具有全球竞争力的创新生态体系，提升创新发展效率和能级。实施新型研发平台领航计划，推进政产学研用深度融合、协同创新，加强与市级支持措施衔接配套，推出市区“政策集成包”“政策集成工具”，支持建设贯穿基础研究、应用技术研究和产业化全链条的新型研发平台。对于全球领袖型科学家领衔建设的新型研发平台，采取一事一议的方式按需支持。目前，已落地建设北京石墨烯研究院、全球健康药物研发中心等一批新型研发平台。整合驻区高校、科研院所和创新型企业资源，建立创新资源共享平台，建设科研设备租赁中心、共享型产业中试基地，促进创新资源融合共享。同时，在中关村科学城打造创新成果转化全链条服务。完善高校院所技术转移转化机制，加快推进基础研究成果向技术和产品、服务转化。为解决科技成果转化“最初一公里”问题，建设中关村前孵化创新中心，围绕脑科学与智能技术、精准医学、突破性新材料等前沿领域，对重大科研成果进行超前投资和前移孵化，促进高校院所高端硬技术和前端原始创新项目落地转化。持续将支持环节向科技成果转化的“最初一步”前移，实施概念验证支持计划，促进基础研究项目向概念验证项目转化。

未来科学城将推进创新链各环节协同联动，企业、科研院所、高校协同创新，构建一流的创新创业生态系统，营造创新创业文化氛围和制度环境。在东区依托在低碳环保、清洁能源、智能电网等重点领域具有自主知识产权创新成果的企业，打造“能源谷”。在西区依托中关村生命科学园、工程技术创新园、科技服务产业园、先进制造产业园等功能区，聚集创新型企业、关键共性技术创新平台、科技服务平台，形成了从基础研究、技术研发到科技服务和成果转化的创新发展链条。中关村生命科学园项目已入驻单位近500家，形成了以基础研究为核心，涵盖研发、中试、生产、临床应用的生物医药产业创新体系。

（四）北京经济技术开发区积极承接“三城”创新成果，促进科技成果向现实生产力转化

北京经济技术开发区围绕主导产业承接“三城”科技成果落地转化，与“三城”合作不断深化，成为主要产业转化基地。近三年落地项目达到340余项，以新一代信息技术、机器人与智能制造、生物医药、高端汽车为主要支撑，已形成电子信息产业、装备制造业、生物工程和医药产业、汽车及交通设备产业四个创新型产业集群。2018年，实现工业增加值960.3亿元，占全市的比重达到21.5%。制定实施《关于共同建设中关村科技成果产业化先导基地的行动方案》，建设中关村科技成果产业化先导基地，加强基金、政策等支持，突出高端研发在海淀、成果转化首站在经济技术开发区，吸引成果落地，力争把先导基地建设成为重要的科技成果转化中枢。通过政府签约落地、孵化载体承接、企业自主对接等方式促进科技成果转化。例如，依托第三代半导体功率器件制造与验证中试基地，满足中科院项目中试需求，承接项目落户，帮助企业实现从实验室到规模生产；成立于2016年的北京科益虹源光电技术有限公司，是中科院国家02重大专项“浸没式曝光光源研制与小批量产品生产能力建设”成果的产业化载体；北京国望光学科技有限公司通过将中科院科技成果作价入股实现增资，促进研发转化，加快突破“卡脖子”技术难题。同时，通过加强各类创新服务平台建设，优化创新生态，促进“三城”创新成果对接与产业化。完善产业联盟、研究院、专利池、公共服务平台、基金、特色产业园“六位一体”的创新服务体系。依托龙头企业，联合重点高校和科研院所，与“三城”源头机构实现资源对接与创新协同，建设新型显示、下一代互联网、国家新能源汽车等技术创新中心，突破一批关键核心技术，提升自身创新能力。加强云计算等新兴产业研发平台建设，链接产业链上下

游企业，打造创新辐射能力强、产业关联度高的产业集群。加强中试基地建设，制定实施《中试基地认定管理办法》，首批认定基因药物等6家中试基地，支持北亦蛋白等中试服务平台做大做强，推动在集成电路IP设计、汽车整车开发、诊断试剂等重点领域，以市场为导向，培育规模化产业中试基地，建设中试服务业集群，打造科技成果转化"中间站"，提高科技成果转化效率。

三、深化科技创新体制机制改革，提升首都创新体系效能

中共北京市委十二届十次全会强调，着力建设具有全球影响力的科技创新中心，要"完善以科技创新为核心的全面创新体系"。进一步完善首都创新体系，提升创新体系效能，将有效带动首都实现以科技创新为引领的高质量发展。

习近平总书记十分重视创新体系建设的制度支撑，强调要以问题为导向，以需求为牵引，在实践载体、制度安排、政策保障、环境营造上下功夫，在创新主体、创新基础、创新资源、创新环境等方面持续用力，提升国家创新体系整体效能。关于深化科技体制改革的具体路径，习近平总书记强调，坚决扫除阻碍科技创新能力提高的体制障碍，有力打通科技和经济转移转化的通道，优化科技政策供给，完善科技评价体系，营造良好创新环境。政府要集中力量抓好少数战略性、全局性、前瞻性的重大创新项目。要加大政府科技投入力度，引导企业和社会增加研发投入。要加强知识产权保护工作，完善推动企业技术创新的税收政策，激励企业开展各类创新活动，要引导金融机构加强和改善对企业技术创新的金融服务，加大资本市场对科技型企业的支持力度。

在习近平新时代中国特色社会主义思想的指导下，北京持续深化科技体制改革，用制度创新充分释放科技创新活力，提升创新体系效能。2019年11月，北京市政府正式印发实施《关于新时代深化科技体制改革　加快推进全国科技创新中心建设的若干政策措施》，对强化科技创新中心功能、完善创新体系，从加强科技创新统筹、深化人才体制机制改革、构建高精尖经济结构、深化科研管理改革、优化创新创业生态等

方面作出全面改革部署。[①] 一是聚焦资源融合，为创新凝聚合力。例如，在主动承接国家科技重大任务方面，超前规划布局基础研究、应用基础研究及国际前沿技术研究，加快推动在国家急需的战略性领域取得重大突破，打造世界知名科学中心。加强基础设施和公共服务配套，全力保障国家实验室在京布局。设立科学研究基金，加快建设北京怀柔综合性国家科学中心。积极承建国家重大科技基础设施、国家科技创新基地，深入对接国家“科技创新—2030”重大项目、重点研发计划，推动更多重大任务在京落地。支持新型研发机构、高等学校、科研机构、科技领军企业突破“卡脖子”技术，推动产业链上下游开展战略协作和联合攻关。在创新“三城一区”管理体制机制方面，按照权责利统一的原则，分区域、分步骤依法推进审批权限赋权和下放，将北京经济技术开发区试点的企业投资项目承诺制推广至“三城一区”。在加大科技创新投入力度方面，落实研发费用加计扣除等政策，采取政府引导、税收杠杆等方式，鼓励企业、社会组织等通过共建新型研发机构等方式加大基础研究投入。在完善科技创新决策咨询机制方面，创新常态化的政企对接机制，在制定重大规划计划和开展重大科研攻关时，充分征求行业组织、企业意见。旨在优化创新驱动发展战略的顶层设计，促进创新体系各主体、各环节协同高效，集中资源、形成合力，突破重大关键科技问题。二是聚焦科研机构自主管理，推进高校院所“四大自主权”落实，加强赋权激励。通过职称评审权限下放等措施，扩大选人用人自主权；通过科研项目经费包干制试点等措施，扩大经费使用自主权；深化科研试点单位体制改革，扩大管理运行自主权；推动科技成果转化地方立法，加大成果转化授权力度。三是聚焦人才管理体制机制优化，培养、聚集一流创新人才。四是聚焦科研管理流程简化，激发科研人员创新活力。五是聚焦优化营商环境，激发企业创新动力和活力。例如，在优化创新创业生态方面，强化知识产权创造、保护、运用，加大惩罚性赔偿力度，提高侵权成本；发挥政府引导基金作用，吸引社

① 许强:《北京“科创30条”勇闯新时代深化科技体制改革深水区——用制度创新充分释放科技创新活力》,《北京日报》2019年12月9日。

会资本投资原始创新、成果转化、高精尖产业，形成覆盖种子期投资、天使投资、风险投资、并购基金的基金系；提升重点产业市场准入便利化水平，创新适合新技术、新产品、新业态、新模式发展的监管机制，实行包容审慎监管。

首都创新体系建设应持续深化科技体制改革，并以科技体制改革引领全面创新改革，为创新成果向高端创新型经济转化探索高效的制度设计和完善的组织机制保障。深化科技创新体制机制改革，打通科技和经济转移转化的通道。完善创新政策体系，营造良好政策环境。完善科技创新治理，破除科技成果转化为现实生产力的体制机制障碍；协同推进科技体制改革与其他方面改革，实施综合配套改革。

（一）优化新兴产业发展的制度环境

优化创新环境，营造公平、开放、高效、统一的市场环境和制度保障。促进竞争与创新政策主导政策取向，建立各类创新主体平等使用生产要素、公开公平公正参与市场竞争的环境。持续优化营商环境，明确政府和市场作用的边界，充分发挥政府引导和激励功能的同时，逐步确立竞争政策的基础性地位。率先实现和示范引领科技政策向创新政策的转变①，进一步推进科技、产业、金融领域管理制度和机制创新，以政策链为保障，围绕产业链提升创新链，围绕创新链优化资金链，实现政策链与产业链、创新链、资金链高效融合互动。完善各创新主体、创新环节、创新领域有机互动和协同共生的制度基础，为创新转化消除体制机制障碍。健全政策支持、要素投入、激励保障、服务监管等长效机制，推动新产品、新模式、新业态蓬勃发展。

促进市场准入和市场监管制度有机统一、相辅相成。营造准入开放、竞争公平、监管科学的市场环境，完善市场机制，培育更有活力的市场主体。制定新产品标准，建立基于“竞争—创新”框架的负面清单管理制度，畅通市场准入，优化新产品、新模式和新业态的准入管理制度，为新的

① 梁正：《从科技政策到科技与创新政策——创新驱动发展战略下的政策范式转型与思考》，《科学学研究》2017 年第 2 期。

市场竞争模式顺利实现破除制度障碍。分类推进“证照分离”改革，采取直接取消审批、审批改为备案、实行告知承诺、优化准入服务等方式，解决“准入不准营”问题。与负面清单管理制度协调统一，完善新产品、新模式和新业态的监管制度，科学有效实施产业监管，加强事中事后监管。健全完善配套制度，调整新兴产业准入、行业管制与现行法律法规的冲突，完善行业管理制度。健全完善产业技术规范、行业标准、产品认证等质量体系和信用体系，提升产业规制性政策对创新的引导作用。

（二）促进创新政策协调配合

推动创新要素政策、创新关联政策、创新主体政策、产业创新政策、区域创新政策、创新环境政策、开放创新政策协调配合，形成协同关联的科技创新政策体系。

1. 创新要素政策

鼓励科技服务机构加大研发创新活动投入，引导社会资本投入。推动科技创新基础条件平台与基地政策深度落实，提升在京的研究试验基地和重大科研基础设施运行管理效率。加强科技服务业发展政策与科技基础设施条件政策的对接，通过政策协同，推动市场化专业化的科技服务机构与国家重点实验室等科技创新基地和重大科技基础设施实现高效创新合作。完善科技资源共享的配套制度保障，健全科技资源开放共享的激励和约束机制，创新共享模式，整合共享服务平台，构建多层次、多领域、定制化服务的开放共享网络。

2. 创新关联政策

提高产学研结合政策实施效果，支持产学研合作组织建设国家重大创新基地、组织实施国家重大科技项目、承担重大科技成果转化，加强产学研合作对产业创新的带动作用。完善技术转移转化配套政策，将技术转移服务机构发展促进政策与科技成果转化政策有机结合起来。在科技成果转化政策中，进一步创新产权激励机制、收入分配激励政策和税收激励机制、绩效评估体系，同时加强高校院所建设独立技术转移服务机构的政策设计。加强促进科技服务业发展的体制机制创新，彻底打通科技成果转化关卡，破解实现技术突破、产品制造、市场模式、产业发展“一条龙”转化的瓶颈,加快创新成果转化应用。

3. 创新主体政策

深入落实有关支持企业建设研发机构的政策,推进扶持新型研发机构等科技服务业发展政策向企业应用,加强企业研发机构主体培育和能力提升。加快落实国家创新创业服务机构发展政策,在国务院和部委层面指导意见基础上,结合北京实际,制定出台扶持科技企业孵化器、大学科技园、众创空间等创新创业服务机构的政策措施,明确功能定位,规范认定、评价、管理,加强要素支持。完善创新治理的社会参与机制,推动产业创新联盟、科技社团等科技服务机构成为创新治理体系的重要组成部分,提高参与创新决策咨询的效果。

习近平总书记关于创新体系建设的重要论述,是其关于科技创新重要论述与习近平经济思想的有机结合,是在我国科技实力从量的积累向质的飞跃、点的突破向系统能力提升的重要时期,为加强以科技创新为核心的全面创新、加快实施创新驱动发展战略所作出的战略部署,为我国实现以创新为引领发展第一动力的高质量发展作出了战略擘画。

小　　结

习近平总书记关于创新体系建设的重要论述,核心要义是促进科技与经济深度融合,从创新主体功能定位、建设路径、体制机制保障等方面深刻回答了新时代我国创新体系建设的重大理论与现实问题,是指导我国创新体系建设、实现创新驱动发展的行动指南,为首都完善创新体系、建设具有全球影响力的科技创新中心提供了根本遵循。建立以企业为主体、市场为导向、产学研深度融合的技术创新体系,是习近平总书记关于创新体系建设重要论述的主线,明确了创新主体的功能定位、创新体系建设的基本路径和制度保障。习近平总书记关于创新体系建设的重要论述,将创新体系与现代化经济体系建设融为一体,为有效提升创新体系效能提供了根本指针,对增强我国经济发展的内生创新驱动力、促进经济高质量发展,必将产生前瞻性战略性的指导价值。

第九章　加快推进首都国际交往中心建设

“北京国际交往中心建设”是习近平总书记于2014年2月考察北京时提出的“四个中心”之一，是新时代把北京建设成为国际一流的和谐宜居之都的重要内容。2019年9月底，习近平总书记视察北京大兴国际机场并发表重要讲话，为在新时代加快推动北京国际交往中心功能建设指明了方向。习近平总书记有关北京城市国际化和推动国际交往中心建设的一系列重要论述，高瞻远瞩、内涵丰富、思想深刻、浑然一体。

近年来，首都北京作为中国主场外交的核心承载地，随着亚太经合组织APEC峰会、“一带一路”国际合作高峰论坛、中非合作论坛北京峰会、中国共产党与世界政党高层对话大会、亚洲文明对话大会等的成功举办，北京国际交往的影响力和话语权进一步提升。新时代下，北京市大力推进北京国际交往中心功能建设是贯彻落实习近平新时代中国特色社会主义思想、深入落实北京新版城市总体规划、深化首都城市战略定位的迫切需要，是切实增强“四个意识”、坚定“四个自信”、做到“两个维护”在城市规划发展领域的具体体现。

第一节　首都国际交往中心建设的时代背景

党中央高度重视北京国际交往中心建设。纵观纽约、伦敦和巴黎等国际交往中心网络节点城市，其之所以能够成为“国际交往枢纽”，皆与本国在世界大格局中的地位变迁密切相关。目前，城市代表国家参与全球治理和全球竞争的趋势日益明显，北京既承担着中国特色大国外交舞台场所“供应地”的角色，又要同东京、新加坡等亚洲区域性城市竞争，还要同纽约、伦敦、巴黎等全球城市竞争，因此，当前集聚相关优势资源，加快推进北京国际交往中心建设更为迫切。

首先，迈向中华民族伟大复兴的历史使命，需要北京更好服务党和国家的主场外交需要。党的十八大以来，习近平总书记提出并深刻阐述了实现中华民族伟大复兴的中国梦。“在五千多年的文明发展历程中，中华民族为人类文明进步作出了不可磨灭的贡献。……就是要团结带领全党全国各族人民，接过历史的接力棒，继续为实现中华民族伟大复兴而努力奋斗，使中华民族更加坚强有力地自立于世界民族之林，为人类作出新的更大的贡献。”①新时代下，在以习近平同志为核心的党中央坚强带领下，中国和世界的关系正在发生历史性变化，中国开始引领国际规则和全球治理。因此，立足于“两个一百年”奋斗目标和中华民族伟大复兴的神圣使命，首都北京要体现大国首都新发展新形势，要为中国特色大国主场外交提供更好的支撑服务。尤其是伴随“一带一路”建设向纵深推进，争取全球治理制度性权利成为未来中国对外交往的大趋势，这种趋势必将带来更多、更频繁的国际交往活动，会吸引越来越多的国际资源向中国集聚。习近平总书记明确指出：“国际交往中心方面，要用好‘一带一路’国际合作高峰论坛服务保障成果，加强国际交往重要设施和能力建设。”②很显然，北京作为中国主场外交最主要的提供地，要适应我国重大国事活动常态化的趋向。一方面，这种增多的国际资源集聚，对首都北京来说是一种良好的国际化资源；另一方面，增多的资源，大多是国际高端优质资源，这种资源属性是需要配套的精致化环境，也就是说需要精致的大国外交活动舞台，从某种程度上，这种精致性成为衡量评价国际交往中心的标尺。

其次，落实首都“四个中心”城市战略定位，实现高质量发展，需要打造国际交往活跃国际化服务完善国际影响力凸显的国际交往中心。习近平主席在博鳌亚洲论坛 2018 年年会开幕式上发表主旨演讲，指出

① 《习近平谈治国理政》第一卷，外文出版社 2018 年版，第 3—4 页。

② 徐飞鹏、王皓：《传达学习贯彻习近平总书记对北京城市总体规划重要讲话精神》，《北京日报》2017 年 7 月 3 日。

"未来中国经济实现高质量发展也必须在更加开放的条件下进行。……中国开放的大门不会关闭,只会越开越大"。[①] 对外开放是中国取得成功的关键一招。作为首都,北京是全国对外开放的排头兵,无论是优化营商环境,抑或深化服务业扩大开放试点,还是积极参与"一带一路"建设,都需要以更扎实有力的举措推动北京对外开放再上新台阶、开创新局面,充分用好北京对外交往宝贵资源,服务全市开放发展。此外,全国文化中心建设需要北京成为展示中华文化的重要窗口和荟萃世界文化的重要舞台,科技创新中心建设需要打造具有全球影响力的科技创新中心和全球领先的服务贸易枢纽城市,这都需要引进国际高端要素资源,持续优化涉外服务环境,提升国际化公共服务水平。另外,加快北京国际交往中心功能建设,也是促进北京城市经济高质量发展的客观需要。大型国际活动带来了国际优质资源,为北京的企业参与国际分工合作,实现"走出去"和"引进来"创造了更好条件。同时,还直接带动了会展服务业、文化旅游业等相关产业的大发展。

最后,以人民为中心,顺应首都市民对美好生活的需要。建设宜居城市,提高居民生活质量,是习近平总书记一直关注的事。他多次强调,必须贯彻以人民为中心的发展理念。近几年,随着北京"四个中心"城市战略定位的确立和不断发展,在京举办的各类国际大型活动会越来越多。亚太经合组织 APEC 峰会、"一带一路"国际合作高峰论坛、中非合作论坛北京峰会、中国共产党与世界政党高层对话大会等在首都成功举办,广大北京市民既是见证者也是参与者,北京人民用自己的微笑和热情迎接四海宾朋,得到了世界各国的广泛赞扬。举办大型国际活动是国际交往中心建设的重要内容之一,既能为城市的发展提供强大动力,也能为广大市民带来切实利益。通过举办大型国际活动,对标国际标准,提高了北京城市精细化管理水平,提升了城市综合服务保障能力,基础设施更加完善,环境更加宜居,城市更加美丽,市民生活更加丰富多彩。此外,国际交往的深入,拓宽了市民的国际视野,提升了文明素质和国际化素养,培养

① 《习近平谈治国理政》第三卷,外文出版社 2020 年版,第 202 页。

了一批熟悉国际规则的专业人才,为北京储备国际交流活动相关人才奠定了基础。总之,城市建设发展的核心是"人",通过举办各种大型国际交流活动,提升了北京国际化水平,扩大了国际影响力,也进一步提高了北京城市软实力和市民荣誉感,为实现中华民族伟大复兴提供了必要的精神与文化支撑。

通过对迈向中华民族伟大复兴的历史使命、落实北京"四个中心"城市战略定位、实现高质量发展以及以人民为中心顺应首都市民对美好生活的需要等多层面分析可以看出,新时代下习近平总书记关心关怀北京的城市发展,加快北京国际交往中心建设就是落实新时代北京城市战略发展的新要求,处理把握好城市国际化"舍"与"得"的关系,回答"建设一个什么样的首都,怎样建设首都"这个重大时代课题。

第二节　首都国际交往中心建设的主要过程

1949 年,新中国成立后,北京作为新中国的首都,就发挥着重要的对外国际交往功能,只是拘泥于当时美苏冷战的时代格局,国际交往相对较少。改革开放之后,北京对外国际交往开始活跃起来,特别是 1990 年北京亚运会及 2008 年北京奥运会成功召开,北京作为中国的国际交往中心逐步形成。党的十八大之后,习近平总书记多次视察北京,提出北京"国际交往中心"的城市战略新定位,为新时期北京加快推进国际交往中心建设提供了根本遵循。

第一阶段是 1949 年新中国成立至改革开放前。1949 年,新中国成立后,北京作为中华人民共和国的首都,就积极与当时的一些社会主义阵营国家开展国际交往。20 世纪 50—60 年代,北京的对外交往在党和政府领导下,逐步发展起来。这一时期,北京市人民政府配合中央政府整体外交工作,设立外侨事务处,为国家对外交往服务方面发挥重要作用。此外,1949 年北京市中苏友好协会成立,加强了北京市民对苏联社会主义国家的了解。1956 年 7 月,北京华侨旅行服务社成立,这是中国最早接待海外旅游者来华旅游的专业国际旅行社。但由于当时全球国际形势美苏冷战的开始，两大阵营对立，再加之“文化大革命”对整个外交事业的冲击，北京市外交机构职能单一，城市对外交往活动比较稀少，主要承担一些亚非拉友好国家领导人在北京的参观访问国事接待任务。

第二阶段是改革开放后至1990年亚运会。改革开放的春风吹向中华大地，北京与全国其他城市一样，对外开放水平快速发展。这一时期，根据地区经济发展、地区外贸及涉外事务的发展需要，北京市积极开展对外交往活动，1979年3月，东京都与北京市结为友好城市，成为北京市的第一个友好城市，正式拉开北京友好城市交往序幕。20世纪80年代初，中央政府在北京市的规划批示中就提出要将北京建设为国际交往中心。1980年，国家百废待兴，中央对北京城市规划进行重新定位，北京成为政治、文化和国际交往中心，不再发展重工业。“国际交往中心”一词正式出现在北京规划文件中。1981年10月，亚洲议员人口和发展会议在北京成功举办，北京向世界展示了改革开放的新面貌。1983年，中央对北京城市总体规划进行重新定位，北京成为政治中心、文化中心，以及服务中央、国务院开展国际交往。1990年9月，北京亚运会的成功召开，加速推动了北京城市国际化水平，大量新建的城市基础设施令人耳目一新，城市面貌日新月异，国际化服务水平获得较大程度提升。例如，北四环亚运场馆等一批新建筑成为北京新景观、新名片，处处散发着国际化大都市的气息。

表9-1　新中国成立以来北京历次城市功能定位变化情况

年份	北京功能定位	时代背景
1953	强大的工业技术基地和技术中心	首都第一个五年计划出台、《改建与扩建北京市规划草案要点》出台
1954	中央同意北京成为国家政治、经济、文化中心，不赞成成为中国工业基地	中央转批国家计委审议报告，通过北京新职能定位
1958	北京成为中国政治中心和文化中心，还要迅速成为现代化的工业基地和科学技术中心	《北京城市规划初步方案》形成

续表

年份	北京功能定位	时代背景
1973	"多快好省"地把北京建设成一个具有现代工业、现代农业、现代科学文化和现代城市设施的清洁的社会主义首都	《北京市建设总体规划方案》出台
1978	北京成为中国重工业城市之首	北京健全工业体系,工业占生产总值的 64.5%
1980	北京成为政治、文化和国际交往中心,明确不再发展重工业	中央对北京进行重新定位
1982	以第三产业为主导的可持续经济	北京市第五次党代表大会召开
1983	北京是全国政治中心、文化中心,不再提经济中心和现代化工业基地	《北京市总体规划方案》出台
1988	调整北京市经济发展方式,实现经济增长方式转变	北京新技术产业开发试验区成立
1997	北京以发展知识经济为方向,高新技术为核心	北京市第八次党代会提出"首都经济"发展战略
2004	确立"四个服务":为党政军领导机关工作服务、为国家国际交往服务、为科技教育发展服务、为改善人民群众生活服务	《北京城市总体规划(2004 年—2020 年)》出台
2008	2008 年北京奥运会召开,形成"人文北京、科技北京、绿色北京"新理念	北京市委十届七次全会提出
2010	国际活动聚集之都、世界高端企业总部聚集之都、世界高端人才聚集之都、中国特色社会主义先进文化之都、和谐宜居之都	世界城市建设
2014	坚持和强化首都政治中心、文化中心、国际交往中心、科技创新中心的核心功能,努力把北京建设成为国际一流的和谐宜居之都	习近平总书记视察北京,对北京城市发展定位提出新要求
2017	落实城市战略定位,优化提升首都核心功能,加快推进国际交往中心建设,构建世界级城市群	《北京城市总体规划(2016 年—2030 年)》草案发布

第三阶段是 20 世纪 90 年代至 2008 年北京奥运会。20 世纪 90 年代中期,北京城市发展开始战略性调整,提出"首都经济",这意味着北京在对外交往中也将关注经济发展和城市建设。这一时期,北京市充分利用

其独特的地缘政治优势,对外交往活动不断拓展、涉外环境持续改善、国际城市建设迅速发展。1995 年 9 月,联合国第四次世界妇女大会在北京成功召开。1998—2002 年的 5 年间,北京市举办了国际数学大会、中非合作论坛部长会议等大型的国际会议,北京市外交外事管理体系进一步完善,对外交往活动急剧增加。2006 年中非合作论坛北京峰会成功举办,成为北京自新中国成立后同时服务保障外国元首最多的一次外事活动。2008 年北京奥运会成功举办,北京城市面貌发生了翻天覆地的变化,一大批国际服务设施获得扩容、完善和提升,服务大型国际活动的保障能力和水平明显提升,初步形成一支具有国际一流水准的服务保障队伍。申办、筹备和组织奥运会促进了北京城市国际化进程,提高了城市的知名度、竞争力和在世界国际化大都市排名榜上的位次,产生了明显的"奥运效应",奠定了建设具有中国特色的国际化大都市的基础。

第四阶段是奥运会后至党的十八大前。这一时期,北京在成功举办奥运会的基础上,确立实施"人文北京、科技北京、绿色北京"战略,提出建设中国特色"世界城市"任务,大力发展生产性服务业。2010 年 8 月,时任中共中央政治局常委、国家副主席习近平到北京市调研,提出北京未来建设世界城市,重点就是要打造"五个之都","要按照科学发展观的要求,立足于首都的功能定位,着眼于提高'四个服务'水平,既开放包容、善于借鉴,又发挥自身优势、突出中国特色,努力把北京打造成国际活动聚集之都、世界高端企业总部聚集之都、世界高端人才聚集之都、中国特色社会主义先进文化之都、和谐宜居之都"①。"五个之都"是习近平总书记对北京城市战略定位第一次作出的完整科学阐述,对北京城市规划建设向合理化方向发展提供了重要的指引。"五个之都"科学框定了北京的国际化发展路径,聚焦北京实际,强调不盲目攀比,一方面,它肯定了北京扩大国际影响力的诉求和建设中国特色世界城市的目标;另一方面,它将中国特色世界城市的内涵进行了具体化:"五个之都"肯定了北京的政

① 吴晶晶:《以转变发展方式促进经济社会又好又快发展　以改革创新推动党的建设科学化水平提高》,《人民日报》2010 年 8 月 24 日。

治(国际活动聚集之都)、文化(中国特色社会主义先进文化之都)和居住职能(和谐宜居之都),在经济领域,认可了生产性服务业(世界高端企业总部聚集之都、世界高端人才聚集之都)对北京的重大意义。习近平总书记有关北京“五个之都”的论述,与后来提出的“国际交往中心”在内涵上一脉相承,是国际交往的重要内容体现。这一时期,北京对外贸易经济发展迅速,国际交往日益频繁,国际交往的软硬件水平快速发展,培育和形成了一批北京国际交往知名品牌,很好地发挥了首都资源集聚、辐射和带动功能。北京市成功举办了2010年国际友好城市市长会议,承办的国际体育赛事和国际会议逐年增多。

第五阶段是2012年党的十八大至今。2014年,习近平总书记提出北京“四个中心”发展战略,“国际交往中心”作为北京城市发展战略提升到核心位置。APEC在北京成功举办,北京的保障能力和保障水平得到进一步提升。2016年《北京市国民经济和社会发展第十三个五年规划纲要》提出,强化国际交往服务能力,建设国际城市。2017年9月,《北京城市总体规划(2016年—2035年)》正式发布,提出要加快推进国际交往中心及世界级城市群建设。在新的时代条件下,推进北京国际交往中心建设,对于实现促进北京经济社会高质量发展与配合国家总体外交方针的城市战略具有重要现实意义。2019年9月3日,北京市为落实习近平总书记重要指示批示精神,召开北京推进国际交往中心功能建设领导小组第一次全体会议,会议强调要立足迈向中华民族伟大复兴的大国首都实际,适应重大国事活动常态化,前瞻性谋划涉外设施和能力建设,持续拓展对外开放的广度和深度,积极培育国际合作竞争新优势,努力打造国际交往活跃、国际化服务完善、国际影响力凸显的国际交往中心。① 2019年9月25日,习近平总书记视察北京大兴国际机场并发表重要讲话,指出要“始终保持国际最先进水平,打造现代化国际大都市”②。大兴国际机

① 《努力打造国际交往活跃国际化服务完善国际影响力凸显的国际交往中心》,《北京日报》2019年9月4日。

② 《习近平出席投运仪式并宣布 北京大兴国际机场正式投入运营》,《人民日报》2019年9月26日。

场是北京加快推动国际交往中心硬件基础设施建设的重大举措，对提升我国民航国际竞争力、更好服务全国对外开放、推动京津冀协同发展具有重要作用。2020 年 3 月 11 日，北京市召开北京推进国际交往中心功能建设领导小组第二次全体会议，提出深入学习习近平总书记重要讲话精神，认真抓好国际交往中心功能建设专项规划和行动计划，加强国际交往中心能力建设，强化部市对接，健全完善工作体制机制。①

当前，北京市正在超前谋划国际交往中心功能建设，更好服务党和国家发展大局，加强国际交往中心建设，是落实首都城市战略定位的必然要求，是履行好“四个服务”的职责所在。此外，随着“一带一路”建设及京津冀协同发展战略的深入推进，越来越多的重大国际活动将在北京举办，北京城市对外交往在服务国家总体外交和地方经济社会发展方面发挥越来越重要的作用。

第三节　推进首都国际交往中心建设的主要任务

北京作为我国超大型城市，正在加快推进“国际交往中心建设”，其国际化程度和对外交往资源领先全国，城市对外交往活力指数名列前茅。北京市作为首都，将继续以习近平新时代中国特色社会主义思想为指导，把服务国家国际交往作为重要政治责任，坚持首善标准，全力提高服务保障能力和水平，确保国家重大主场外交和重大国事活动顺利举行。

一、优化国际交往空间布局

近年来，结合北京国际交往中心的战略定位，北京市区不断优化城市空间布局，促进形成“一核两轴四区域”的新格局。“一核”即首都功能核心区，主要是优化提升现有国事活动空间。“两轴”即中轴线和长安街及其延长线，是国际交往功能的中心承载区。长安街及其延长线是展示大

① 《北京推进国际交往中心功能建设领导小组第二次全体会议召开》，《北京日报》2020 年 3 月 12 日。

国首都形象和中华文化魅力的重要窗口，是首都功能最具代表性的区域，更是神州第一街。在规划建设过程中，高标准、高水平规划建设管理好长安街及其延长线，展现宏伟庄重的大国首都形象成为重要内容。“四区域”中，东部地区要着力提升外交外事功能承载能力，合理规划使馆及国际组织的区位分布，已规划的朝阳区东坝第四使馆区建设正有序开展；北部地区要提升重大外交外事活动综合保障能力，现已建成雁栖湖国际会展中心等大型外事活动综合体，有效承接各类外事活动；西部地区要强化国际科技创新合作和国际文化体育交流功能；南部地区要打造国际交往新门户，新通航的大兴机场开启了北京“一城双场”时代，使得北京的国际交往水平显著提升，有力奠定了北京作为亚洲地区国际交通枢纽的地位。2018 年，北京市已启动国家交往中心专项规划编制，开展第四使馆区规划工作。

此外，习近平总书记指出，北京要加强与天津、河北合作，协调推动京津冀区域发展。“北京城市副中心和雄安新区两个新城，形成北京新的‘两翼’”，“要能够经得起千年历史检验，这也是我们这一代中国共产党人留给子孙后代的历史遗产”。① 2018 年 5 月 22 日至 23 日，首次京津冀三地外办主任联席会议签署了京津冀外事工作交流合作机制备忘录，三地联合办公、集体会商、部门联动和现场调度等工作机制不断创新，各级指挥体系沟通顺畅、运转高效。京津冀协同发展，尤其是北京城市副中心和雄安新区的建设，充分坚持了“世界眼光、国际标准、中国特色、高点定位”的原则，对于疏解北京非首都功能、推进北京国际交往中心建设具有深远意义。

二、建设国际交往重点功能设施

改革开放以来，中国的综合国力和国际影响力不断提升，在全球政治、经济、安全等领域发挥着重要作用，国际交流和交往日益频繁。北京

---

① 《千年大计、国家大事——以习近平同志为核心的党中央决策河北雄安新区规划建设纪实》，《人民日报》2017 年 4 月 14 日。

作为全国政治、文化和国际交往中心，在服务国家总体外交战略的指引下，规划建设了一批具有国际影响力、能够代表国家形象的国际交流和会议场所以及大型国际交通枢纽，为国家政治、经济、国际组织和民间组织的国际交流交往服务。

雁栖湖国际会议中心建设突破北京在国际交流场地方面的限制。2014 年 11 月，举世瞩目的 APEC 第二十二次领导人非正式会议在北京雁栖湖国际会议中心成功举办，这是为强化首都的国际交往服务功能，疏解首都交通压力，调整城市功能布局而建设用于承接重大国际峰会，打造世界级会议、接待和旅游的综合性场馆。① 雁栖湖生态发展示范区的核心内容是作为国际交流载体的国际组织集群，服务对象包括经常性政府间会议机制、政府间国际组织、智库组织、国际非政府组织，有力突破了北京在国际交流场地紧缺方面的限制，促进了国际交往水平提升。

国家会议中心持续发挥国际交往中心平台效应。2009 年国家会议中心正式营业以来，持续发挥国际交往中心平台效应，在一次次的会展活动中发挥"工匠精神"，不断磨砺、提升，打造了一支具有国际一流水准的外事服务保障队伍，完成了从奥运场馆，到国家级会展平台，再到世界级会展平台的飞跃；展现了从专业商务接待场所，到重大外事国务活动接待场所，再到首倡主场外交活动接待场馆的蜕变。② 2018 年年底，国家会议中心二期项目顺利奠基，其服务于国际交往中心建设的平台效应将在未来进一步凸显。

北京机场客运吞吐量大幅提高。北京首都国际机场年旅客吞吐量从 1978 年的 103 万人次增长到 2018 年的 1 亿人次。随着北京在国际交往方面影响力的不断扩大，首都机场在地理位置和客流吞吐量上的局限性日益凸显。2019 年 9 月 25 日，亚洲最大的综合立体交通枢纽北京大兴国际机场正式通航，北京正式成为"一市两场"的城市。目前，大兴国际机场已开通国内航线 116 条，英国、俄罗斯、芬兰等 8 家国外航空公司进

① 李沐钢：《群英荟萃，共筑国际交往平台——从业主角度全面解析北京雁栖湖国际会都规划设计》，《建筑技艺》2014 年第 12 期。

② 邓熙：《国家会议中心：凝心聚力打造国际交往平台》，《中国报道》2019 年第 4 期。

驻。大兴国际机场作为国际交往中心的功能承载区，一跃成为亚洲最大的综合立体交通枢纽，将极大提升北京航空枢纽国际竞争力，并为保障北京在国际交往与交流活动中的中心地位奠定了坚实基础。

三、集聚国际高端要素

国际高端元素吸聚是国际交往中心城市的本质特征。吸聚国际组织是提升城市国际竞争力、扩大城市国际影响力的重要手段。国际组织是一个城市推进国际交往建设的重要抓手平台。

北京市加快推动国际交往中心城市建设，就需要统筹推进政府间国际组织、国际性社会团体、境外非政府组织三类重点国际组织落户工作。要根据北京“四个中心”城市战略定位，因地制宜选择具有较强国际影响力、权威性的国际组织，结合北京科技创新中心建设，抓紧推进世界机器人合作组织、世界剧院联盟等符合北京需求的专业协会和科技、工程类国际组织落户。提升中国国际服务贸易交易会影响力，办好中关村论坛。以筹备北京冬奥会、冬残奥会为契机，组织好中国网球公开赛、北京马拉松等，提升国际体育赛事承载能力。大力吸引外资，重点引进国际知名企业总部、研发中心等机构落地。

四、提升重大国事活动服务保障能力

着眼于服务国家总体外交，进一步健全重大国事活动服务保障长效机制。

（一）提升国际语言环境建设

外语标识使用与管理工作是首都国际语言环境建设工作的重要内容，事关树立首都良好形象，对服务国家整体外交，服务首都经济社会发展，服务大型国际活动筹办，推动北京国际交往中心建设具有重要意义。2017 年 6 月，北京市人大专题调研外语标识使用情况，建立了由高校语言专家、区内语言工作者和外籍人士组成的专家顾问团，每半年对全市范围内的公共场所外语标识进行巡查，并且在北京市政府外办的协助下于年底组织专家进行标准语音录制，论证确定地铁站名英文译写新规则，规范地铁英文语言播报。2017 年年底，北京市出台国家标准《公共服务领域英文译写规范》，核查公共服务领域外语标识，加强对外语标识译写的审核把关。

（二）推进国际社区人才建设

习近平总书记指出："要积极引进海外优秀人才，制定更加积极的国际人才引进计划，吸引更多海外创新人才到我国工作。"[①]完善国际人才服务体系，建设国际人才社区是北京国际交往中心功能建设的一项重要内容。北京市积极营造国际人才创新发展、和谐宜居的环境，实施"智融北京"高端医疗险项目，服务外籍人士在京就医。同时在朝阳区麦子店国际人才社区建设经验基础上，在望京、中关村、未来科学城、新首钢等开展国际人才社区建设，北京市政府努力营造适合国际人才工作生活的"类海外"环境。外国人来华工作许可业务持续优化，扩大国际学校、国际医院布局，有效提升了北京的国际化程度。与此同时，在国际人才社区建设基础上，优化国际教育资源布局，在"三城一区"和海淀、朝阳等重点区域新建一批国际学校。以国际医疗试点医院为抓手，健全国际医疗体系。

（三）建立一流服务保障队伍

在新时代下，北京市要建立一支具有国际一流水准的服务保障队伍，并在长期服务保障国家总体外交的锻炼中，形成重大国际活动服务保障常态化机制。2018 年，北京市实名注册志愿者约 400 万人，注册志愿服务团队 6 万余支，注册"志愿家庭"2 万余个。2018 年，北京市制定了《重大国际活动服务保障常态化机制"两案两表"编制导则》等机制方案，为北京市高效服务国家总体外交提供机制保障。

（四）优化国际营商环境

国际交往中心建设的一项重要内容就是如何优化国际营商环境。近年来，北京的营商环境获得突破性进展。北京市在全国率先实施创新发展 20 项入境政策和服务领域外籍人才出入境改革"新十条"，在朝阳、顺

---

① 中共中央文献研究室编：《习近平关于科技创新论述摘编》，中央文献出版社 2016 年版，第 111 页。

义设立外国人出入境服务大厅。2018 年,北京市精准制定“9+N”政策,进一步解决营商环境痛点难点问题。2018 年,国家发展改革委对国内 22 个主要城市营商环境进行的测评中,北京市综合排名第一。

(五)便捷交通保障国际活动

便捷的国际化交通环境是国际交往中心建设的硬件内容。习近平总书记指出“发展公共交通是现代城市发展的方向”①。纽约、伦敦和东京等国际交往中心城市一般都是国际航空枢纽城市,北京建设国际交往中心城市,必须要打造“一市两场”的国际航空枢纽格局,大力构建便捷交通保障北京国际交往中心建设。为保证雁栖湖国际会展中心交通便利,北京市政府先期投资修建一条全长 11 千米的联络线连接京承高速 14 出口,从而构架了从首都机场至雁栖岛的专属迎宾通道,20 分钟即可到达,极大地解决了北京在承办国际交流活动时的交通障碍。

五、营造国际化人文环境

蔡奇书记在中国共产党北京市第十二次代表大会上指出:“努力把北京建设成为拥有优质政务保障能力和国际交往环境的大国首都,弘扬中华文明与引领时代潮流的文化名城,全球创新网络的中坚力量和引领世界创新的新引擎,人民幸福、社会和谐的首善之区,天蓝水清、森林环绕的生态城市,世界超大城市可持续发展的典范。”②这既是北京的新定位,也是北京将要承担的新使命。

北京国际交往中心建设的文化部分,就是要营造国际文化环境,提升城市文化国际影响力,加强友城交往,办好“北京日”“北京周”“北京之夜”,打造更多品牌性公共外交和民间外交活动。北京作为中国的首都不仅是承载着千年古城文化的集蕴地,更是展示社会主义先进文化的首要窗口。北京作为五朝帝都,3000 多年的建城史与 800 多年的建都史,皇家园林建筑、气势磅礴的古长城、庄严肃穆的十三陵以及各具特色的四

① 《习近平看望慰问坚守岗位的一线劳动者》,《人民日报》2013 年 2 月 10 日。

② 《更加紧密团结在以习近平同志为核心的党中央周围 为建设国际一流的和谐宜居之都而努力奋斗》,《北京日报》2017 年 6 月 19 日。

合院，为北京留下了无数历史发展的印记，使得北京成为一个具有古老文化历史底蕴的城市。在国际交往中心建设的新时期下，北京在世界各地开展了如"北京之夜""中日小大使"等丰富多彩的对外文化交往活动，并加强与世界友好城市的关系构建。2019 年 5 月，柬埔寨金边市正式成为北京市第 56 个国际友好城市。在国际交往中心的建设中，北京充分利用文化资源打造北京品牌，亮出北京名片，彰显北京魅力。

六、打造对外开放新高地

（一）主场外交传播中国声音

近年来随着中国在国际场合话语权的增强，北京举办主场外交的场次不断增多、级别不断提升。仅 2017 年一年承办国际会议数量就超过 80 场，规模在全国乃至亚洲均名列前茅。在诸多国际场合有力表达北京立场、观点，一定程度上匹配国家外交总体战略，并在外事接待能力、国际会议服务水平与国际交往设施等诸多方面展现国际一流水平。两届"一带一路"国际合作高峰论坛在北京举办，成功接待来自 150 多个国家和 90 多个国际组织的近 5000 名外宾，论坛见证了 14 项中外地方合作协议的签署，涉及友城结好、人文交流、经贸合作等多个方面，传递出各方合力加强"一带一路"地方合作、携手推动构建人类命运共同体的积极信号。此类外事活动有利于北京借力"一带一路"建设打造具有全球影响力的大国首都，反之也有利于"一带一路"建设借力北京国际交往中心定位增强辐射带动作用。2018 年 9 月中非合作论坛北京峰会成功举办，在中非关系史上具有里程碑意义。中非领导人一致决定推动中非共建"一带一路"同非洲联盟《2063 年议程》、非洲各国发展战略深入对接，携手构建责任共担、合作共赢、幸福共享、文化共兴、安全共筑、和谐共生的中非命运共同体，共同实施中非合作"八大行动"，为中非关系向更高水平发展绘制了新的蓝图。①

---

① 《习近平向中非合作论坛北京峰会成果落实协调人会议致贺信》，《人民日报》2019 年 6 月 26 日。

2019 年 4 月世界园艺博览会在北京成功开幕,习近平总书记在讲话中指出:"顺应自然、保护生态的绿色发展昭示着未来。……地球是全人类赖以生存的唯一家园。……中国愿同各国一道,共同建设美丽地球家园,共同构建人类命运共同体。"①北京多次承办世界级国际交流活动充分显示了北京在举办各类国际会展活动的能力以及国际交往中外事接待能力的大幅提升,并给世界诸多问题的解决提供了"中国方案",进一步推进了北京国际交往中心建设的进程。国际赛事方面,国际马拉松、中网公开赛以及未来三年为助力 2022 年北京冬奥会所开展的一系列国际冰雪赛事,都体现了北京主场外交种类的丰富性及战略上与国家总体外交的匹配性。

北京市积极参与"一带一路"建设,建立与亚投行、丝路基金等平台的对接机制,加强与沿线国家的关键通道建设,形成对外开放新格局。利用服务业扩大开放综合试点契机,搭建起与国际规则相衔接的服务业扩大开放的基本框架。成功举办京交会,服务贸易总额由 2011 年的 798 亿美元增加到 2020 年的 2000 亿美元,占全国的 20.3%。在 2020 年 GaWC 全球城市竞争力指数排名中,北京排在第 6 位(见表 9-2)。

表 9-2 2020 年 GaWC 全球城市排名

城市	级别	世界级城市排名
香港	一线强级别(Alpha+)	3
上海	一线强级别(Alpha+)	5
北京	一线强级别(Alpha+)	6
广州	一线弱级别(Alpha-)	34
台北	一线弱级别(Alpha-)	36
深圳	一线弱级别(Alpha-)	46
成都	二线强级别(Beta+)	59
天津	二线中级别(Beta)	77
南京	二线中级别(Beta)	87

① 习近平:《共谋绿色生活,共建美丽家园——在 2019 年中国北京世界园艺博览会开幕式上的讲话》,《人民日报》2019 年 4 月 28 日。

续表

城市	级别	世界级城市排名
杭州	二线中级别(Beta)	90
重庆	二线中级别(Beta)	96

(二)客场互动推进友城交往

北京市把加强与友好城市、国际组织及香港地区的合作作为地方合作的重要内容。“一带一路”城市合作网络越织越广,目前,北京市已与全球51个国家的56个城市缔结友城,遍布五大洲。同时,北京还是世界旅游城市联合会总部所在地,是世界城市联盟与地方政府组织(UCLG)成员。城市交往较之国家外交,更接地气;较之民间交往,更有组织性。它既能补充国家的整体外交,又能汇聚各方优势及力量,因而在城市乃至国家间降低异质性认知方面发挥了重要作用。

第四节　新时代加快推进首都国际交往中心建设的举措

新时代,以习近平外交思想为指导,北京市以锐意进取和开拓创新的精神状态扎实推进国际交往中心建设,使北京朝着建设高端资源集聚、国际交往活跃、国际化服务完善、国际影响力凸显的国际化大都市不断前进。要以习近平外交思想为根本遵循,围绕“一核两轴四区域”空间布局,突出基础设施和服务保障两大工作重点,着力推动北京国际交往中心功能建设。

一、加强顶层设计,科学评估与挖掘国际交往承载力,合理布局各辖区国际交往功能

建设和管理好首都,是国家治理体系和治理能力现代化的一项重要内容。城市规划在城市发展中起着重要引领作用,从国家战略层面来看,与经济、生态、文化、科技创新等领域规划不同的是,国际交往城市规划涉

及外交外事等中央层面的职能权限，这就需要加强顶层设计，需要中央政府的统筹指导，需要首都北京与中央有关部门在国际交往中心建设方面的深度对接。从自身建设方面来看，北京国际交往中心建设需要立足优势、深化改革、勇于拓展，围绕京津冀协同发展、冬奥会等任务，优化九大类国际交往功能的空间布局，协同建设以北京为核心的世界级城市群。此外，针对北京市 16 个辖区国际交往特色和资源潜力，重点对怀柔、大兴、丰台、延庆等国际交往潜力区进行科学评估，明确各辖区国际交往功能定位。根据纽约、伦敦和东京等国际化大城市国际交往的经验，北京建设国际交往中心还需要打造国际交往的核心区，实现地理集中、资源集聚、功能突出，形成辐射效应。随着实现“一市两场”，据此可在朝阳、顺义设立外国人出入境服务大厅基础上，增加大兴等新试点区。

二、完善全市外事工作领导机制，成立国际交往中心建设协调办公室，设立国际交往发展基金

国际交往中心建设既涉及外事交往等层面内容，同时也涉及场馆等基础设施建设内容，因此，需要多个部门合力推动国际交往中心建设。根据新一轮北京市机构改革精神，对相关职能部门进行整合，着力构建推动国际交往中心的强大机制力量。加强北京市涉外部门机制改革，提升涉外宣传、外事接待等服务能力。积极搭建立体化国际交往平台，既要有官方的国际交往，同时也要提升非官方国际交往的层次，对一些诸如“中日小大使”等传统优秀强项，挖掘其传统内涵，结合国际交往中心建设，打造创新方式。国际交往中心建设需要大量财力支撑，建议借鉴日本和新加坡，设立城市对外交往发展引导基金，推动国际交往持续深入发展。

三、加大与天津、河北两地外事合作力度，优化城市环境品质和基础设施

从市域发展到区域整体协同发展，是纽约都市圈、东京都市圈和伦敦都市圈发展基本经验。从“京津唐”到“京津冀”，从“大北京”到“首都圈”，是城市空间发展从“点—轴”到“网络”的布局体现。京津冀城市群

是我国三大城市群之一，城市群是京津冀实现区域合作、优势互补、互联互通、协同发展的重要载体。北京市作为京津冀核心城市，要加强与津冀两地在党宾国宾接待、侨务、友城建设等方面合作，实现三地外事资源优势互补。积极推进北京国际交往中心的功能建设，在推进雁栖湖国际会都、冬奥会场馆等重大设施建设同时，研究其后续的国际交往增生功能。优化城市环境，结合“疏解整治促提升”行动，重点研究国际交往建设空间布局需要，加强与相关部门沟通联系，根据调整腾退用地，为国际交往预留和储备好用地空间。

四、创新地方服务国家总体外交模式，建立北京国际交往中心建设与“一带一路”倡议协同发展机制

“一带一路”倡议既是我国对外开放的新思考，也是各省（自治区、直辖市）对外拓展发展空间的新机遇。自“一带一路”倡议实施以来，北京市立足国家赋予的首都城市战略新定位，积极参与融入“一带一路”建设，高效完成2次“一带一路”国际合作高峰论坛服务保障工作，城市形象和国际知名度获得提升。应重点从举办国际会议、吸聚国际组织入驻、沿线友好城市交流、教育文化合作、城市精细化管理等方面推进战略协同。在“17+1”合作机制基础上，举办“一带一路”沿线国家首都市长论坛。吸引“一带一路”沿线国际性金融机构入驻，打造国际金融治理中心。建设“一带一路”商事纠纷解决中心，丰富国际交往中心建设的文化法律内涵。

五、出台有效措施吸引国际组织、跨国公司总部、国际会议等国际高端要素集聚

国际组织等国际高端要素是一个城市国际化的重要标志。新加坡、曼谷、波恩等一些国家和城市积极推进相关措施，吸引领事馆、国际组织分部等集聚。为此，北京市也应加强相关政策研究，出台鼓励性优惠政策，根据自身城市发展特色，建设诸如世界旅游城市联合会等国际性社会组织。作为中国具有典范意义的超大型城市和首都型城市，北京应积极

参与全球城市治理活动,参与城地组织、城市气候联盟等各项活动,提升中国城市在国际城市发展等议题领域的话语权。有针对性地改善国际组织在京运作环境的适应性问题,竞办国际组织总部落户或国际组织区域总部落地。积极吸收京交会、科博会、文博会等国际活动经验,根据北京“四个中心”的城市战略新定位,提供优惠措施,提高国际高端会议在京举办的频次。

六、利用服务业扩大开放综合试点城市的机遇,加强国际技术转移枢纽建设,以科技产业竞争的国际化带动国际交往的世界化

科技创新是重塑城市经济地位和竞争格局的关键,也是打造国际交往枢纽建设的助力器。北京积极融入全球城市创新网络,搭建国际科技合作基地平台,实现创新资源共享。提升国际化研发、国际化科研服务功能,吸引跨国企业研发机构入驻,打造国际智库创客集聚地。把北京科技优势与国外城市合作相结合,巩固提升高科技产业和现代服务业,创造互利共赢的产业合作格局。依托中关村国家自主创新示范区及其海外产业园,开展科技合作,鼓励企业走出去开展科技孵化、技术并购、参股等业务。围绕重大国际科技合作项目,开展旧金山、伦敦、特拉维夫等国际城市联合攻关和科研设施共享。优化国际营商环境,挖掘 APEC 商务旅行卡的应用范围和领域,简化外国人来华办理手续。强化国际技术转移枢纽建设。

七、加大力度建设城市软环境,增强城市国际人文魅力

纵观国际大都市,城市软实力是一个城市国际化水平的标尺。与国际交往中心密切相关的旅游业是当前城市软实力建设的一个重点领域。进一步发挥旅游行业协会的桥梁和纽带作用,深化文化旅游体制机制改革。打造北京国际体验之都、文化创意之都,支持国际文化创意产业园区建设。发展国际高端文化旅游服务业,吸引国际一流文化产业项目。利用传统节日举办集文化性、体验性、娱乐性于一体的国际节庆活动。城市街道等语言标识是提升北京国际化建设的一项重要内容。提升外语标识

规范化程度和外语服务能力，依托“北京市民讲外语”等精神文明建设，增强城市国际多元化和包容性的人文品质。

八、完善国际人员的社会保障机制，提高涉外管理服务水平

完善国际社区物业管理服务机制，在朝阳麦子店国际化社区多年实践的经验基础上，对望京、中关村、科学城、首钢等国际化社区进行规范性建设，出台相关统一标准。重点解决好外籍人士、海归人才和国际交流人员的往来、就业、就医、就学等现实问题。积极吸引海外优秀人才，制定更加积极的国际人才引进计划，吸引更多海外创新人才到北京工作。简化相关单位商业演出、长期就业、短期工作类外国人来华办理手续。建立涉外管理负面清单制度，提高涉外中介组织的国际化服务能力。

小　　结

本章从新时代下北京市如何贯彻落实习近平总书记视察北京提出“四个中心”之一“国际交往中心建设”重要论述为出发点，分析考察北京国际交往中心功能建设的重要意义，提出大力推进北京国际交往中心建设是更好服务党和国家工作大局的需要，是全面落实北京“四个中心”城市战略定位的需要，是北京自身实现高质量发展的需要，也是顺应人民对美好生活的需要。结合“四个中心”和“首都城市战略定位”，梳理北京作为中国的首都，其城市对外交往主要经历了五个发展阶段。新时代，北京市要继续把服务国家国际交往作为重要政治责任，坚持首善标准，全力提高服务保障能力和水平，确保国家重大主场外交和重大国事活动顺利举行。与此同时，北京国际交往中心建设经历了长时间的摸索与发展，也面临着诸多挑战。本章最后根据最新北京国际交往中心建设的规划精神，提出新时代下，要以习近平外交思想为根本遵循，围绕“一核两轴四区域”空间布局，突出基础设施和服务保障两大工作重点，并提出北京国际交往中心功能建设的对策建议。

第十章　坚持党对首都发展的全面领导

党的十八大以来,以习近平同志为核心的党中央高度重视党的建设,科学回答了“建设什么样的长期执政的马克思主义政党,怎样建设长期执政的马克思主义政党”这一重大时代课题。习近平总书记关于党的建设重要论述,体现了新时代党中央管党治党的新思路,为推进党的建设这一伟大工程作出了新的战略部署。新时代北京要坚持以首善标准管党治党,才能实现“四个中心”的功能定位,更好肩负起团结带领全市人民建设国际一流的和谐宜居之都的历史重任。

第一节　深刻把握新时代首都党建工作的首善标准

党的十八大以来,面对着国内外百年未有之大变局,习近平总书记根据国内外发展面临的机遇与挑战,科学判断中国共产党所处的历史方位,对党的建设发表了一系列重要论述,成为新时代加强党的建设的根本遵循。北京作为国家首都,面对着疏解转型的要求,担负着创建国际一流的和谐宜居之都的重任,必须把党的建设作为工作的重中之重。

一、正确认识新时代党的建设总要求

党的十九大报告提出了新时代党的建设总要求和新部署,为首都党的建设工作提供了根本遵循。只有不断提高党的建设质量,才能更好地肩负起实现中华民族伟大复兴的历史重任。坚持以首善标准提高党建质量,首先要正确认识新时代党的建设总要求。

（一）加强党的全面领导是新时代党的建设的根本保证

中国的近现代史已经证明，“党的领导地位不是自封的，是历史和人民选择的”。中国共产党是中国工人阶级的先锋队，同时是中国人民和中华民族的先锋队，是中国特色社会主义事业的领导核心。习近平总书记在党的十九大报告中强调“十四个坚持”基本方略，首要任务是坚持党对一切工作的领导。党政军民学，东西南北中，党是领导一切的。坚持中国共产党领导是中国特色社会主义最本质的特征，是中国特色社会主义事业的坚强领导核心，是最高政治领导力量。坚持党的全面领导是全面从严治党的核心，全面领导的职责范围，不管是党中央还是基层党组织建设一定要全覆盖。

（二）要以加强党的长期执政能力建设、先进性和纯洁性建设为主线

党的建设是日积月累不断前进的过程，自党成立至今已经经历了100年历史发展的沧桑岁月。纵观党的建设发展史，无论是革命建设还是改革的哪个时期，党建主题都会随着时代的改变而改变。新时代，面对国内外百年未有之大变局，只有以加强党的长期执政能力建设为主线，增强党组织的领导水平，永远保持党的先进性和纯洁性，才能与时俱进保持不懈奋斗的精神，使党保持生生不息的发展活力，才能为人民群众谋福利，为中华民族谋复兴。

（三）要以党的政治建设为统领

旗帜鲜明讲政治是马克思主义政党的根本要求。党的建设包括党的政治建设、思想建设及制度建设等诸多方面。把党的政治建设摆在统领的位置，既是对100年来党的建设方向的肯定，又为新时代党的建设的新布局提供了抓手，明确展现了党的政治建设是根本性建设。只有政治建设这一统领作用抓好，党的思想建设、组织建设、作风建设及制度建设才能有生机与活力。新时代加强党的建设坚持以政治建设为统领，也就抓住了全面从严治党的根本性问题。

（四）要将着力点放在调动全党积极性、主动性和创造性上面

一个优秀的无产阶级执政党最基本的准则就是要积极主动为人民服务，把人民安危放在首位，把提高人民的幸福指数放在心底，把增强人民福祉作为奋斗的力量。新时代进行党的建设要求广大党员时刻谨记新时

代中国特色社会主义伟大事业的基本要求,发挥各个地方党员群体的积极性、主动性和创造性,增强为人民服务的意识,建设人民衷心拥护、朝气蓬勃的马克思主义执政党。

新时代继续加强党的建设不仅是时代的要求,也是党不断前进的保障。党的十八大以来,国际国内形势发生了更深刻的变化,我们党执政也面临着一系列新情况、新问题、新挑战。面临这些难题,如何做到更好地为人民服务,关键在于重新正确认识并努力加强党的建设。布局新时代首都党的建设,不仅要发挥首善标准的引领作用,更要注重基层党组织的质量和水平,这也是党创造人民福祉的关键。

二、深刻把握首都党的建设质量的首善标准

坚持以首善标准提高党建质量,北京要坚持问题导向和目标导向的辩证统一。随着近年来社会发展的深刻转型,首都北京在党的建设与内部整改过程中出现了一些与新时代不相匹配的问题,所以坚持首善标准首先要立足问题导向。

北京是我国的政治中心,肩负着首都新政策规划、新任务出台的重任,在全国起着引领带头作用。但北京地区各级党组织也和其他地区一样,在党内作风问题、政策执行过程中出现一些问题。一是一些领导干部理想信念根基不牢固。部分党员的先锋模范带头作用发挥不明显,甚至贪污腐败现象时有出现,这与最初中国共产党立党为公、执政为民的理想信念不相符合。二是一些机关形式主义、官僚主义凸显。党的政策在基层执行过程中,一些部门以装潢门面、照搬照套、华而不实、脱离群众为代表的形式主义与官僚主义现象屡有发生,严重脱离了基层人民群众的实际生活。另外,个别党员干部行为上出现把个人利益置于集体利益之上,阻碍了新时代党的先进性和纯洁性建设。三是党组织政治功能不健全。在党的建设活动中,政治建设决定党的建设的根本方向,维护党中央的权威和集中统一领导,充分体现党组织政治引领作用,是各级党组织的首要功能。① 一些

① 冯小敏:《坚持问题导向,切实提高党的建设质量》,《上海党史与党建》2019 年第 1 期。

部门出现了无视党的政治纪律和政治规矩的“七个有之”，严重破坏了党组织的政治功能，导致一些地方政治环境的恶化，从而危害了党的组织观念，直接影响了基层党组织的政治引领能力。四是在整改过程中出现的问题。针对中央在新时代、新形势下提出的新要求，由于政策理解不到位，广大基层党员领导干部领会不全面、不深刻，与全面从严治党要求相脱节。这些问题的存在，客观上要求必须以首善标准加强北京地区的党的建设，以提高基层党组织的执政水平，更好地为人民服务。

党的十八大以来，中国特色社会主义进入新时代，首都党的建设也需要有新的标准作为衡量的尺度，这个尺度就是首善标准。首，就是首位，第一个；善，就是最优的、最好的。2017 年 9 月 13 日北京市党的十九大服务保障工作领导小组第一次会议召开，对党的十九大服务保障工作进行部署，强调要以首善标准完成好党的十九大服务保障任务，首善标准成为党的建设的一种新布局。北京市确立首善标准，与其自身的政治地位密不可分。首先是北京的城市定位。北京是全国的政治中心、文化中心、国际交往中心以及科技创新中心，“四个中心”的功能定位使北京具备得天独厚的城市优势，为首善标准的城市发展提供了坚实的土壤。其次是北京的战略部署。自 2011 年，北京市在提出“新北京、新奥运”的战略构想之后，北京市经济发展迅速，各项综合指标大幅向好，随即出台了北京市“十二五”规划，实施了人文北京、科技北京、绿色北京战略。2012 年中共北京市第十一次代表大会提出“建设中国特色世界城市”的目标，随后 2013 年北京市委十一届三次全会又把目标集中为“落实首都城市战略定位、建设国际一流和谐宜居之都”。正是这样的发展战略为新时代北京首善标准的实施提供了稳定的经济基础。最后是北京的稳定环境。北京作为我国的首都，政治安全、社会安全是首位。北京以总体国家安全观为统领，充分运用科技手段、结合“互联网+”，使治安体系信息化，保持了稳定的社会环境、安定的生活秩序，很好地保障了人民的生命财产安全。可见，近年来，北京市始终以人民利益为首位，充分利用自身有利条件，提出的首善标准为全国其他地区的发展提供了方向性引领，也为其真正成为全国各地党建工作的标杆提供了助力。

三、坚持党建引领基层社会治理是新时代首都发展的迫切要求

党的领导是实现国家治理体系和治理能力现代化的根本保证。习近平总书记指出,“中国特色社会主义制度的最大优势是中国共产党领导”①。加强新时代首都基层党组织建设,要坚持用首善标准衡量党建质量,不断加强和改进党的基层组织建设,使基层组织成为始终代表最广大人民根本利益的实践者。

(一)坚持以党建为引领,才能把党的领导贯穿基层治理全过程

蔡奇指出:“实行‘街乡吹哨、部门报到’,要坚持党建引领,推进区域化党建工作,使基层党组织成为贯彻党的路线方针政策、团结带领群众共创美好生活的坚强战斗堡垒。”②新时代条件下,要实现这一要求,关键是要健全完善街道社区党组织领导基层治理的体制机制。“吹哨报到”改革以街道管理体制改革为着力点,探索赋予街道相应的职责职权,推动职能部门力量在街道聚合,强化街道党组织领导核心作用,从体制机制上为街道党组织领导基层治理、统筹各方创造了条件。

(二)坚持以党建为引领,才能着力破解群众反映强烈的突出问题

建设和管理好首都,是国家治理体系和治理能力现代化的重要内容。随着首都超大型城市规模的不断发展,面对的矛盾和问题也越来越突出。蔡奇强调,吹哨报到是奔着解决问题去的,要坚持民有所呼、我有所应,立足于基层治理的需要,着力解决群众身边难事,注重取得实实在在的成效。当群众把最关心最直接最现实的需求“哨”吹响,政府职能部门就马上向基层报到、向一线报到、向群众报到,形成解决问题的合力。新时代推进社会治理创新,要把坚持问题导向、解决突出问题贯穿于工作始终,以破解人民群众反映强烈的问题为抓手,才能更好地实现基

---

① 《习近平谈治国理政》第三卷,外文出版社 2020 年版,第 94 页。

② 《重在解决抓落实的“最后一公里”》,《北京日报》2018 年 3 月 22 日。

层治理现代化。

（三）坚持以党建为引领，才能不断满足人民日益增长的美好生活需要

新时代我国社会的主要矛盾转变为人民日益增长的美好生活需要和不平衡不充分的发展之间的矛盾。社会主要矛盾的变化，要求在推动基层社会治理中秉持以人民为中心的理念，把服务和造福群众作为出发点和落脚点，走好新时代的群众路线。街道乡镇最贴近群众，最能反映民生、民意和群众需求，最有压力和动力回应民众诉求。“吹哨报到”改革以群众需求为导向，以解决好服务群众“最后一公里”为目标，让最了解群众诉求的街乡基层一线，发出解决问题的集合令，各部门共同响应、服务群众，通过建立“接诉即办”机制切实增强群众的获得感、幸福感和安全感。

四、新时代首都反腐败工作面临的形势依然严峻

党的十八大以来，北京市的反腐败工作取得了较为显著的成果，但仍然没有彻底遏制腐败现象，腐败现象在一些部门领域仍然呈现高发态势，反腐败斗争形势依然十分严峻。

（一）党员和领导干部违法违纪问题比较严重

从近年来被查出的违法违纪案件来看，党员和领导干部问题仍然比较严重。一是领导干部违法违纪现象突出，而且数量增加明显。2017年，北京市纪检监察机关全年共接受信访举报47962件（次），同比增长32.6%；处置问题线索12537件，同比增长45.8%；立案3585件，同比增长11.5%，其中，局级以上80件，同比增长17.6%。处分3215人，同比增长22.5%，其中，局级处分人数60人，同比增长62.2%。线索处置数、立案数、处分人数、局级立案数和处分数均创改革开放以来历史新高。[①] 二是领导干部涉案金额较大。一些身居要职的领导干部利用手中权力，对

① 《中国共产党北京市第十二届纪律检查委员会第三次全体会议工作报告》，见http://www.bjsupervision.gov.cn/xxgk/gzbg/202008/t20200803_70429.html，2021年2月8日。

国家和市里重点建设项目包租、挪用公款、收受贿赂，谋取巨额收益。

（二）腐败的群体性特征明显

从北京市近年来查出的腐败案件来看，群体性特征明显。既有单位内部人员利用职权相互勾结，共同作案，也有相互联系的部门或单位相互勾结，涉案人员来自利益相关的不同单位。类似案件往往作案持续时间长，查处难度较大。

（三）腐败现象趋向隐蔽化和复杂化

从近年来查处的典型案件看，腐败分子采用隐蔽手段进行权钱交易现象凸显，形式变化多样。有些腐败分子不直接出面，而是利用家庭成员和亲信进行权钱交易。如北京市交通局原副局长毕某某通过妻子和儿子受贿，国家药监局原局长郑某某也存在类似问题。有些腐败分子打“擦边球”，寻找法律模糊地带。如毕某某和聂某某收受贿赂的手段之一，就是利用打牌的形式变相受贿。腐败分子作案手段趋于隐蔽化，也对纪检监察机关反腐斗争提出了新的要求。

（四）高校腐败案件呈上升趋势

随着近年来高等教育规模的不断扩大，高校经费来源呈增多趋势，高校腐败案件呈增多趋势，作为全国高校集聚地的北京这一特征尤为明显。2017年监察体制改革以来，全市纪检监察系统查处的高校领域违纪违法案件共涉及357人，高校领域违纪违法问题存量不少、增量仍有发生，必须高度重视。[①] 近年来，高校腐败案件迅速增多，成为反腐败斗争一个新动向。

第二节　坚持和加强党的全面领导

在党的十八大之前，习近平总书记就十分重视党的建设，提出的一些从严治党的观点为党的十八大之后党的建设重要论述的形成奠定了良好基础。党的十八大后，习近平总书记对党的建设逐步形成了系统的理论

---

① 《北京首次组织开展高校“以案四说”警示教育》，见 http://www.ccdi.gov.cn/yaowen/202107/t20210712_245875_m.html，2021年7月12日。

体系。2012 年 11 月，他在党的十八大之后的中外记者见面会上，首次提到党的建设要做到从严治党，鲜明指出，“我们的责任，就是同全党同志一道，坚持党要管党、从严治党，切实解决自身存在的突出问题”①。2013 年 2 月，在党的十八届二中全会上，习近平总书记指出了全面从严治党的五大方面，强调“全面加强党的思想建设、组织建设、作风建设、反腐倡廉建设、制度建设”②。2014 年 10 月，习近平总书记在党的群众路线教育实践活动总结大会上，首先将“从严治党”上升到“全面从严治党”，对党的建设提出八个方面的要求。12 月，习近平总书记在江苏调研时，首次将“全面从严治党”纳入“四个全面”中，即“协调推进全面建成小康社会、全面深化改革、全面依法治国、全面从严治党”。③ 2015 年，习近平总书记首次将包括全面从严治党在内的“四个全面”上升到治国理政的高度，强调四个全面是“从坚持和发展中国特色社会主义全局出发”提出的。④ 2017 年 10 月，习近平总书记在党的十九大报告上指出，“党的建设总要求是：坚持和加强党的全面领导，坚持党要管党、全面从严治党，以加强党的长期执政能力建设、先进性建设和纯洁性建设为主线……全面推进党的政治建设、思想建设、组织建设、作风建设、纪律建设，把制度建设贯穿其中，深入推进反腐败斗争”⑤。纵观习近平总书记关于党的建设重要论述内容包括六大方面，即坚持和加强党的全面领导，把党的政治建设放在首位，把思想建设作为党的基础性建设，把加强纪律建设作为全面从严治党的治本之策，把落实党建主体责任作为主要抓手，把制度治党依规治党作为根本创新。

党的十八大以来，在以习近平同志为核心的党中央坚强领导下，围绕加强和改进党的建设进行了一系列重要论述，改变了管党治党“失之于宽，失之于松，失之于软”的状况，使我们党的面貌发生了前所未有的变

---

① 《习近平谈治国理政》第一卷，外文出版社 2018 年版，第 4 页。

② 《中共十八届二中全会在京举行》，《人民日报》2013 年 3 月 1 日。

③ 《习近平谈治国理政》第二卷，外文出版社 2017 年版，第 22 页。

④ 《习近平谈治国理政》第二卷，外文出版社 2017 年版，第 25 页。

⑤ 习近平：《决胜全面建成小康社会　夺取新时代中国特色社会主义伟大胜利——在中国共产党第十九次全国代表大会上的报告》，人民出版社 2017 年版，第 61—62 页。

化。习近平总书记关于新时代党的建设重要论述是首都党的建设工作的行动指南。首都北京要坚决按照习近平总书记关于党的建设重要论述，实施新时代党的建设总要求与总部署，坚持用首善标准衡量党建质量，在全国起到示范引领作用。

一、坚持和完善党的领导

党的领导是中国特色社会主义最本质的特征和最大优势。习近平总书记多次强调："坚持和完善党的领导，是党和国家的根本所在、命脉所在，是全国各族人民的利益所在、幸福所在。"①党的十八大以来，习近平总书记在加强和完善党的建设方面，坚持以问题为导向，把党的领导地位和作用提高到前所未有的高度。新时代办好中国的事情，关键在于坚持和完善党的领导。

在坚持加强党的领导方面，党的十八大以来，北京市委进一步坚持完善党的代表大会制度，切实保证党代会履行党内最高权力机关职能；按照"总揽全局、协调各方"的原则保证北京市委和各级党组织的领导核心地位，保证党的路线方针政策和重大决策部署在北京的贯彻落实；按照科学、民主、依法的要求，坚持党的全面领导，保证了北京改革发展依靠人民，成果由人民共享。另外，首都北京把党建引领和统筹党政部门作为建立高效的大城市治理体系的核心问题。北京市牢固树立"四个意识"，坚定"四个自信"，努力回答好"建设一个什么样的首都，怎样建设首都"这个大问题。北京市坚持党建引领，强化党组织在同级组织中的领导地位，发挥党支部在社会治理中的战斗堡垒作用。街道以党建为龙头，统筹领导、综合协调街道内外的"条块"资源，将基层治理与基层党建有机结合，构建区域化党建体系。在城市基层治理和"疏解整治促提升"等重点工作中，一线党支部发挥了核心作用。全市 8.8 万个党支部开展规范化建设，全面提高了党支部的凝聚力、战斗力。推动"双覆盖"，大力推进党的组织和党的工作有效覆盖。全市 3100 多个社区全部建立党组织，非公企业

---

① 《习近平谈治国理政》第二卷，外文出版社 2017 年版，第 43 页。

党组织覆盖率达到 83.9%，登记注册的社会组织党组织覆盖率达到 75%，基本实现应建必建。[①]

二、把党的政治建设摆在首位

把党的政治建设摆在首位是党的十九大报告强调的重要内容。政治建设作为党的根本性建设，“决定党的建设方向和效果，不抓党的政治建设或背离党的政治建设指引的方向，党的其他建设就难以取得预期成效”[②]。2019 年 1 月，中共中央颁布《中共中央关于加强党的政治建设的意见》，强调要“坚定政治信仰，强化政治领导，提高政治能力，净化政治生态，实现全党团结统一、行动一致”[③]。这就要求各级党委和政府把做到“两个维护”作为首要任务，紧扣民心这个最大的政治，营造严明的政治生态。

党的十八大以来，北京市委和市政府始终把党的政治建设摆在首位，坚决做到“两个维护”。蔡奇多次强调，维护习近平同志党中央的核心、全党的核心地位，维护党中央权威和集中统一领导，是具体的而不是抽象的，关键是要形成思想自觉，全面落实在行动上，时时处处体现在工作中。北京要旗帜鲜明讲政治，带头树牢“四个意识”，坚决听从党中央号令、服从党中央指挥，把“两个维护”内化于心、外化于行。2019 年 1 月 13 日，市级机关搬迁城市副中心后第一天，蔡奇首次调研就来到主城区，就进一步做好“四个服务”进行调研。他强调，尽管市级机关迁到城市副中心，但工作重心、服务重点始终在主城区。蔡奇要求，进一步增强“红墙意识”。“红墙意识”本质就是绝对忠诚、责任担当和首善标准，这是北京带头树立“四个意识”的具体体现。要旗帜鲜明讲政治，用实际行动牢固树立“四个意识”，坚定“四个自信”，做到“两个维护”。[④] 另外，北京紧扣民

① 宋贵伦、丁元竹：《党建引领：吹哨之源与报到之本——北京城市治理创新实践研究》，《前线》2019 年第 4 期。

② 《习近平谈治国理政》第三卷，外文出版社 2020 年版，第 92 页。

③ 《中共中央关于加强党的政治建设的意见》，人民出版社 2019 年版，第 33—34 页。

④ 蔡奇：《更加自觉践行“红墙意识”　履行好“四个服务”的基本职责》，《人民日报》2019 年 1 月 13 日。

心这个最大的政治，坚持以人民为中心，打通便民服务的“最后一公里”。根据习近平总书记的指示“必须坚持人民主体地位和党的领导的统一，紧紧依靠人民推进改革开放”。[1] 北京市以改善和保障民生为重点，积极推进城乡“多网”融合发展，有效治理“大城市病”，扎实抓好“多网”融合服务管理功能“落地”。通过公众网络平台和热线系统及时发现群众的“不满”，针对社区便民设施不均衡、停车位不足等问题，加强民主协商沟通，走家串户问计于民，有效化解各类矛盾和纠纷。开展“网格化+”基层党建、便民服务、健康服务等行动计划，使“网格化+”平台更加贴近百姓生活，成为满足群众多元化需求的新载体。

三、把思想建设作为党的基础性建设

抓好思想建设的核心是坚定党员干部的理想信念。习近平总书记指出：必须“牢记我们党从成立起就把为共产主义、社会主义而奋斗确定为自己的纲领，坚定共产主义远大理想和中国特色社会主义共同理想，不断把为崇高理想奋斗的伟大实践推向前进”。[2] 因为“思想建设是党的基础性建设，坚定理想信念是思想建设的首要任务”，“理想信念是共产党人精神上的‘钙’。”[3]这就要求党员干部加强理论学习，深入领会中国化马克思主义尤其是习近平新时代中国特色社会主义思想。

党的十八大以来，北京市委自觉把学习贯彻习近平新时代中国特色社会主义思想作为干部教育培训的重中之重，推动学习贯彻不断往深里走、往实里走、往心里走，党员干部的思想理论水平得到提高。北京市委书记蔡奇强调，作为首都，要在讲政治上树立更高标准，时刻保持对党绝对忠诚，始终在思想上政治上行动上同以习近平同志为核心的党中央保持高度一致，一切听从党中央指挥，为党中央站好岗、放好哨。坚持以

---

① 中共中央文献研究室编：《习近平关于全面深化改革论述摘编》，中央文献出版社 2014 年版，第 138 页。

② 习近平：《在庆祝中国共产党成立 95 周年大会上的讲话》，人民出版社 2016 年版，第 10 页。

③ 中共中央宣传部编：《习近平新时代中国特色社会主义思想学习纲要》，学习出版社、人民出版社 2019 年版，第 227、228 页。

习近平总书记重要思想武装头脑、指导工作，扎实推进“两学一做”学习教育常态化制度化，以理论上的清醒强化政治上的坚定。[①] 北京市突出抓好理想信念教育、宗旨教育、作风教育、政德教育，精心组织开展“不忘初心、牢记使命”主题教育，组织开展务实管用的专题培训。党的十八大以来，北京市认真落实中央八项规定精神，先后开展党的群众路线教育实践活动、“三严三实”专题教育，以及正在进行的“两学一做”学习教育，保证了北京党建工作按照中央部署扎实有效开展。

四、把加强纪律建设作为全面从严治党的治本之策

纪律严格才能为全面从严治党打下坚实基础。习近平总书记强调：“全面从严治党，重在加强纪律建设。我们现在要强调的是扎紧党规党纪的笼子，把党的纪律刻印在全体党员特别是党员领导干部的心上。”[②] 而且，“遵守党的纪律是无条件的，要说到做到，有纪必执，有违必查，而不能合意的就执行，不合意的就不执行，不能把纪律作为一个软约束或是束之高阁的一纸空文”[③]。加强党的纪律，各级党组织应该做到敢抓敢管，使纪律成为带电的高压线。

北京市委多次强调加强党的纪律建设的重要性。如 2019 年 1 月 16 日，北京市委常委会召开扩大会议，传达学习十九届中央纪委三次全会精神。会议强调，要深刻领会和把握党的十九大以来全面从严治党所取得的新的重大成果，更加坚定我们推动全面从严治党的信心和决心。会议要求，强化主体责任，完善监督体系。坚持把党内监督作为第一位的监督，认真抓好三项改革，特别是要深化监察体制改革，高质量推进巡视巡察上下联动。各级党委（党组）特别是书记要强化政治担当，把每条战线、每个领导、每个环节党的建设工作抓具体、抓深入。各级纪委要协助

---

① 蔡奇：《把习总书记重要思想作为案头卷、工具书》，《人民日报》2017 年 8 月 7 日。

② 中共中央文献研究室编：《习近平关于全面从严治党论述摘编》，中央文献出版社 2016 年版，第 111—112 页。

③ 中共中央宣传部编：《习近平新时代中国特色社会主义思想学习纲要》，学习出版社、人民出版社 2019 年版，第 236 页。

党委推动全面从严治党，用严管体现厚爱。市级领导干部要带头反对特权，严格家风家教，坚持原则，公事公办，为全市党员干部作出表率。各级纪检监察机关要带头加强机关党的政治建设，打造忠诚干净担当的纪检监察铁军。①

五、把落实党建主体责任作为主要抓手

落实党建责任制是全面从严治党的重要抓手。习近平总书记指出："从严治党，必须增强管党治党意识、落实管党治党责任。历史和现实特别是这次活动都告诉我们，不明确责任，不落实责任，不追究责任，从严治党是做不到的。"②"从中央部委、国家机关部门党组（党委）到基层党支部，都要肩负起主体责任，党委书记要把抓好党建当作分内之事、必须担当的职责；各级纪委要担负起监督责任，敢于瞪眼黑脸，勇于执纪问责。"③这就要求各级党委丰富党建责任制的手段和工作机制。

北京市委通过抓党建工作主体责任制，建立健全党对首都超大城市治理工作领导的体制机制。2018 年，蔡奇要求把"街乡吹哨、部门报到"作为履行抓党建工作主体责任的重要内容，纳入议事日程。将实施方案落实情况，纳入市委和市政府督查重点项目。确保职能到位，明确市委全面深化改革领导小组、市委党的建设工作领导小组、市社会建设工作领导小组协同指导推动，建立由市、区两级党委牵头、有关部门统筹协调的工作体制。确保责任到位，充分发挥党的属地领导作用。印发《关于建立健全我市区街道社区党建工作协调委员会的通知》，通过建立"三个清单""四个机制"，有效地分级整合资源，实现纵向互动和横向联动。2019 年 2 月，蔡奇参加并指导东城区委常委班子 2018 年度民主生活会，强调要深入学习贯彻习近平总书记对北京重要讲话精神，以习近平总书记视

① 蔡奇：《坚决打赢防范化解重大风险攻坚战》，《北京日报》2019 年 1 月 27 日。

② 中共中央文献研究室：《十八大以来重要文献选编》（中），中央文献出版社 2016 年版，第 93 页。

③ 中共中央宣传部编：《习近平新时代中国特色社会主义思想学习纲要》，学习出版社、人民出版社 2019 年版，第 223 页。

察前门东区为强大动力，进一步加强班子思想政治建设，压实全面从严治党主体责任，不断提高工作水平，全力服务保障首都功能，以优异成绩庆祝新中国成立 70 周年。[①]

六、把制度治党依规治党作为根本创新

推动党内法规制度建设是党的十八大以来全面从严治党取得成效的重要经验。习近平总书记强调："坚持思想建党和制度治党紧密结合。从严治党靠教育，也靠制度，二者一柔一刚，要同向发力、同时发力。"[②]"制定制度很重要，更重要的是抓落实。如果不抓落实，只是写在纸上、贴在墙上、锁在抽屉里，制度就会成为稻草人。"[③]这就要求各级党委在加强党的建设方面要特别重视体制和手段的创新。

北京市重视党建体制机制创新，提高基层党组织的社会治理能力。基层社会治理既是国家治理体系和治理能力现代化的基石，也是党的基层领导体系建设的基础内容。北京市针对街乡权责不清、资源不足、条块分割、机制僵化、治理力量分散、联动效应不高的问题，通过"街乡吹哨、部门报到"机制创新，强化街乡党组织在基层治理中的领导核心作用，以"下沉、赋权、增效"为抓手，推动治理力量和资源下沉，授予街乡党委、政府协同多部门统筹解决问题的建议权、综合调度权等权力。同时，根据各城区治理特点，按照"精简、统一、效能"原则，调整街道党政内设机构，优化工作流程，通过强能增效，为群众提供更便捷、更优质的公共服务。

第三节　坚持以首善标准引领首都基层党建工作

党的十八大以来，中央高度重视首都的各项建设工作。首都北京要

---

① 《加强班子思想政治建设　压实全面从严治党主体责任》，《北京日报》2019 年 2 月 13 日。

② 中共中央文献研究室：《十八大以来重要文献选编》（中），中央文献出版社 2016 年版，第 94 页。

③ 中共中央宣传部编：《习近平新时代中国特色社会主义思想学习纲要》，学习出版社、人民出版社 2019 年版，第 238 页。

始终做到增强“四个意识”、坚定“四个自信”、做到“两个维护”，以更加坚决有力的举措落实好京津冀协同发展战略、做好首都工作，推动习近平新时代中国特色社会主义思想在京华大地落地生根、开花结果，进一步形成生动实践。

一、探索形成党建引领“街乡吹哨、部门报到”的工作机制

党的十九届四中全会指出：“健全党组织领导的自治、法治、德治相结合的城乡基层治理体系，健全社区管理和服务机制……实现政府治理和社会调节、居民自治良性互动，夯实基层社会治理基础。”[①]党的十八大以来，北京市以习近平新时代中国特色社会主义思想为指引，深入贯彻习近平总书记对北京重要讲话精神，在建立和完善基层社会治理体系实践中，探索形成了党建引领“街乡吹哨、部门报到”的工作机制。这项源于实际，来自基层的创造，是习近平新时代中国特色社会主义思想在京华大地落地生根的生动实践，对加强北京基层治理体系和能力现代化建设具有重要意义。

北京市“街乡吹哨、部门报到”的工作机制来自基层，源于实践。党的十八大以来，首都的各项事业飞速发展，但随着首都城市的不断发展，北京市在基层治理领域长期存在着一些诸如条块关系不清、治理主体责权利不明确等普遍性问题，社会参与程度不高、群众参与渠道不畅也成为制约发展的重要原因。2016 年以来，平谷区金海湖镇盗采金矿、盗挖山体、盗偷砂石等事件屡禁不绝，更造成了 6 死 1 伤的重大治安事件，不仅给当地的居民生活带来极大危害，更对附近的生态环境产生了破坏性的影响。“看得见的管不了，管得了的看不见”，最终催生出北京市“1 号改革课题”。为有效解决此类治理难题，2017 年，北京市平谷区开展“乡镇吹哨、部门报到”工作试点，要求乡镇在发现问题后“吹哨”，相关执法部门必须在 30 分钟内“报到”。平谷区通过下放执法主导权，赋予金海湖

① 《中共中央关于坚持和完善中国特色社会主义制度　推进国家治理体系和治理能力现代化若干重大问题的决定》，人民出版社 2019 年版，第 29—30 页。

镇党委对相关执法部门的指挥权，建立联合执法机制，并要求“事不完、人不撤”。这一做法有效根治了盗挖盗采的违法行为，在现实中发挥了强大的效应作用。2018 年，“街乡吹哨、部门报到”工作机制作为全市“1 号改革课题”，在 16 个区 169 个街乡进行试点，开启了新的基层综合治理模式。北京市委在总结平谷区和其他各区基层治理经验的基础上，将“乡镇吹哨、部门报到”总结提升为“街乡吹哨、部门报到”工作机制在全市进行推广，形成了新时代下北京基层城市治理体系的一项新创举。“街乡吹哨、部门报到”已经作为北京市首创的基层治理改革经验，向全国推介，在实践中焕发出越来越强大的生命力。

考察“街乡吹哨、部门报到”实践的全过程，蕴含着“党领民治、统领共治、四治融合”的规律性认识，给新时代首都基层社会治理提供了宝贵经验。党领民治，回答了“谁来治理”的主体问题，明确了党领导基层治理中，人民是主体，党是主导。统领共治，回答了“怎么治理”的路径问题，明确了党的领导下，政府、社会、公民共同治理，确立了“一核多元”基层治理体系。四治融合，回答了“用什么方式治理”的方法问题，明确提出了共治法治德治精治一体化的目标，强调了治理质量要达到“精治”。在未来的基层社会治理领域，首都要着力抓好街乡这个基层治理中承上启下的关键，始终把党的领导作为基层治理的主线，把群众放在基层治理的主体地位，这对于提升国家基层治理能力现代化建设具有重要意义。

习近平总书记强调，要“加强社会治理制度建设，完善党委领导、政府负责、社会协同、公众参与、法治保障的社会治理体制，提高社会治理社会化、法治化、智能化、专业化水平”①。党的十八大以来，北京市针对街乡基层治理中党组织凝聚力不足、条块分割、权责不清和治理力量分散等突出问题，始终坚持党建引领的核心要义，牢牢抓住理顺“条块关系”这个牛鼻子，构建起优化协同、简约高效的街乡管理体制。

① 中共中央宣传部编：《习近平新时代中国特色社会主义思想学习纲要》，学习出版社、人民出版社 2019 年版，第 165 页。

二、强化乡村振兴战略中的基层组织建设

习近平总书记指出:“基层党组织是党执政大厦的地基……要切实在打基础、补短板上下功夫。以提升组织力为重点,突出政治功能,把基层党组织建设成为宣传党的主张、贯彻党的决定、领导基层治理、团结动员群众、推动改革发展的坚强战斗堡垒。”①乡村是农村基层党组织存在的土壤,是实施乡村振兴战略和推进农村基层党组织建设的主要阵地。只有基层党组织建设得到大力发展,才能促进新时代党的建设新布局的发展,对全面实施乡村振兴战略的奋斗目标有重要的助推作用。

21 世纪以来,中央高度重视乡村振兴战略,并多次强调要发挥基层党组织在乡村振兴战略中的引领地位。在 2005 年 10 月党的十六届五中全会上,“三农”问题被正式提出,自此连续十四年成为中央一号文件。2017 年 10 月,习近平总书记在党的十九大报告中指出:“实施乡村振兴战略。农业农村农民问题是关系国计民生的根本性问题,必须始终把解决好‘三农’问题作为全党工作重中之重。”②中共中央、国务院于 2018 年印发了《乡村振兴战略规划(2018—2022 年)》,指出党的根基在基层,促进党的建设要始终坚持党的领导,最重要的要抓好基层党建工作。党要确定在基层工作中的全局地位,加强对基层工作的领导,建立健全党管基层的领导体制机制和党内法规,为乡村振兴战略的有效实施提供强有力政治保障。

北京作为国家首都,近年来紧密结合首都发展形势,积极贯彻中央提出的乡村振兴战略,认真落实和推进相关战略部署,并在基层组织建设中发挥了首善标准作用。2019 年 1 月,北京市政府通过《北京市乡村振兴战略规划(2018—2022 年)》,明确了 2018 年至 2022 年近五年的乡村振兴内容,在大的规划背景下,北京市以习近平新时代中国特色社会主义思

---

① 中共中央宣传部编:《习近平新时代中国特色社会主义思想学习纲要》,学习出版社、人民出版社 2019 年版,第 231 页。

② 习近平:《决胜全面建成小康社会　夺取新时代中国特色社会主义伟大胜利——在中国共产党第十九次全国代表大会上的报告》,人民出版社 2017 年版,第 32 页。

想为指导,深入贯彻党的精神,加强党对“三农”工作的全面领导,切实把实施乡村振兴战略摆在优先位置,树立了北京市在全国的首善标准地位。

三、加强具有大都市特点的反腐败工作成效显著

习近平总书记指出:“不得罪成百上千的腐败分子,就要得罪十三亿人民。这是一笔再明白不过的政治账、人心向背的账!”[①]腐败是生长在我们国家肌体上的一颗毒瘤,如果任其发展,不仅改革开放和现代化事业要被葬送,而且人民政权也可能毁于一旦。党的十八大以来,北京市“坚持以‘零容忍’态度惩治腐败,反腐败斗争步步深入,压倒性态势已经形成。”[②]这不但为首都社会经济发展提供了保障,而且为首都今后的廉政建设积累了宝贵经验。

第一,坚持实事求是原则,把中央政策与首善之区实际相结合。实事求是是马克思主义理论的精髓,也是我们党长期革命和建设取得胜利的重要保障。正如习近平总书记指出:“实践反复证明,坚持实事求是,就能兴党兴国;违背实事求是,就会误党误国。”[③]纵观北京市近年来廉政建设之所以取得明显成绩,正是坚持了实事求是的原则。面对市场经济发展中出现的一系列新情况和新问题,北京市委坚持从实际出发,不断创新廉政理论和政策,重视惩治和预防相结合,着力从教育、制度和监督几方面入手,加大反腐败力度。北京市坚决贯彻中央精神,通过多次调研,针对改革和建设中群众反映强烈的突出问题,着力纠正与群众生活密切相关的不正之风,取得了较为明显的成效。多年实践表明,只有把中央精神与本地区、本部门实际情况结合,创造性开展工作,才能开创反腐倡廉工作新局面。

第二,坚持以人为本,解决人民群众反映强烈的突出问题。习近平总

---

① 中共中央宣传部编:《习近平新时代中国特色社会主义思想学习纲要》,学习出版社、人民出版社 2019 年版,第 239 页。

② 蔡奇:《更加紧密团结在以习近平同志为核心的党中央周围　为建设国际一流的和谐宜居之都而努力奋斗》,《北京日报》2017 年 6 月 27 日。

③ 中共中央宣传部编:《习近平新时代中国特色社会主义思想学习纲要》,学习出版社、人民出版社 2019 年版,第 243 页。

书记指出:“人民性是马克思主义最鲜明的品格。始终同人民在一起,为人民利益而奋斗,是马克思主义政党同其他政党的根本区别。”①反腐倡廉工作也需要坚持以人为本,既要通过教育、制度和监督,加强思想防线,又要通过惩恶扬善,调动广大人民群众参加改革和建设的积极性,形成良好的社会风气。密切党与人民群众的关系是党风廉政建设的核心问题,这就要求我们必须注重解决与人民群众利益相关的突出问题。北京市在廉政建设中,坚决查处住房拆迁、征用土地、企业重组等与人民群众生活密切相关的违法违纪行为,为建设和谐社会首善之区提供坚强保障。据统计,仅从 1982 年到 2007 年,北京市各级纪检监察机关就立案 5 万多件,其中 6300 多件大案要案,有多达 3.2 万人受到党纪政纪处分,挽回经济损失 9 亿多元。②

2012—2017 年五年来,北京市各级纪检监察机关共立案 9574 件,结案 8791 件,给予党纪政纪处分 8508 人,涉嫌犯罪被移送司法机关处理 720 人。③

第三,坚持惩防并举,注重体制机制的创新。改革开放以来,北京市反腐倡廉工作坚持惩防并举、注重预防的方针,进一步推进体制机制和制度上的完善和创新。一方面,北京市坚持教育、制度和监督三者并重,统一于惩治和预防体系之中,做到惩治并举,注重预防;另一方面,特别加强对党员干部的思想教育,构筑牢固思想防线。2005 年 1 月,中央颁布了廉政建设的指导性纲领文件《建立健全教育、制度、监督并重的惩治和预防腐败体系实施纲要》,规定了建立健全反腐倡廉基本制度和从源头上治理腐败制度两个方面。北京市委结合首都实际情况,颁布了《中共北京市委关于贯彻落实〈建立健全教育、制度、监督并重的惩治和预防腐败体系实施纲要〉的意见》,针对关键部门和环节,深化体制机制改革。在

① 中共中央宣传部编:《习近平新时代中国特色社会主义思想学习纲要》,学习出版社、人民出版社 2019 年版,第 40 页。

② 罗忠敏主编:《让权力在阳光下运行——新时期北京市反腐败斗争探究》,中国方正出版社 2009 年版,第 89—90 页。

③ 《五年来全市纪检监察系统共立案 9574 件》,《北京日报》2017 年 6 月 17 日。

反腐倡廉基本制度方面，北京市通过制度《关于集体领导和分工负责的规定》等制度，完善决策机制和党内监督机制，通过逐步扩大基层党组织领导班子成员直接选举范围，健全和完善党内选举制度，还通过积极探索党务公开推进政务公开、厂务公开、村务公开和校务公开。另外，北京市还研究制定对领导干部的问责办法，完善对违纪行为惩处制度，加大巡视机构和派驻纪检监察机构的监督力度。北京市建立了一支高素质的思想宣传队伍，担负起反腐倡廉宣传教育的任务。为提高领导干部理论水平，北京市坚持领导干部专题学习和自学制度相结合，并重视考核制度建设。另外，北京市还充分发挥党校和干部学院在反腐倡廉教育中的作用，通过对领导干部的教育培训加强反腐倡廉宣传阵地作用。

第四，坚持党的基本路线，服从稳定大局需要。习近平总书记指出："建设社会主义现代化强国，实现中华民族伟大复兴，是中华民族的最高利益和根本利益。我们党领导中国人民进行的一切奋斗，归根结底都是为了实现这一伟大目标。"①我国现阶段的主要矛盾决定了经济建设这个中心。北京市委、市政府始终坚持党的基本路线，把反腐倡廉工作放到现代化建设大局中去把握，放到改革、发展、稳定的大局中去把握。在廉政建设中，通过查处大量腐败分子，既有力推动了党风廉政建设工作深入，也促进了首都经济社会的快速发展。

坚决反对和防止腐败，是新时期全党一项重大的政治任务。北京是中国的首都，是全国政治经济文化和国际交往中心，中央党政机关、经济管理部门云集于此，在探索具有大城市特点的反腐败工作上具有特殊地位。只有坚持标本兼治，打通不敢腐、不能腐、不想腐三者的内在联系，才能换来海晏河清、朗朗乾坤，为建设国际一流和谐宜居之都创造良好环境。

四、坚持以首善标准促进首都党的建设

党的十八大以来，首都地区党的建设工作按照党的十八大、十九大会

---

① 中共中央宣传部编：《习近平新时代中国特色社会主义思想学习纲要》，学习出版社、人民出版社2019年版，第58页。

议精神部署，取得了较为明显的成效。但是，针对新时代党的建设出现的一些现实问题，北京要坚持以首善标准引领地方党建工作。

第一，要从源头上整治，严格治理党内作风问题，杜绝形式主义和官僚主义。“加强思想教育和理论武装，是党内政治生活的首要任务，是保证全党步调一致的前提。”①首善标准不单是一种标准，更是一种职责。2019 年 1 月 21 日，习近平总书记在中央党校省部级主要领导干部“坚持底线思维着力防范化解重大风险”专题研讨班上，对应对包括党的建设等领域重大风险问题提出明确要求。北京市要从源头上紧抓不良作风问题，杜绝贪污腐败。要对党员领导干部跨越界限以及严重的作风问题严惩不贷，发挥政治中心特点，在服务保障重大活动中实现党组织的引领作用。新时代党的建设工作要建立在敢于动真碰硬的政策之上，重点在于制定相对应的政策、把握正确的发展方向、凝聚党内的政治力量。在面对复杂的国际形势、复杂敏感的周边环境、艰巨繁重的改革发展稳定任务时，要始终保持高度警惕，以最好、最优的标准去解决党内作风问题、形式主义和官僚主义问题。

第二，要健全党组织的政治功能，牢记党的初心和使命。2016 年 12 月，习近平总书记在主持中共中央政治局民主生活会时强调“牢固树立‘四个意识’，维护党中央权威”②。因为小到一个队伍大到一个国家，没有规矩不成方圆。“七个有之”的出现正是由于党内的政治体制功能的不健全，导致部分党员领导干部无视党的政治纪律和政治规矩。首都“政治中心”功能在“四个中心”中处于战略核心地位，只有大力、有效地推进北京的政治中心建设，提高北京的政治地位，增强领导干部的整体政治意识，准确理解和科学把握新时代习近平总书记对首都北京城市性质和功能定位的精神实质，才能更坚定地理解首善标准，不忘初心、牢记使命，全心全意为人民服务。

第三，以首善标准作为新的布局，切实增强执行力，立标杆，做示范。

① 《习近平谈治国理政》第二卷，外文出版社 2017 年版，第 180 页。
② 《习近平谈治国理政》第二卷，外文出版社 2017 年版，第 188 页。

北京在以首善标准推进党的建设过程中，要根据“不忘初心、牢记使命”主题教育要求，主动拓宽联系基层的渠道，深入了解基层党组织的实际党建情况，针对具体问题给予帮扶。这样既能更好传达党中央新的政策和方针，又可以匹配基层党组织的基础性，成功打好基层党组织建设的基石。在日常党的建设过程中，不仅要坚决维护习近平同志党中央的核心、全党的核心地位，坚决维护党中央权威和集中统一领导，还要筑牢政治意识、大局意识、核心意识、看齐意识，在思想上政治上行动上始终与党中央保持高度一致，起到关键带头作用，展现北京作为首都的责任与担当意识。

“打铁必须自身硬。”①勇于自我革命、从严管党治党是我们党最鲜明的品格。党的十八大以来，习近平总书记对新时代党的建设形成了一系列重要而系统的论述，为全国和首都党的建设规划了前进的方向。首都北京要加强党的建设上在京华大地形成生动实践，在全国起到示范引领作用。

小　结

把党建设得更加坚强有力是新时代坚持和发展中国特色社会主义的政治保证。党的十八大以来，面对管党治党存在的“失之于宽，失之于松，失之于软”的状况，以习近平同志为核心的党中央全面加强党的领导和党的建设。习近平总书记强调，勇于自我革命、从严管党治党是中国共产党最鲜明的品格。办好中国的事情，关键在于坚持党要管党、全面从严治党。政治建设是党的根本性建设，只有从政治上分析问题才能看清本质，才能抓住解决问题的根本。腐败是人民群众最痛恨的现象，也是我们党面临的最大威胁。开展反腐败斗争要坚持标本兼治，坚持无禁区、全覆盖、零容忍，着力构建不敢腐、不能腐、不想腐的体制机制。习近平总书记

① 中共中央宣传部编：《习近平新时代中国特色社会主义思想学习纲要》，学习出版社、人民出版社 2019 年版，第 222 页。

关于党的建设重要论述系统完整、逻辑严密,对统揽新时代中国的伟大斗争、伟大工程、伟大事业、伟大梦想,增强“四个意识”,坚持和加强党的全面领导具有重要意义。这些重要论断进一步深化了对马克思主义执政党建设规律的认识,对继续推进新时代首都党的建设指明了前进路径和努力方向。

参考文献

[1]《习近平谈治国理政》第一卷，外文出版社 2018 年版。

[2]《习近平谈治国理政》第二卷，外文出版社 2017 年版。

[3]《习近平谈治国理政》第三卷，外文出版社 2020 年版。

[4]习近平：《决胜全面建成小康社会　夺取新时代中国特色社会主义伟大胜利——在中国共产党第十九次全国代表大会上的报告》，人民出版社 2017 年版。

[5]习近平：《在庆祝中国共产党成立 95 周年大会上的讲话》，人民出版社 2016 年版。

[6]习近平：《在纪念马克思诞辰 200 周年大会上的讲话》，人民出版社 2018 年版。

[7]习近平：《在中国文联十大、中国作协九大开幕式上的讲话》，人民出版社 2016 年版。

[8]中共中央文献研究室编：《习近平关于社会主义经济建设论述摘编》，中央文献出版社 2017 年版。

[9]中共中央党史和文献研究院、中央“不忘初心、牢记使命”主题教育领导小组办公室编：《习近平关于“不忘初心、牢记使命”重要论述选编》，中央文献出版社、党建读物出版社 2019 年版。

[10]中共中央宣传部：《习近平新时代中国特色社会主义思想三十讲》，学习出版社 2018 年版。

[11]中共中央文献研究室编：《习近平关于社会主义文化建设论述摘编》，中央文献出版社 2017 年版。

[12]习近平：《推动我国生态文明建设迈上新台阶》，《求是》2019 年第 3 期。

[13]《推动媒体融合向纵深发展　巩固全党全国人民共同思想基础》，《人民日报》2019 年 1 月 26 日。

[14]《坚定文化自信把握时代脉搏聆听时代声音　坚持以精品奉献人民用明德引领风尚》,《人民日报》2019 年 3 月 5 日。

[15]《以永远在路上的执着把全面从严治党引向深入》,《党建》2018 年第 2 期。

[16]王伟:《首都治理现代化的有益探索》,《人民日报》2016 年 10 月 18 日。

[17]陈政高:《加强城市规划建设管理工作　开创城市现代化建设新局面》,《人民日报》2016 年 2 月 23 日。

[18]黄杰:《扛起担子　迈开步子　当好引子——且看如何搞好新时代首都文化建设》,《光明日报》2019 年 12 月 18 日。

后　记

党的十八大以来，习近平总书记十分关心和高度重视首都建设和发展，先后九次视察北京，十六次对北京发表重要讲话，多次对首都建设工作作出重要批示指示，提出了一系列的新观点、新论断和新要求。习近平总书记关于推进首都建设和发展的系列重要论述，是坚持马克思主义立场、观点和方法，围绕"建设一个什么样的首都，怎样建设首都"这一重大时代课题，运用系统性思维，前瞻性提出的关于新时代首都建设和发展的目标、战略和策略的科学理论体系。该体系立意高远，内涵深刻，逻辑严密，是习近平总书记治国理政理念、方略在北京的集中体现，是习近平新时代中国特色社会主义思想的重要组成部分，具有鲜明的时代特色，为解决首都北京超大城市问题、推进首都高质量发展指明了方向，为创造城市治理的"北京模式"、谱写新时代首都高质量发展新篇章提供了根本遵循和行动指南。

《新时代首都发展的战略擘画》一书，为北京市习近平新时代中国特色社会主义思想研究中心 2018 年度重大课题研究成果。本书能与广大读者见面，得益于北京市习近平新时代中国特色社会主义思想研究中心、人民出版社、北京市社会科学院的精心筹划和鼎力支持，得益于杨金海、章建伟、黄江松、施昌奎、刘仲华等专家的悉心指导。

北京市社会科学院杨奎、唐鑫、陆小成、刘波、张真理、袁振龙、杨松、齐心、郭万超、尤国珍、邓丽姝、刘长军、杨巧蓉等同志承担了本书相关章节的撰写工作，朱霞辉、项晓东、俞音等同志承担了组织协调任务，项目负责人杨奎完成了全书的总体策划和统稿终审。

北京市习近平新时代中国特色社会主义思想研究中心工作人员为本

书的付梓出版做了大量具体而细致的工作,在此深表感谢!

由于该选题的研究起步不久以及作者的水平有限,书中难免存在不妥甚至疏漏之处,恳请学界同人和广大读者批评指正。

责任编辑:李甜甜
封面设计:林芝玉

图书在版编目(CIP)数据

新时代首都发展的战略擘画/杨奎 等 著. —北京:人民出版社,2022.1
(新时代的思想旗帜研究文库)
ISBN 978 - 7 - 01 - 023886 - 9

Ⅰ.①新… Ⅱ.①杨… Ⅲ.①城市发展-研究-北京 Ⅳ.①F299.271

中国版本图书馆 CIP 数据核字(2021)第 211798 号

新时代首都发展的战略擘画
XINSHIDAI SHOUDU FAZHAN DE ZHANLÜE BOHUA

杨奎 等 著

人民出版社 出版发行
(100706 北京市东城区隆福寺街 99 号)

中煤(北京)印务有限公司印刷 新华书店经销

2022 年 1 月第 1 版 2022 年 1 月北京第 1 次印刷
开本:710 毫米×1000 毫米 1/16 印张:14.75
字数:212 千字

ISBN 978 - 7 - 01 - 023886 - 9 定价:52.00 元

邮购地址 100706 北京市东城区隆福寺街 99 号
人民东方图书销售中心 电话 (010)65250042 65289539